梅山集

이 책은 2018·2019년도 정부(교육부)의 재원으로 한국고전번역원의 지원을 받아 수행된 '권역별거점연구소협동번역사업'의 결과물임

This work was supported by Institute for the Translation of Korean Classics-Grant funded by the Korean Government

韓國古典飜譯院 韓國文集校勘標點叢書

梅山集 8

洪直弼 著

延錫煥 校點
金成恩
申相厚
李貞恩

凡例

本文

1. 이 책은 洪直弼의 文集인《梅山集》을 標點·校勘한 것이다.
2. 이 책의 底本은 韓國文集叢刊 第295·296輯에 실린《梅山集》이다.
3. 판독이 어려운 글자나 誤脫字는 국립중앙도서관 소장의 筆寫本《梅山集》(한46-가1088)을 參照하여 校勘하고 校勘記에 '校正稿本에 근거'라고 밝혀 주었다.
4. 本文의 誤謬로 의심 가는 점이 있으나 根據할 만한 對照本이 없을 경우에는 校勘記에 그 내용만 언급하였다.
5. 本文에 쓰인 異體字 가운데 현재 일반적으로 通用되지 않는 글자는 모두 代表字로 고쳐 쓰고 校勘記는 달지 않았다. 代表字 여부의 판정은 韓國古典飜譯院 異體字 檢索시스템을 準據로 하였다.
6. 板刻이나 筆寫 과정에서 관행적으로 通用하던 글자는 文脈에 맞게 고쳐 쓰고 校勘記는 달지 않았다.
   예) 己 已 巳, 簫 蕭
7. 이 책에 사용된 標點符號는 다음과 같다.

。	疑問文과 感歎文을 제외한 文章의 끝에 쓴다.
?	疑問文의 끝에 쓴다.
!	感歎文이나 感歎詞의 끝, 강한 語調의 命令文·請誘文·反語文의 끝에 쓴다.
,	한 文章 안에서 일반적으로 句의 구분이 필요한 곳에 쓴다.
、	한 句 안에서 竝列된 單語 사이에 쓴다.
;	複文 안에서 구조상 분명하게 竝列된 語句 사이에 쓴다.
:	완전한 引用文의 경우 引用符號와 함께 쓰거나, 話題 혹은 小標題語로서 文章을 이끄는 語句 뒤에 쓴다.
" " ' '	직접 引用된 말이나 强調해야 하는 말을 나타내는 데 쓰되, 1차

引用에는 " "를, 2차 引用에는 ' '를, 3차 引用에는 「 」를 쓴다.

【 】 原文의 註를 나타내는 데 쓴다.

· 書名號(《 》) 안에서 書名과 篇名 등을 구분하는 데 쓴다.

《 》 書名, 篇名, 樂曲名, 書畫名 등을 나타내는 데 쓴다.

____ 人名, 地名, 國名, 民族名, 建物名, 年號 등의 固有名詞를 나타내는 데 쓴다.

□ 빠진 글자의 자리에 쓴다.

▨ 毁損된 글자의 자리에 쓴다.

目次

梅山集 卷四十一

墓誌銘

梅山集 卷四十二

墓誌銘

梅山集 卷四十三

墓誌銘

梅山集 卷四十四

墓誌銘

梅山集 卷四十五

諡狀

行狀

梅山集 卷四十六

行狀

梅山集 卷四十七

行狀

梅山集

卷四十一

墓誌銘

墓誌銘

敦寧府都正贈吏曹參判趙公墓誌銘【幷序○戊申】

孟子云"人有所不爲而後，可以有爲"，知所擇而能有所不爲者，歷選近古，其惟觀我齋趙公乎。英廟乙卯，重摹世祖御容，儀曹以公素解畫法，用上命召公。公時在宜寧任所，不膺命曰："如此者，與畫師何異？非其招不往，古道也。"竟對吏，抵告身之律。

戊辰又重摹肅廟御眞，上擧公名，諸臣差公郎官，上怒前事特遞，只令入參監董。公卽出膺命，曰："監董而止，何嫌焉？"筵臣請屬公執筆，公注目視其人，上笑曰："是熟視卿矣。"仍問："汝能執筆乎？"辭教委曲，公自念"今日事，與乙卯無異"，矢死力辭曰："人臣之義，見危授命則有之，苟可以報效，雖湯火，亦無所辭。至若執技事上，聖人著之《禮經》，俾不與士齒。臣雖微賤，詎可自同衆史，汚辱衣冠乎？且國家置圖畫署，政爲此地，人臣事君，各有其方。臣有死已矣，不敢聞命。"辭氣激烈，犯顔無所撓。上色變，又教曰："汝不知予意攸在。"左右相繼詆斥，上揮手止之，曰："予方得人之歡，盡於大事，其勿復言！"命勿令外人知，卒又譴責不已。是日觀公之爲者，莫不愕然相顧。素不悅公者，退語人曰："察其所爲，儘識事君之體，大非容易人。"上每語及公，輒褒以介潔，注擬間，見公名，必批下。蓋公奏對明剴，動悟宸聽，始加威怒，終獲見諒，豈苟然哉？陶庵李文正公嘗贊歎曰："有是哉，某之爲人！豈流俗可及？"

公始拜祠官，以木根就理金吾，議律勘以決杖而不受贖。諸寢郎或幸於保祿，而公引峻文自當，曰："國家徵贖，將以長廉遠恥，法意甚美，待士夫不薄。畫衣冠、異章服，古人猶恥之，況露肌膚受辱乎？"

乙卯則衆口噂沓，曲成義理，降志苟免，宜若可爲，而公處困益亨，期於自遂。及在囚而議讞也，胡赦不日將至。人或以姑息愛公，公慨然曰："士大夫安用胡赦爲？"趣諸堂勘律，自請行遣，若是者，豈非所云"有所不爲"者哉？

公諱榮祏，字宗甫，咸安人，以新羅元尹鼎爲初祖。入本朝有諱旅，値莊、光之世，與梅月諸賢，同志同傳。有諱舜吏曹參判，爲戊午名賢。有諱堪主簿，以學行贈執義，爲栗谷、牛溪兩先生所傾服，是爲公高祖也。曾祖諱鎰，平市署令贈吏曹參判，當昏朝金墉之變，抗疏正仁弘罪。祖諱逢源，同知中樞贈吏曹參判，師淸陰金文正公，爲尤齋宋文正公所薦引，惠訓後生，農、淵諸賢，皆出其門。考諱楷，淳昌郡守贈吏曹參判，服事尤齋如子姪。妣晉州姜氏，參奉游其考也。

公生稟絶倫，心目所到，學無不能。稍長，游學無方，未弱冠，聲譽已滿口。癸巳進士，戊戌筮仕，爲章陵參奉，遷司饔院奉事、尙瑞院·恭陵直長、掌苑署別提、司憲府監察、濟用監·司僕寺·典牲署主簿、義禁府都事、戶曹佐郞、刑曹正郞、宗廟令、司饔院·司䆃寺僉正、廣興倉守，外而爲燕岐·堤川·積城·宜寧·安陰縣監、白川郡守。

丙子因仁元聖母壽躋七旬，有推恩之典，陞通政，除僉知中樞、敦寧府都正。壬寅伯氏留守公被士禍流竄，公亦棄官塞兌，若將終身。戊申群兇又擧兵叛，公以此時出宰堤川，不動聲氣，而措置得宜，一境賴安。

自乙卯見忤朝廷，十數年放廢艱食，人所難堪，而公則自得也。白川時，新令嚴急，列郡爭以漏結自効。公歎曰"如此則吾民重困"，留零殘，以紓一方之急。公雖以此徒配，旋命宥曰"斯可以觀過知仁"，筵教鄭重，論者感服。

公享年七十六，而卒于辛巳三月二十七日，五月庚子，穿夫人墓，合窆于坡州遊山艮坐。因季胤推恩，贈公嘉善大夫吏曹參判，兼銜如例。

配贈貞夫人延安李氏，縣監贈判書賀朝女，文貞公端相其祖也，閫範咸備。擧三男，重希、重晥以孝旌閭，俱殀，重瞻同中樞。三女適洪啓能郡守、金熲判書、李潭。重希繼子寬鎭，重晥繼子匡鎭。同樞男桓鎭、匡鎭、常鎭，女參判閔耆顯、金在璿、金觀淳。涑、澤、朴正陽妻，桓鎭出。汲，匡鎭出。潝，常鎭出。金在璿繼子命鉉監役。涑四男敏植、敦植、敎植、斅植。澤男圭植，女進士兪景煥。

公性於孝，蚤喪怙恃，終老含恤，覩物必興慕，語及輒泫臉。廟在異宮，而薦享，齋素致敬，情文俱盡，耄及而猶以筋力爲禮。殫誠鳩財，樹顯刻于墓隧，裒輯先世文獻，鉅細畢擧。又收世父零稿，剞劂而行之，《損菴集》是也。事姊氏及留守公如父母，與伯、仲氏比屋團圝，有春、津之樂。敎子姪，嚴而有法。長子早亡，晩育如孫，而授課振德，不少假借，俾知科擧外有聖賢事業，詔以往哲言行。癸亥兄子忠憲公言事，事將不測，擧家皇皇，而公反嘉與，不以禍福動心。

莅邑，不求赫譽，專撫摩，鋤强猾。旣又修治黌序，用闡儒化。間聚耆耇，朋酒讌樂，乃問年養老之古義也。公餘，放情山水，尋幽選勝，因之採訪民隱及儒先遐躅、韻士遺風，庶乎風雅之觀焉。爲治廉約，文以儒術，慈詳惻怛，曲盡人情。以故遺愛在人，訃至，南民泣惠，不憚重繭，人各致賻焉。

公嘗以生色宦財爲人四大欲，夙夜兢愼。晩復矢言曰："今而後，庶幾免夫，而志氣益衰弱，晩節尤可戒。"是爲公律己大略，而一節終始者也。

文章書畫，世稱三絶。安可洲重觀文眼空一世，獨引重公，若不可及。詩學盛唐，晩喜陳簡齋。有請畫妙者，公曰："以畫傳畫，所以非也。卽物寫眞，乃爲活畫也。"於詩文，深造妙悟，因畫而得者爲多云。筆法迺逸，合衆體成一格，揮灑如飛，颯颯有聲。晩愛董玄宰，才性近也。

公貌如孤竹，介如堅石，雅意林泉，不屑榮利，雖勉從祿仕，而玩心高明，居恒警醒。淨掃書室，圖書几案秩然有序，喜植花卉，用供幽玩，樂意相關。如對賓朋，撰杖移席，酬酢罔倦，以發沖澹之趣，望之如神仙中人。

公世篤詩禮，淵源有自。祖、禰兩代，傳習華陽，公又從艮庵李文簡公學。以故誦法父師者，淪浹充盈，其所雅言，若飲食之在口。每自傷辱身吏役，輒指心而歎曰："我負師友多矣。"專門《朱書》，傍稽衆說，周復不已，其老而好學如此。夫子論人之善，而必本於父兄師友，厚之至也，其公之謂乎。嗚呼！吾夫子以未見剛者爲歎，人有一身而被威怵利疚，夷險百塗，能全其守者鮮矣。如公者，可以臨大節而不可奪，豈不誠君子人哉？

直弼夙服公風義，雖爲之執鞭而不辭。公玄孫敏植，謁幽堂之誌，懦衷攸激，未敢固讓，竊謂無愧辭，如伯喈之於郭有道焉。銘曰：

巴山炳靈，古多名賢。
公又挺生，纘序象先。
性剛氣清，志高行全。
爲道簡易，條理微密。
存心白直，尺度嚴栗。
先立其大，卓乎風節。
不撓不逃，萬夫莫奪。
何以致之？本之則存。
江漢、羹墻，華陽、芝村。
寤寐鑽繹，考亭名論。
魯無君子，斯焉取斯？
苟展志業，何用不宜？

明堂棟樑，太廟尊彝。
名實純粹，爲當世師。
贊公三絶，淺之爲知。
有不可傳，大化冥茫。
律律遊岡，儼若斧堂。
一氣孔神，騰有晶光。
薦章玄隧，矢德于銘。
允矣標望，永垂千齡。

存齋魏公墓誌銘【幷序○戊申】

惟我正廟乘文明之運，任君師之責，搜羅巖穴，登崇俊良。有若存齋魏公，起自草萊，直拜守宰。值患風痺，罔究功用，而遭遇之榮，聳動朝野，於乎懿哉！

公諱伯珪，字子華，長興氏，以高麗太保繼廷爲初祖，簪組相承。有諱廷烈縣監、諱東寔、諱世寶號三足堂、諱文德進士有文行，寔公高、曾、祖、禰也。妣海州吳氏，其考日三也，閫範咸備。進士公夢白龍降庭，是日公生。

生有異質，纔晬便語，教以六甲，一聞輒誦，三歲知讀書。方夏，屛處習跪坐，每鄕儺及娼妓雜戲，少長奔波，而獨若無覩。與幼弟遊戲，弟匍匐將下堂，勢必墜傷，即曳秸束，梯以下之。長者奇之曰："四歲兒乃爾，可量其異日經綸也。"

六歲讀《小學》，乍閱《諺解》，便曉三聲、轉注、反切之法。見隣人子·母、弟·兄相鬩者，卽書“不善非人，不孝非人子”九字於紙，佩之。八歲讀《大學》，便解禔躬，昧爽必盥，輒記某日失某言、誤某事以自警。長老指燈命題，對曰：“照物不欺暗，丹心見本明。”

九歲登天冠山，作詩云“發迹天冠寺，梯空上春昊。俯觀人間世，塵埃三萬里”，其志氣超越如此。手模夫子像，揭壁而拜，幷寫顔、曾、思、孟于紙榜，讀書其下。作座右銘曰：“古之仁也愛，今之仁也巧令；古之義也宜，今之義也剛戾；古之禮也敬，今之禮也飾僞；古之智也知，今之智也詐譎。”又云：“與其視人，寧自視；與其聽人，寧自聽。”

嘗與同學者，述詩言志，皆志於榮達，而公獨云：“讀書學聖人，立身顯父母。若遇風塵世，採採烟霞歌紫芝。”劬經硏理，不得不措，“期三百”註、“先後天”說，纔閱已能領悟。

稍長，博涉諸家，天文、地理、律歷、卜筮、兵韜、筭數之類，罔不蒐羅。至百工技藝，皆目擊心解。手造璣衡，度數不差，而不欲以一藝成名，致力於《易》、《禮》、古今禮說及《易總》、《啓蒙》等書，常隨身而專治。旣冠，已成巨儒，遠近聞風坌集。鄕塾學規，壹遵石潭，里中飮射，亦倣古禮。邑宰薦公曰：“才高行美，學邃啓蒙。”時公年纔踰弱冠矣。

辛未贄見于屛溪尹文獻公，問答辨論，被師門奬詡，名公室曰“存齋”。乙酉中生員。丁亥哭山頹，加麻五月。自是躬耕養親，荷蕢帶經，且耘且讀，述社約，善鄕俗，自任以陶鑄後進。每歲四季，會昆弟及家衆，獻壽兩親，長幼貴賤咸以序列，倣柳仲塗朔望訓，讀諺釋以聽之。議昏者必於公門曰："魏氏子，豈有可擇？"是可驗身敎之孚感家庭也。

正宗甲寅，湖沿海溢，遣閣臣徐榮輔慰諭。徐公素聞公名，至是更悉公行治，又取覽文稿，還朝請奬用。上允之，更加詢訪。乙卯特付軍銜，上必欲致之，命道臣敦遣，仍命上公所著《寰瀛志》，時公年六十九。病不能赴召，又命待春和，幷徵所著文。

丙辰除繕工監副奉事，辭不就。上以宣召不及時，罪該曹，仍敎曰："春寒尙峭，不能自力而登程乎？若是遲滯，誠甚訝菀。嚴飭道臣，俾之急速起送。"

丙辰四月强疾膺命，詣闕上萬言封事，立志、擧賢爲六條之綱，兼陳老病乞還鄕。上優批，若曰："初一立志明學之奏，予庸嘉乃。予志不立，故民志不一；正學不明，故邪學不熄，莫非予反省處。第二簡弼擧賢之奏，予庸嘉乃。以人事君，大臣之責也，剔蔽拔茅，竊有望於今日巖廊。次三、次四、次五、次六，言言剴切，切中時弊。爾以遐陬疏蹤，能竭論至此，求聞所以求益也。卽令廟堂稟覆，俾有實效。爾年七十，承召上來，若依願還鄕，則所謂'去來何所聞見'，欲待計仕，則有甚於馮老郞潛。畀以一邑，得施所蘊。"仍命銓曹擬守令。初擬機張，上曰："老人何以遠赴？本道文蔭中相換。"更擬泰仁，上以稍遠家鄕，特除玉果縣監，乘馹赴任。

批下，士林拭目，而疏語譏切衿紳，於是太學及四學，捲堂罷製，賴上調劑而止。及莅官，首設鄕約，除紙役，紓僧弊，蠲魚供，蘇漁戶。例貢生魚，爲邑痼瘼，代納以錢，罷官納諸稅及各廳契防，用寬軍役。興學講武，平糶減徭，修繕公廨，不煩民力，壹是以瘠己肥民爲度。

丁巳春，中風猝就，呈遞不獲。六月以久病居殿，上曰："魏伯珪治績，不係於病。且觀其考題，宜褒，不宜貶，專是軟地揷木。"切責道臣，卽授掌苑署別提，公辭以疾。銓曹例請改差，又敎曰："魏伯珪文識姑舍，其家行聞極純備，豈無抱負而然？朝家之斷斷於伯珪者，決不可使徒然落仕，本道廟殿令中相換。"卽授慶基殿令，不就。

戊午十月二十五日卒，距其生丁未爲七十二歲。翌年二月五日，葬于茶山丙坐，丙寅配享竹川祠。淑人金海金氏，始聲女，克配公德，後公七年卒，祔公墓。擧二男一女，道立、道及，女適曺光振。已下不錄。

公孝友天植，居前後喪，易戚具備。備述考妣言行心貌，爲《思成錄》。貯免胎時臍帶，佩諸囊，寓慕終身。與四弟三妹，垂老湛樂，待家人仁而嚴，閨門之內肅如也。

推以敦宗族，輯鄕黨。施敎村秀，隨才成就，而必先其貧窮失學者。優於好善，若己有之，雖未見其人，稱譽不已。見人爭鬩，譬曉曲直，俾底解紛。常恐一善之埋沒，必爲之闡揚。最惡流俗曰："全昧性理之學者，雖有出人之智，終不得文章之竗。悟其竗者，亦可以自樂，窮通寵辱，靡足以動其心。"常揭師門所書"敬義"二字于座右，終日儼然，不見其散容也。

夙抱經濟之志，備述八域山川土地饒瘠、政弊民俗、遠近險夷，罔不博考潛究，瞭如指掌，名之曰《政弦新譜》。隨陳矯捄之方，著分賑節目，爲災年邑宰所取法焉。嘗抄經傳中格言至論，名曰《古琴》，每酒醺，輒諷誦。又有禮說、經書條對、讀史箚錄、詩、疏、傳、記、序、說，合雜著近百卷，雖閒漫識述，咸有理趣。嘗歎曰："若有後世子雲，亦當朝暮余於千載之下。"其所自期，可見也。

公文章夙就，學識淹博。少治功令，尤長於對策，四魁東堂。每會南省，貴遊子弟攛掇不已，而閉戶不接，以故輒落第。嘗赴庭試于二所，有雅重公者主試，要就一所，公辭曰："從座主改就，是媒進，非素志也。"其嚴於守身者如此。

正廟諭筵臣曰："魏伯珪以白首固窮之士，承命赴召，書進所蘊，首尾累千言。縱橫博洽，有足嘉尚，雖或有一二未猒處，亦何害於迂儒本色？而重臣臺臣相繼攻之，有眞若妄發者然，如是而何以勸草野之士而徠疏遠之言乎？予甚不取。"

公肇起南服，世莫有先後者，而際遇聖朝，恩禮不替。苟非公望實俱隆有以上格，亦何以與此哉？湖南之學，由河西、高峯，而至于遜齋、木山，公又殿兩賢而作，種學績文，聲譽傾一路。又服事儒賢，造就崇深，濟以經綸才猷，蔚有範圍。洵需世之才、有用之學，而晚暮遭逢，罔究厥施，惜哉！

公嘗居桂巷山中，學者稱"桂巷先生"。不佞與公生幷一世，而年輩旣後，常以未承緖論爲恨。公從孫榮暻，謁幽堂之誌，累辭以非其人，而厥懇彌篤，感其苦誠，遂力疾而爲之銘。銘曰：

嗟嗟魏公，南國之紀。
奮起遐陬，紛有內美。
絅錦日章，庶溫而理。
聲聞九天，敦命鼎至。
賁然來思，爲龍爲光。
披腹琅玕，萬言其章。
薄試牛刀，粗迹循良。
用何能究？惟德之將。
苟展厥蘊，何施不臧？
恩遇終始，幷徵其書。
百世同藏，木天、石渠。
視履考祥，以永令譽。
遺風餘韻，竦動髦士。
天冠峨峨，一路仰止。
有鬱茶山，秋柏不死。
千載朝暮，伊誰來云？
列辭幽墟，用俟子雲。

鎭安縣監金公墓誌銘【幷序○己酉】

吾妹婿金伯元，委禽二十六年而吾妹死，十三年而伯元歿，又五年而孤甥炳愚，述遺事乞銘。余癃朽垂死，不能泚筆，不惟不能，亦不忍也。常恐風燭奄及，齎恨千古，遂力疾而敍之曰：

公諱泰根，伯元其字也，系出安東。先祖右議政文忠公仙源先生諱尙容，立慬江都。吏曹參判水北公諱光炫，丁丑後謝官自靖，不須譜也。高祖諱時侃，通政縣令贈吏曹參議。曾祖諱毅行，贈吏曹參判，正學惇德，爲世名儒，稱"雲泉處士"。祖諱履成，刑曹參判，抗言不諱，受知聖明，爲健陵直臣。考諱最淳，通德郎，妣坡平尹氏，承旨勉憲女，判書翼獻公陽來，其曾祖也，壼範儀式宗黨。

公生稟凝重，幼而不妄語，不嬉戲，藝業夙就，庚午中生員。甲戌除思陵參奉。戊寅拜翊衛司副率，時翼廟在春邸行冠禮，推恩錫馬。辛巳陞繕工監主簿，轉司憲府監察、東部令。壬午出監鎭安縣，廉公誠勤，百瘼俱祛，忤道伯見罷，遂絶意進取，日以聲律自娛。

壬辰十月二十三日卒，距其生戊戌正月八日，爲五十五歲。癸巳正月二十四日，窆于保寧閑谷乾坐，從先兆也。配南陽洪氏，卽吾先子長女，貞介如古女士，咸稱"鸞耀[1]齊德"。先子同知敦寧府事諱履簡，別有誌。繼配高靈申氏，正權女。炳愚及尹冕求參奉、趙秉履妻，元配出。炳三參奉，繼配出，出繼。炳愚男厚均，尹冕求二男哲榮、弼榮，餘幼。

1 耀：底本에는 "曜".《後漢書·梁鴻列傳》에 의거하여 수정.

公天資質直，容儀豐美，望之粹然，是厚德長者也。性於孝，事父母有深愛，居憂，哀毁踰制。常痛祿不逮養，粢盛芬苾，務盡誠敬。友愛同氣，垂老同爨，融融有椿[2]、津之樂。視姪如子，敎以義方，待宗族鄕黨，不設畦畛，無所修飾，人皆悅服。居恒息交，門屛闃寂，而遇會心人，披襟道素，辭氣藹然。雅尙沖曠，不以事物經心，居處朴陋，凝塵滿座，而形神超越。家世淸貧，計活聊落，而不營産業，典邑四載，田不增一畝，屋不易一椽。

脫略世累，靡所介懷，而聞朝廷政令得失，憂喜形於色辭，其忠愛根天如此。治邑，寬嚴得中，捐俸割廩，用紓民力，持正守法，毅然不撓。苞苴不行，關節不通，及罷歸，行李蕭然，蔬糲不繼而怡如也。潛靖自守，未曾躡足要路。或勸其降志，公笑曰："澹泊是吾分耳，詎忍乞憐，更折腰於五斗耶?"

癖於詩，音韻溫雅，自成體裁，爲藝苑鉅匠所賞歎。平居坦蕩，與物無競，度量恢弘，殆范六丈所云"無怨於人"者。去官，吏民懷其惠，旣沒，士林頌其賢。

公族祖江右公履載，對余言"吾門眞士夫，惟有伯元"，是所云"魯無君子斯焉取斯"者歟。公居烏棲山西寒水洞中，余取朱子詩意，名其齋曰"秋月"。公要余記其事，文未及就，而公遽歿矣。每見寒江秋夜，素月揚輝，未嘗不懷公襟韻也。和淚而爲銘。銘曰:

2 椿：底本에는 "春".《北史·楊播列傳》에 의거하여 수정.

嗟嗟伯元，鍾美名家。
忠信爲本，悃愊無華。
險夷不滯，克保太和。
荊棘蓁蓁，我行如矢。
朱炎赫赫，我心如水。
末路虛僞，羊質虎文。
孰若夫人，徹底淸眞？
玄酒大羹，味在無味。
彼夸毗者，疇識其貴？
閱世滋久，益知公賢。
撮其徽躅，式旌幽阡。

潛軒金公墓誌銘【幷序○己酉】

慕齋、思齋兩先生，講道於龍岡，彬彬存西河之俗。有曠世聞風而作者，潛軒金公宗信是已。公字朋甫，系出淸風，以高麗侍中諱大猷爲初祖。入本朝有諱勵，翰林、安東府使。生諱支東，蔚珍縣監，始居關西。四傳至諱鼎，文科、谷山府使，以文學顯。又屢傳至諱鍾鎰、諱舜弼、諱天授、諱益聃，世篤孝義，是爲公高、曾、祖、禰也。妣慶州金氏，道潘女，閨範克著，敎子義方。

公生稟聰穎，晨昏之餘，不離親側，人有饋者，不先入口，歸獻于父母。弱冠詞業已就，累擧不中，常以徒欺親心，悔責廢學。專心學問，鑽硏名理，踐履敦確，持守純篤。晚學《易》，《彖》、《象》、《傳》、《義》，靡不理會。好禮，本以朱文公《家禮》，參之東賢問答，辨析明哲，隣黨待以成禮。倡率同志，創興學契，建塾舍，儲書籍，與學徒藏修游息，一鄕風動。旁通趯勒之竗，爲一路所推詡，而不欲以一技自名焉。

性于孝，志物俱養，滫瀡不匱。居憂，哭不絶聲，毁瘠幾滅性。宗族齊會，勸肉而終不聽，朝夕展墓，未或一日廢。每値喪餘，號隕如袒括，具墓石儀，靡不用誠。

兄弟六人，友愛甚摯，同宮共爨，庭無間言。及析箸，相與推讓，自取其荒頓，不能自給，而周人之急，甚於己私。接人，無貴賤尊卑，各盡其道。身處草澤，而忠愛根天。國哀，輒飯素處外，不與人笑諧，朔望與里中子弟，登山望哭，盡哀而止，是皆孝之推也。

純廟己丑二月三日歿，距其生戊戌，爲五十二。葬于龍岡船橋之艮坐，從先兆也。齊蔚珍林氏，學生載夏其考也，克配公德。擧二男亨鍊、亨錄，二女適李升謨、朴勉達。正洙、正湜、金履九·林貞桂·金泓九妻，亨鍊出。林益時妻，亨錄出。李升謨子鳳祚。

公性度沈重端嚴，喜怒不遽，言笑不妄，視流俗不啻若草芥。以故不悅者多，而終不變所守。守身澹泊，食不願膏粱，衣不猒弊縕。常訓子姪曰："用力於忠信孝悌，則便可臻聖域，雖周、孔之學，不必他求。"推自修之實，誨人不倦，爲譽髦矜式，信能充闡志業，可但爲一鄕之善士哉？

　　正洙從余遊，志行雅潔，余愛好不已。歎其克趾先美，一日齎金君勉恒狀德之文，謁銘苦功，竊感其眞誠，力疾而爲銘曰：

公有至性，得之自天。
旣畀以厚，胡嗇其全？
均厥報施，疇秉化權？
公所遺孫，不以財以安。
孫所顯祖，以賢不以官。
斂以歸之，堂斧之中。
不朽者存，幽明感通。

梧亭姜公墓誌銘【幷序○庚戌】

潛隱姜公秉尊攘大義，遯世自靖，後孫繼聲，世濟其美。至梧亭處士諱棫，克紹志業，無愧爲一路之善士，於乎休哉！

　　公字聖居，晉州人。系出句麗兵馬元帥諱以式，奕葉蟬聯，爲三韓望族。入本朝，大提學諱淮仲、副提學諱瀓、應教諱德瑞，以文章道義名世，不須譜也。應教公有孫諱恰，是爲潛隱公。逮孝廟勵志復雪，監山陰縣。孝廟薨，復遂初服于太白山中，卽公五世祖也。曾祖諱再光、祖諱咸一、考諱沈，俱以遺志，隱遯不仕。妣曲阜孔氏，以英宗辛卯正月十二日，擧公于安東法田村第。

生稟慧悟，未就學，輒記傍人授書。受業于伯氏，伯氏公文行爲一門望。撫愛公，靡極不至，督課施楚，而抱持涕泣，公感奮策勵。稍長，從從叔父柳川公瀚學，柳川公渼門高弟，爲一鄉宗師，得公器重，合《朱書》二十一篇、栗谷《東湖問答》，傳付公，俾資誦習。公翕自警惕，負笈蕭寺，攻苦食淡，夜以繼晝。

屢擧鄉解，不利南省，歎曰："榮枯有命，豈爲無益之求？隱遯求志，我家青氈。"遂挈家入白華山中，塞兌守靜，劬書研理。最好《朱書》，手抄口讀，潛心體究，樂而忘憂，不知老之將至。晨起謁廟，整齊內外，緼布菜茹，處之怡然。居鄉無親疏，壹視以忠信，非理相加者，雖直，不辨，口不道人物臧否、時政得失。周恤哀慶，隨處盡分，鄉黨悅服。

又遷居懷仁五鳳山下，公憫其俗習蚩貿，恂恂論誨，上下孚感。日與村秀，討論經旨，携鄉父老，徜徉阡陌，植杖觀稼，或賦詩爲樂。晚又卜築于永同之梧亭，取近從姪時煥攸芋也。呻呫之暇，時自鋤圃，用附蘇雲卿灌圃古義。素不喜追逐，不出山門幾數十年。壬寅以侍從恩，授通政階，而不具朝士服飾。

享年七十七，卒于憲宗丁未五月十三日，窆于本縣白馬山坐乾之原。配興陽李氏，光坤女，蒼石公埈其先祖也。祔公墓左，別有誌。生二男，斌煥出后，長煥前正言。二女適李必煥、宋智洙。斌煥子彝重、載重，女李達英。長煥女李觀翼。李必煥子寅協，女姜璣重。餘皆幼。

公孝悌天植，常以沖齡失恃，不識慈顏爲至痛。未弱冠，又罹外艱，毁瘠幾滅性。每值喪餘，致齋備具，務極蠲潔，號擗如袒括。遇時物，未忍先嘗，居恒愾廓，歔欷鳴咽，如窮人無所歸。伯仲氏皆殀，竭力庀喪，事二嫂如母。叔母金氏年卲，從嫂及其孤女，窮窶無托，公衣食必先進叔母，事必咨稟，撫恤其孤女，靡間己出。爲叔母終事，嫁諸女資遣，用盡誠力。從姪致煥染疫死客土，公與從兄梯同往斂殯，從兄亦以是疾歿。公又哭臨，躬檢初終，人莫不危之，竟無恙，是皆孝之推也。

教諸子義方，長胤繼伯氏后，深以不貳本爲戒。及次胤策名，恒使之辨析義利，擧朱子《家政》、《家訓》、《要言》三編及《與魏應仲書》，俾之服膺。聞李山泉克聲講道洛中，作書備述托子之義，仍敎遍交幷世群儒。聞其唱第，勉以刊浮華、從儉約。又曰："通籍致身，汝身非汝有也，殫誠圖報，是乃移孝於忠。忠孝淸白，卽吾世業。苟或壞名災己，不但一身狼狽，墜先法、負師敎也。"又曰："昔我潛隱公之垂裕後昆：'衣綿布，食蔬糲，茅屋芒屩，不改其度。'而今未能焉，所宜識戒也。"

次胤以栗峯郵官，遷其母夫人墓，公勖以節省。又戒以居官耐煩之道、治家正名之義，皆可爲永世法也。及就養于官，不接聲妓，服食如山居，其素性恬約類此。御奴僕，嚴而有恩，死於廊底者，不敢殯哭，公許之曰："昔人有許葬階下者，生而許其家，死而禁其殯可乎？"人莫不輸款效忠。

嘗歎近世心性之說互相岐貳，曰："是不過義理上意見參差，非若川洛東西也。初學不宜先自主張，窮極體驗，待有定見，始可折衷。”又曰：“心性本源，曷可雜氣質而言？人與物性，俱是一理，理既一，則性豈有二？心本善而氣有善惡，則氣質可以當心乎？本無二性，而氣質、本然之有二者，氣也，非性也。俱是一理，而人與物性之不同者，氣也，非理也。心則本善，而發有善惡者，亦氣也，非心也。所同者，心體也、性理也，所不同者，氣也。今以心之既發者，掩其本體而曰‘心有善惡’，欲以氣質者當之；以形氣之不齊者，混於本然而曰‘人物不同’，欲以偏全者歸之。恐於程、朱之論，有所逕庭。”其名理超卓，非世儒可及也。

不喜著述，嘗有《經史箚疑》，以不滿意而去之。蓋其謙虛退讓，不求人知，畢生遵晦，不屑以經術標揭。故世鮮知德，而幽光潛懿，於是焉存，庶幾不皦不昧，安時處順者歟。

正言君曾從余遊，服公行治甚悉，今以狀屬余爲幽堂之誌。余曰：“公內而不出，用自成德，是所云‘道隱無名’，復何須於銘？”君曰：“唯唯，否否。墓而無誌，何以備陵谷之變？”噫！樂道人之善以告來者，固君子之心，而況公之賢有可以不朽者乎？遂力疾而爲之銘曰：

君子之德，不見而成。
崇本敦實，常恐修名。
超然絶俗，養粹巖扃。
其孰尚予？安素居貞。
孝悌爲政，行滿家庭。

何以致之？玩心研經。
名理自醇，佑啓後生。
崔崔馬岡，恤恤崇塋。
碩媛同室，百世永寧。
述詩誦賢，用裨世程。

處士李公墓誌銘【幷序○庚戌】

栗谷李先生，盛德大業爲百世宗師，垂裕後昆，克紹先懿。至八代孫諱㸃，篤學力行，爲法家拂士，於乎休哉！

公德水人，字與之。曾祖諱惇五，西部參奉；祖諱伯，掌苑別提；考諱仁林，金山郡守，世襲宗統，尸先生祀。郡守公娶安東金氏夏一女，擧公于漢師里第。

氣淸容端，順父母志。纔就傅，隨金山任所，向壁呻呫，不少顧眄，德器夙就，爲鄕黨所稱述。郡守公患癘而欿，金夫人問及後事，則曰："仲子孝友詳愼，必善措置，毋憂也！"時公年二十餘，居憂毁瘠，幾滅性，喪禮壹遵沙溪《備要》。事母至孝，常患菽水不給，與諸弟各出米穀，名"棣蕚契"，常供甘旨。生朝，必設盛饌，會子孫宗族，以爲樂。晨謁家廟，哭諱如袒括，沐浴致齋，先塋石儀，罔不備具。

常歎文成公《全書》無刻本，其傳不久，謀及縉紳，繡梓藏板，用垂永遠。文成公夫人盧氏貞烈碑，埋沒紫雲先墓，公懼先志未遂，轉運海路，立于聽溪堂後，以替旌閭。伯氏早殀，公攝宗事，教育宗姪及孤弟，俾底成立。治家有度，必遵《擊蒙要訣》。事邱嫂如母，錢帛分寸，不以自私，推及宗族，務盡敦睦。疏屬有孝婦，周恤其窮獨。常恨古冠禮不行，曰"吾先祖嗣孫，當用三加之禮"，述文成公《冠禮圖》式，爲宗孫敏道行之，一鄉歆服。

少時將應舉，聞主試者曾以邪學得罪，遂不赴圍。屢發解，不利南省，未四十停身，專精問學。樹屋溪堂之傍，堂卽先生攸芋也。常處是堂，用寓羹墻之慕，扁其室曰"念修"。堂西有石泉淸漪，卽先生濯纓處也，鐫石品題。隱屛下又築仰高臺，勒"地不忍廢水不忍荒"八字，用述顔樂亭故事。紹賢廟庭，舊無碑，公謀竪牲石，又樹崔東皐所著《石潭事迹碑》于瑤琴亭。夙講華陽大義，鑱皇明太祖御筆"忠孝"二大字於隱屛石面，仍刻尤菴筆"高山"二字。游詠興慕曰："爲士者先立脚於節義，則學問自當不差。"

嘗請學于鰲村宋文簡公，文簡公讓抗慗丁，而公畢生尊信。沖年師禹斌，斌歿，爲置祭田，忌日輒不肉。讀經傳，必整冠帶，雖詩、稗，不臥看，口不道俗諺，目不接雜書。克謹內行，子姪男女不親授，不同席。嚴於享先，子弟或進饌失次，切責以誠敬不足曰："此忘孝也。"待墓村人，述紫陽古義，必致悃款，遇奴僕有恩，曰："此服事先世者也。"爲朋儕所敬憚，不敢戲謔於側，倡院儒講學，或行鄉飮之禮。

晩號所居室曰"自己窩"，製銘以自勵，髦士稱"自己窩處士"。嘗劬業於山齋，一日家人告失牛，公讀書不輟曰"吾已知之"，還家亦無一言及失牛，其忘懷得失類此。

居恒莊默，端拱靜坐，常夜誦《心經》、《近思錄》。人或語及心性理氣，則曰："千古名理，至朱子而折衷。我東則栗、尤兩先生有定論，外是則贅也。"方伯守宰多詢變禮、疑文，再登剡薦，晚益好學，不以窮乏爲意。胤子欲服田力穡，公戒曰："貧富在天，詎可力致？秪宜不廢勵業，毋喪本心也。"

享年七十六，而卒于戊戌正月十四日，葬于石潭艮坐。有二配，昌寧曺氏檍女，歿先公四十一年，墓附。淸風金氏紆天女，擧一男全孝。全孝二女，柳正麟、吳珍。

噫！孟子云"行一不義，殺一不辜，得天下，皆不爲"，朱子釋之曰："有所不爲，心之正也。"文成公載諸《要訣》，又編入《自警文》而曰"以此意思，存諸胸中"。公揭座右誦繹，敎宗黨子弟曰："是爲吾家相傳心法也。"斯可驗造就眞正，無愧爲文成公肖孫，可但爲一路之善士哉？不佞服公名行夙矣。

全孝從我遊，謁隧道之文，誠懇苦切，未可以癃病辭。銘曰：

有美一士，西土之望。
猶玉在璞，猶金在礦。
居貞用晦，不售其珍。
斂華就實，以養吾眞。
孝友爲政，本乎求仁。

克紹家學，遡厥眞源。
寤寐羹墻，終不可諼。
建塾施敎，鄕髦如雲。
遵述先矩，扶植斯文。
名德孚感，庶幾懿醇。
有仙斧堂，石潭之原。
秋柏不死，亭亭歲寒。
淵邱雖易，體魄是安。
納銘幽墟，永世不刊。

敦寧府都正李公墓誌銘【幷序○辛亥】

國東門外十數里而近，有海等村枕壬之原，卽敦寧府都正李公衣履之藏也。公諱漖，字季浩。初諱瀚，避國始祖諱，改今名。晩年歸老於鄘溪，自號曰“鄘溪居士”。系出德水，以高麗中郎將諱敦守爲鼻祖，圭組蟬聯，爲海東世胄。工曹參議贈判書諱揚知、敦寧府事康平公諱明晨、司諫贈領議政諱宜茂、左議政文獻公諱荇、禮曹判書文惠公諱安訥，其最顯也。高祖諱柙，大司諫贈左贊成。曾祖諱光夏，漢城判尹贈領議政，謚貞翼。祖諱㙫，左議政贈領議政，忠憲公。考諱周鎭，吏曹判書贈領議政，忠靖公。妣驪興閔氏贈貞敬夫人，左議政文忠公鎭遠女也。閔夫人克承先訓，淑德純行，有古女士風。

公生而容貌俊偉，性度凝重，在沖齡動止如成人。己巳丁外艱，情文備至，辛未遭內艱，守制如前喪，毁瘠幾不全。

己卯始以門蔭筮仕，內則翊衛司洗馬·司禦、衛從司左從史、造紙署別提、掌隷院司評、平市署令、司饔院主簿，三辟宣惠郎，繕工監副正、敦寧府都正、五衛將。外則平康縣監、清道·載寧郡守、大邱判官、南原·潭陽·富平府使、光·羅·黃·驪四州牧使。健陵甲寅三月十八日卒，距其生戊申二月十六日爲六十七歲。是爲公終始大略也。

公生稟絶異，而忠靖公及閔夫人義方之敎甚嚴。以故德器蚤就，容止中矩。少讀性理書，從學陶庵之門，講習薰陶。老益好學，誦繹《擊蒙要訣》、《小學》、《論語》，見古人格言，輒揭座右警省。雅言："學問雖貴淹博，亦當反約，不可馳騖於無實之地。《小學》一部，是做人坏墣，用作究竟法，何患不爲君子？"又曰："士大夫雖不可從俗脂韋，亦不當泥古崖岸。觀《論語·鄉黨》篇，聖人之動靜云爲，曷嘗有詭激處乎？"

性於孝，居憂五年，不入中門。夫人有疾，邀醫診候，必用女奴。居廬墓側，晨夕哀省，祁寒盛暑，不脫絰帶，對人非喪事不言。服闋，晨謁家廟，喪餘，號擗如袒括，終月不復寢。

少治功令，華聞夙播，戰藝黌庠，輒居上游，連捷解額，永感後遂絶意公車。伯氏忠穆公、仲氏副學公相繼登第，歎曰："使吾弟，獨不免沈屈蔭路耶？"謀所以周旋榮塗，公不可曰："舍先蔭而求科第，自非好事，亦不念盈滿之戒乎?” 二公歎賞曰: “君意如是, 可不成其美乎? 自吾東嶽先祖, 迄今五世, 名位太盛。” 共勅嗣子曰“勿赴擧如季父”, 仍著爲家訓。

事伯仲氏如嚴父。晩年仲嫂, 篤老善病, 公愛敬備至, 寒煖滋味, 親自調適, 推及宗族朋友, 皆曲盡情禮。

在平康, 鄕俗貿野, 以興學爲先務, 捐廩鳩財, 坊邑皆設庠塾, 置學田, 蓄經籍。擇秀士爲師, 豐其廩料, 俾掌教導, 如明道上元之爲。又置講武廳, 農隙教騎射, 纔數年, 治化丕著。旣遞, 鄕人立祠揭像, 春秋俎豆。

莅大邱, 捐俸築堤, 起偃虹亭, 邑人賴之, 號曰“李侯堰”。時忠穆公付處長淵, 公不自安, 懇道伯罷黜, 上特宥忠穆公, 仍公之官。

公守身如處子, 足不及權門。居官盡職, 親戚窮乏, 亦未博施, 曰: “費公濟私, 某所不敢。” 及解紱, 行李蕭然, 田宅不長尺寸, 是乃畏知之淸也。子夏云“雖曰未學, 吾必謂之學矣”者, 公非其人哉? 使其高蹈雲衢, 鋪舒事功, 則所以仰贊熙朝之晟化者, 恢恢乎有餘, 而素所蓄積, 僅施於百里經濟, 惜哉!

公聘礪山宋氏大司憲文載女, 溫良淸淑, 媲德無違。生與公同年, 歿先公二十二年。繼配豐壤趙氏, 處士儼女, 莊惠子諒, 婦道亦宜。生後公十二年, 歿先公十年。俱贈淑夫人, 墓祔。男縣監學彬, 宋氏出, 繼忠穆公後, 取族子道彬爲嗣, 蚤歿。女適南正紀, 側出也。道彬繼子魯瞻, 學彬繼子晃, 女適趙海永、沈宜觀、尹膺一。庶子最, 南正紀子爋。

魯瞻子膺信，女適徐種淳，庶女洪鍾聞。晃繼子得信參奉，趙海永子秉元郡守，女適柳承根。餘幷幼。

膺信謁不佞以幽堂之誌，不佞先祖考，與公托歲寒之契。以故悅服公行治夙矣，靡敢以癃病辭。不佞嘗覲親於達城貳牙，見枯株挺立。老吏稱"李侯勤政，夜以繼晝，庭燎所熏，木以燒死。閱累十歲不拔者，猶爲人愛惜"云，可驗公政敎之一端也。昔歐陽永叔銘范文正之墓，不書麥舟事，不佞竊附是義，撮其梗槪如右。竊恐枝葉之繁，反掩本實也。銘曰：

嗟嗟李公，熙世席珍。
鼓篋寒泉，嚅嚌道眞。
孝弟根天，忠信孚人。
名實相符，文質俱彬。
宮僚三朝，橫經銅闈。
受知貳尊，榮極布衣。
苟升天衢，何用不宜？
門闌昌熾，戒存離披。
低回民社，召、杜、龔、黃。
本之德行，粗迹循良。
八邑絃歌，敷敎用寬。
潮祠、柳廟，於粲荔丹。
投老歸歟，于鄜溪濱。
敬止桑梓，用自存身。

昭朗令終，葆我眞樂。
侐侐海岡，鬱鬱拱木。
勒銘玄扃，用備陵谷。

吏曹判書諡文肅朴公墓誌銘【幷序】[3]

粤我純廟在宥，有以肺腑親，任柱石重，身佩安危二十年，雖未免中道跋疐，而鞠躬盡瘁，終始匪懈者，故吏判諡文肅朴公是已。公諱宗慶，字某，貫潘南。麗季有諱尙衷，以道義與圃隱齊名，號潘南先生。生諱訔，入本朝封錦川府院君，諡平度。五傳至諱紹，道德學問，爲己卯諸賢所推重，以司諫論金安老，學者稱"冶川先生"。孫諱世城，贈吏曹參議，己亥議禮，斥尹善道、權諰，以直節稱，是於公爲五世祖也。曾祖諱弼履，贈吏曹判書。祖諱師錫，判公州贈左贊成。考諱進源，判敦寧府事贈領議政，諡忠獻，號錦石，學業勳勞，詳載純廟御製碑文。妣原州元氏贈貞敬夫人，贈吏曹參議景游女，慈仁貞淑，有女士風。以英宗乙酉某月二十一日，擧公于墨洞外氏第。方分娩也，忠獻公夢見一童子，騎鶴下天門，雙手捧之。

及生，穎悟絶倫。纔八朔，能言語行步，七歲能賦詩，爲贊成公所鍾愛。正宗庚戌，中司馬試。丙辰筮蔭仕童蒙敎官，

3 幷序：底本에는 "序幷". 일반적인 용례에 의거하여 수정.

陞司饔主簿、景慕宮令。除順安縣令，換新溪，因事棄歸。純廟辛酉，拜司僕寺判官、忠勳府都事，是年冬擢文科，拜弘文館校理、司諫院獻納、兼實錄記事官、漢學教授。

壬戌拜弘文館應教、奎章閣直閣、議政府檢詳舍人、兼南學教授。以尊崇都監都廳勞，陞通政，拜承政院左·右副承旨、刑·禮曹參議、檢校直閣。 癸亥拜左承旨、吏·戶曹參議。甲子差實錄修撰官，出爲驪州牧使，尋拜弘文館副提學。以廟奏差備局副提調，又拜奎章閣直提學。

乙丑以廟擢，陞嘉善，差備局有司堂上，拜禮曹參判、副摠管、春秋館·義禁府·經筵實錄同知事、吏曹參判、都承旨、工曹參判、同成均、刑·戶曹參判、平市署·尙衣院·承文院·典醫監·宣惠廳提擧、嶺南句管。

丙寅差貢市堂上，以伯氏長度支，嫌一門之幷綰財賦，疏乞遞，上不許。己巳拜弘文提學、摠戎使，特除兵曹判書。晉秩資憲，拜知義禁、造紙署提調。庚午拜漢城判尹、吏·戶曹判書、知經筵、奎章閣提學、知春秋、典牲署·內醫院·宗簿寺·觀象監提調、關西句管。辛未特除訓鍊大將，拜都摠管、知中樞、禮曹判書、司驛院提擧。

壬申拜宗廟署提調、工曹判書、左副賓客，復拜訓將。以參校璿譜撰修事， 陞正憲， 拜濟用監提調、司憲府大司憲、議政府右參贊。 冬補楊州牧使，尋下內移之命。 乙亥印列聖御製，以監董勞，陞崇政，復除訓將。丙子以惠嬪襄禮都監堂上及下玄宮銘旌書寫，進階崇祿，拜右賓客。丁丑以景慕宮修改監董，陞輔國，拜左賓客。其所屢典者，如再管貢賦、三摠元戎、四掌度支、五任東銓是也。 若壬申之復除右參贊， 內移後工曹判書、知敦寧、藝文提學， 甲戌之拜御將，崇政後判義禁、左參贊，乃公之處義不出者也。

前後所蒙被異數，則唱第之日，貞純王后方垂簾，教曰"此時此家，人有登科者，旣在保護，宜任輔導"，特授館職。又命致侑于元夫人祠版，榮埽給由馬，備澆奠。甲戌以入燕勞，有鞍馬、田宅、奴婢之賜，子婿弟姪幷令調用。辛未之在訓局也，猝有西警，羽書交馳，時昇平日久，都下鼎沸。公務鎭物情，默運紆籌，賴以時月討平。

壬申冬都憲趙得永上疏論公， 辭甚急， 上震怒下嚴教曰："此重臣處地何如？ 今日又何如時？ 以其處地，倚毗於今日，豈爲私昵而然乎？一則爲國事也，二則爲國事也，忽以虛無罔測之言，如是陳疏，無復餘地。況其末端云云，此又萬萬無形之詬辱，卽施譴削之典。"公曰："此余自反處也。若能早自決退， 遠避榮途， 豈至於斯乎？" 卽納符出都門，轉向楊州村廬。上下敦勅，若曰："委任之久，豈重臣咎也？使重臣狼貝，乃予之致也。"若曰："無難鄕行，壞損分義。"若曰："橫逆虛無之說，本不足憚。"歷屢日，嚴旨荐降，公轉益危蹙，席藁城外。又教曰："不念予心，不顧承候，但靳持較絜於不倫之說，豈非孤負予眷眷乎？"因命不敍，越數日特命因任，連勅召牌，公惶懼不敢進。上以師律命記過，公詣闕下，猶復逡巡。又教于政院曰："夜深矣。今方殿座，何不受符？"公不得已膺命，卽命分揀。

翌日陳疏乞退，略曰："惟其'背馳'二字之誣衊，用意至憯，直驅之以護逆黨惡之科。臣以臣家之人，處地自別，彝性不泯，其於大義所關、大防所在，豈或有少忽於明張之義哉？今忽遭前古所無之惡言，無端怨憾，肆口詬辱，末乃以此二字，抑勒構誣，必欲湛滅臣家而後已。今臣所遭，世復有哉？”又曰：“臣行己無狀，處世昧方，受人媢嫉，僇辱身名，在朝爲不忠之臣，在家爲不孝之人。每一思至，心肝摧隕，寧欲溘然無知，奚暇論官職之去就乎？”批曰：“予於卿所遭，不欲索言，而卿之情事，宜有一伸，特許所請，俾安卿心。”自是有除輒引，上以不念事體，於是有斥補楊牧之命。

數年後，始以飭教轉嚴，復領訓符。然益懷懍懼，每欲決退，而未忍便訣。常曰：“古人云‘進亦憂，退亦憂’，此言眞有味。”

其內行則幼而事父母孝，未嘗有纖毫違咈。丁卯遭忠獻公憂，水漿不入口，毁幾滅性。家人勸之以薑桂，而終不聽。與伯氏判書公，友愛尤篤，事之如父，及自遘疾，至于屬纊，焦煎號慟，如不欲生。撫諸姪，恩義備至，皆有所成就。祭祀尤致誠敬，前期必齋沐汎掃，躬省鼎俎，務極蠲潔。

凡係先事，靡不用極，五世以下遺稿，次第校讎，登卽剞劂，先墓之舊無顯刻者，亦皆營辦無憾。家法嚴正，動遵禮訓。從子有將婚，未醮而遭叔母喪，其母夫人病谻瀕危，願早畢親，公據期服不可嫁娶之文，必使除服乃婚。

從子周壽之入閣選也，曰：“吾旣忝此任，汝復踵武，可懼，非可榮。況有先兄之遺戒乎？”竟陳疏不赴職。與從弟瑞興公，趣尙相合，自經禮文史，以至國朝典故、人物淑慝，常講貫勉勵，及歿如喪同氣。

性本尙儉，房闥之間，蕭然無玩好。凡服飾稍涉奢麗，輒不御。御臧獲有法度，痛禁童奴皮鞋，用杜靑韝之漸。自妙齡，優於幹事，伯父近齋先生每詡以才器周通。忠獻公中歲困躓，流寓驪江，喪配又患痁，沈淹積歲，調度甚窘，公竭力拮据，上奉下濟，一室賴焉。

正宗丁未，綏嬪膺選入宮，忠獻公及判書公受命保護，常在禁局，凡百家事，公皆主之，井井有條理。其措諸處官，則剛毅明斷，嫺習世務，雖金穀之簿，日不暇給，而剖決如神，案無留牘。

西寇旣平，以陰雨爲戒，廣造戎械，俱極精緻，雖武庫之闕其名，皆躬授圖式，有良工匠不能曉其法者。其於財賦，謹節度，祛宂濫，歲入恒有餘裕。惠局月椿，至爲四十餘萬，嶺南儲置穀，支用無節，元簿漸縮。公遂筵稟，那兌他穀十六萬石，名以“丙辰別置補”，逐年常用，自是儲置無欠。別造水車，備六廛禁火之具，市人至今頌惠。綜理微密皆此類也。

其掌銓，則專以恢公擇材爲務，人不敢干私。履歷寃屈者，雖疏逖幽滯，必檢擬無遺。每當初仕選補，預錄泮儒姓名，如夾袋故事。嘗夜坐寒甚，歎曰：“哀彼窮蔀，必多凍餒，吾何避子產乘輿之譏？”仍使親信者，腰錢散之，亦使不言其所從來，計費爲累千金。有一士人，以無名終不受，公嘉其操守，卽探問姓名，擬諸寢郎。其愛養軍民，則恩意曲洽。

西警時，將士之從征者，頒藥輸饌，相屬道路，又以米布頻問其家屬。且慮債家之或攘也，發校禁之，軍士莫不感奮效死。米綿頒貢，每從貴給直，用裕都民生活。庚午大歉，朝家糶常平穀以救民，公使精抄飢戶而封標，囊槖分俵均平，賴活者爲數萬口。以故捐館之日，軍市號哭，如嬰失哺。

一日將造朝，門下喧甚。有客阻於閽，公招問之，客曰："家貧喪婦，無以爲殮。"公曰："費當幾何而足？"客曰："五百錢矣。"卽與之五千錢，客流涕而去。一朝士素不相識而寓同閈，亦喪配未殮。公聞之，卽遣一役，從主家言，備初終需，此其周窮急人之一端也。

少事近齋先生，擩染義方，篤學不倦。雅不以詞章自命，然臨文構思，自合規度。訓導子弟，嚴立課程，雖公務繁劇，必躬自照管。素愛人士，推獎假借，不以貴顯而少改，是爲公踐歷行治之大略，而最其忠愛惻怛，出於天植。

甲戌冬，純廟有瘇候。公以別入直，不脫公服，坐而達曙，爲五十餘日，終無倦苦色。及瘇核當拔，玉體痛甚，醫莫敢近以手，又以久益株蔓爲深慮。公遂褰袖而進曰："少忍無妨，臣請試之。"上勉從焉。至拔核而退，流汗透衣。自此獲翌瘳慶，苟非滿腔衷赤，拚置一身於死生禍福之外，曷能乃爾哉？

始自忠獻公與判書公相繼下世，上之所眷遇委任，專在於公。公亦自擔負至重，大而軍國機務，細而財簿管轄，與夫臧否黜陟、民生苦樂，常自靜居深念，至廢飮啖。或輾轉床褥，明發不寐，雖侍側者，莫省所由。是以年纔四十，頭鬚爲之盡白。嘗置別墅于東門外敦巖，爲晚年菟裘計，因以敦巖自號。然眷戀王室，罔克遂初，時於公暇，幅巾杖屨，逍遙山水間，澹然忘歸。

丁丑十二月一日，考終于正寢，壽止五十三。訃聞，上震悼，命賜東園副器。成服日，親製文，遣承旨致侑曰："維卿材器，繼父兄迹。委以國事，心膂是托。周旋奔走，夙夜殫竭。視卿手足，今焉如失。倚卿干城，今焉如撤。言念國事，誰任其責。"再期，又親製文賜祭，隱卒之典，極其哀榮。翌年禮月，權葬于楊州海東村，己卯閏四月，移奉驪州苜蓿洞巽坐原。

元配德水李氏，僉知中樞府事贈吏曹參判逑模女，婦道甚備，宗黨稱賢。生甲申卒甲戌，亦始葬海東村，遷而祔左。繼配平山申氏，學生某女，姿性和柔，閨範無違。癸丑生，庚子卒，葬于公墓之右乙原。幷無育，取伯氏判書公第二男岐壽爲后，文科判書。生一男二女，男齊元早歿，女婿進士徐相弼、洪淳膺。

公以俊偉之器、通鍊之才，服習詩禮庭訓，立得忠孝本領。其操節也，賁、育莫奪，其處事也，明斷相濟，庶幾有古君子托六尺、寄百里之材具。且躬處懿親，膺受眷畀，若將見匡濟挽回之效，而消長有數，榮寵招譏，竟使公狼狽憂畏，莫得展盡其用。此非公之不幸，實惟朝廷之不幸。竊觀公諡狀，曰："世故多端，人情難平，不啻如邛崍、灩澦。然轉眄之頃，水逝雲空，便作過去冷劫，而惟公憂愛之誠，貫金石而質鬼神者，固自在也。"此可謂知公矣。

公嗣胤以不佞出入近齋門下，概聞公顚末，托玄堂役。不佞曷敢辭，遂爲之銘曰：

潘、治裕昆，奕世累仁。
篤生綏嬪，誕我聖人。
沖服萬機，倚毗維何？
天錫賢輔，又於其家。
偉器英姿，兆于鶴夢。
繼父兄迹，任軍國重。
銓注恢公，財賦綜覈。
周流三營，干城柱石。
一身鞠瘁，四十頭皓。
有何深念？反側達曙。
西燧告警，默贊廊籌。
外殄潢弄，內成錦萋。
人方含射，公則自反。
禹鼎燭姦，灩澦波晏。
睠言菟裘，水竹蕭散。
匪無錢勇，未忍堯訣。
然猶憂畏，當世念絶。
罔究厥施，天奪斯速。
王曰嗚呼，予失手足。
奎藻賜侑，哀榮兩極。
驪水之陽，有崇四尺。

繄公之藏，愼毋樵牧！
陵谷變遷，我銘不泐。

僉中樞黃公墓誌銘【幷序】

嗚呼！昔在健陵盛時，鼓舞作成，文治炳烺。卽廊廟館閣，赫然著稱於一時者，無論已，雖黌宮蔭路甄拔，試可於百里民社之間者，莫不有長者之風。若故一水戶黃公，懷抱利器，發軔祿仕之中，不克大究厥用，而遺風餘韻，尙有傳於家庭里社之間。《詩》云“雖無老成人，尙有典型”，余未嘗不三復而有餘感焉。

公諱仁紀，字景修。初諱仁驥，字展汝，一水戶其號也。黃氏系出昌原，以高麗侍中諱忠俊爲鼻祖。入本朝有諱居正刑曹判書，植福裕昆，益大而昌，遂爲吾東望族。累傳至諱藎耉，敦寧府都正贈左贊成。贊成公有七子，長判敦寧欽，爲三朝名臣。第五，司宰監僉正贈左參贊諱鍍，寔公曾祖也。祖諱運河知中樞府事，考諱榦大司諫。妣延安金氏，縣令相堊女，方公之生，知樞公占仙鶴集屋之夢。

及生，骨格秀異，長益俊偉勤學。嘗隨敎官，入侍景賢堂，英廟問：“汝父奉接慰命，久不還，乃欲規避三司耶?”對曰：“臣父素講無隱之義，非敢爲規避計以犯欺君之科。”上善其對，顧語東宮曰：“此他日汝之臣也。”應製稱旨，爲擧朝所傳誦。

乙酉贄謁渼湖金先生，問爲己求道之要。癸巳中增廣生員，丙申掌議太學，再上疏論事，關忠逆者及斯文誣辱之由。己亥丁大諫公憂，捲室入報恩山中廬墓，居喪盡禮。服闋還京師，時有文孝世子喪，公以不能討復，處義自靖，不就公車者四五年。至庚戌邦慶，復尋宿趼。甲寅遭內艱，持制如前喪，毁瘠幾不全。丙辰拜徽陵參奉，以祿不逮養爲至慟。

丁巳上特下新刊《恩重經》以寵之曰："爾文學行誼，予所稔知。此經雖佛書，亦一孝親之具。忠孝無二致，爾其識之。"兼賜《杜律》。戊午以奉審七陵，惟本陵封植最盛，特授七品職，陞司宰監直長。己未春訃勅至，令百官製衰服，時有義不當服衰之論。命公製進跋文，更賜《春秋》一帙，曰："天下固不可無此議論，卽《春秋》之義也。"換授宗廟署直長，因相臣請，久任廟事，諮訪特多，曰："使廟官皆如此人，凡事可忘憂矣。"

庚申世子廟見，陞本署令。六月正廟禮陟，公哀毁踰節，後每遇諱辰，必食素三日。以生朝之與健陵誕辰同日，終身不進晬日之餐，爲感曠世知遇也。八月除任實縣監，一心撫摩，政平訟簡，闔境稱頌，而不悅公者齮齕不已，竟遭讒言，棄官而歸，杜門却掃，無復當世之志。

乙丑貞純大妃喪，以都監郎監董國葬，竣事又差儀軌郎，以勞除引儀、監察、刑曹正郎，再歷宗廟令，轉宗親府典簿。壬申除廣州府判官，值歲飢，竭力賙濟，無一捐瘠。乙亥遞拜工曹正郎，歷光陵令、尙衣院僉正。

癸未除江華府經歷，適公廨夜半失火，一府倉皇，公獨躬奉殿中位牌，指揮整暇。時公已躋耆耋，而精力不愆者如此。已又重新修繕，工役浩大，而調丁度材，擾不及民。因落成，延集耆老，觴詠爲樂。及歸，沁民思之，立碑頌惠。丙戌用壽職，陞通政僉知中樞府事。於是與年輩長老，日相追隨於泓崢樽俎之間，風流弘長，有香山、洛社之趣，而聰明不衰，步屧輕健，觀者仰之爲神仙中人。又居常不廢講誦，身教子孫。

及辛卯九月微示癒，命移正寢，二十九日考終，距其生丁卯爲八十五歲。十一月葬于報恩屯德酉坐。配宋氏、趙氏祔焉。

公自少卓犖，拔出倫類，爲先輩所奬詡，而孝友根性，事事欲盡分，承祭致齋圭潔，値喪餘，皇皇如袒括。與姊氏友愛尤篤，承奉姊婿，待之惟謹。教育諸甥，昏娶先於己子，析衣分餐，一無間言，此可以見公至性也。御家和嚴兩至，下至僕御，皆肅然有紀律，而人或有非理相干者，輒無辨不校，使自釋然。有賤隸凶悖者，詬辱洞中士夫，靡所不至，而獨悅服公，是所云“暴慢者致恭”。此皆公行治，而士林之所稱述也。所著有遺稿十卷，《美仁志》三冊，《二必箚裁》二冊藏于家。

公元配潘南朴氏，考相朝；再配恩津宋氏，考煥雲；三配咸安趙氏，考翼鎭。男基瓚生員，基轍，趙氏出。女適沈憲祖，朴氏出。庶子基玟，女適趙嘉永、李寅同。基瓚四男，鍾羽、鍾林前郡守、鍾奭正郎、鍾奎，女適尹泰周。鍾羽男一淵，女朴洪壽、李公夏。鍾林出后族叔父，生三女兪致庠、鄭耆朝、金台濟，系子耆淵。鍾奭女李熺，系子章淵。鍾奎女徐相憙，系子普淵。尹泰周男，秉鼎、秉益。基轍男鍾昌，生三男厚淵、耆淵、普淵。

公爲人負性帶氣，英發倜儻，人皆期以大受，而屈於蔭路，罔展其地步。壽躋大耋，以縻天爵，孫曾繁衍，餘慶有未艾者，天道報施，其在斯歟。語云："留有餘不盡之福，以還子孫。"寔公之謂，於乎休哉！

直弼老屛筆硯，而今於隧誌之托，有不敢辭，乃爲之銘曰：

昌原名閥，世有令聞。
公繩厥武，受知聖君。
賡詩跋議，榮動儒班。
寵以《麟經》，恩出匪頒。
大器小用，粗迹循良。
存心愛物，若保如傷。
晩暮遵養，婆娑邱園。
朋友攸攝，靜嘉琴樽。
間以書史，眞樂在中。
年德俱卲，昭朗令終。
崋崋德嶽，侐侐幽宮。
兟兟孫曾，福祿來崇。
我庸述銘，用詔無窮。

梅山集

卷四十二

墓誌銘

墓誌銘

雲湖任公墓誌銘【幷序】

鹿門任先生有弟諱靖周，字穉共[1]，號雲湖，幷以道學名世，識者稱之爲"二難"。時我正宗大王養德春宮，睿學天縱，淹通百家，兩坊侍講之臣，實難其選。公自弱冠時，已力學富有，隱然儒林間已著聞望。

壬午中司馬，壬辰拜童蒙教官，遷翊衛司侍直。書筵顧問，恒屬於公，公殫誠啓沃，奏對如響。於是經傳常講之外，如井地·經界、學校·貢擧及錢穀·甲兵、城池·關防、歷代之沿革·得失，如誦己言，叩之則應。上每傾心聽納，亟加稱奬曰："當今碩儒，捨爾其誰?"

據公所著《宿預錄》跋，曰"余癸巳、甲午間，在桂坊時所奏達者，蓋十五六，而不敢辜負特達之知，屢有越俎之言，已多取嫉於當時"云，而密庵金公砥行歎其爲三代後初有之文。據此可驗公蓄積之一二，於乎懿哉！然當時娼嫉公者滋多，而偏爲賊臣國榮所擠陷，遂斂，就祿仕。

乙未移典牲署主簿。丙申監董元陵方中之役，秋出監

1 共：底本에는 "恭".《雲湖集》,《鹿門集》등에 의거하여 수정.

松禾縣，縣在海西最窮僻處，吏頑民蠢，邑隨以窳呰。公莅之寬恕，濟以嚴明，期歲之內，治效大著，幾爲武城、單父之絃誦矣。道伯承當路指，置中考，京察黜降下考，銓曹停枳不擬者十餘年。

戊申敍復司饔院主簿，移溫陵令。己酉出監青山縣，當荐歉彫瘵，措處有方，民得安堵。道伯、御史課最啓褒，上教曰："慣知所存於挾冊之時，宜乎治績如此也。"特命加一資，付西樞銜。於是一世拭目，知向者擯斥，實由權姦，而際遇之隆，未嘗有間於前後也。

若將有恩禮之加於是者，而竟以健陵丙辰十月十八日卯時，捐館于懷德注山之寓舍。距公生丁未，壽止七十。於是士林相弔云："斯文一脈墜矣。"吾師近齋朴先生誄公曰："內外本末，有用之學，分析王霸，亦識時務。"君子以爲知言。

公器宇凝重，望而知爲有道君子。居恒不以榮利累其心，專意從事於古人爲己之學。以居敬窮理，爲上達之門路，體驗於事爲，積累於存養，精思力踐六十年如一日。而其發於緖論，則雅言："理無大小，心無二用，堯、舜氣象，只在當下，便是天理流行處。當爲卽爲，當止卽止，行一不義，殺一不辜，得天下不爲之意，自在其中。"

又曰："錯看浦說，有理氣二物之病，將使孟子人可爲堯、舜之旨，歸於空言。"又曰："朱子所謂'氣之精爽'四字，浦中錯看，認作被命受生之後，隨所稟之氣，聚而爲靈覺，至有淸虛靈、濁虛靈之論，蓋以氣質末流、良能本體，打成一片，而聖凡之心，判作二物矣。"

又曰:“人得正統之氣以生，故卽此天地之心，賦於人而爲心體。能爲氣母，不爲氣囿，不以在天而有餘，不以在人而不足。”又曰:“天命之性，固當作本然，而爲通天下一性之性，朱子以各循各有釋之，則各異之意亦在其中。今以其各異，而云‘於道字，不可下本然二字’，則惡在其率性之謂? 而性與道判然而爲二耶? 己之性、人之性、物之性，謂之‘本然’則同爲本然， 謂之‘氣質’則同爲氣質。 夫牛耕馬馳，卽牛馬本然之理，而曰畊曰馳，不可謂同也。若曰是專指氣質之理，則聖人捨其本然，而敎人以氣質之理，抑又何也?”此則公獨造高明，所以剖析性理之源者也。

其見諸事行，則事仲氏鹿門先生，極其尊敬，而連床講業，兼有師友之資。晚年鹿門偕隱，盡天倫怡愉之歡。早孤不省嚴顔，以爲至痛，事母夫人，養志無闕，及丁憂廬墓，哀毁骨立，不進薑、桂之滋。

少治擧業，族叔父以試官親近，勸赴鄕試，公擧李君行語，義不敢從。嘗發魁解，以元配期服未半，不赴會。及從蔭道進身，周旋銅闈，若將朝夕大闡，而遂廢擧自守。櫟泉宋文元公以姨親中知己，愛好無間，嘗稱公篤於天倫，罕見於叔季。事諸兄如事嚴父，一室湛翕，和嚴兩至。

中歲連哭伯叔二公， 而姊氏申夫人有古曹大家風， 從諸兄弟學，通經知禮，而不幸早寡無依。公奉置隣近，晨夕省侍。及其歿，繕寫遺稿，《鹿門集》同其印行，以壽傳後。第四嫂李氏亦早寡無子， 公奉養于家， 曲意將順， 終事無憾，而以未能立後爲至恨也。嚴於奉先，不以次支而或略於致慤。以次長遷奉先祖祧位，每當諱日，克致如在之誠。嘗論近世儒者，如公昆季之盛者，蓋未多見。於公祀孫某，積年之托鄭重，未敢下筆者，職此故也。

任氏籍豐川，始祖諱溫。五傳至御史大夫澍、西河府院君諱子松，顯于勝國。入本朝有諱說，歷事中、仁、明、宣四朝，以文學致重名，官至判尹、提學。三傳至今是堂義伯，當孝廟蒐羅英俊，欲伸大義，而以公可大任，六畀方面之重，官至平安道觀察使，於公爲高祖。曾祖諱陞、祖諱士元，俱早卒。考老隱堂諱適，咸興判官。妣坡平尹氏，戶曹正郞扶女。

公於兄弟五人序居季。公有三配，光山金氏，沙溪文元公之後相甲女；蘇氏，監司斗山之孫大頤女；李氏，評事李穆之後元燮女。男烈，金夫人出；杰，蘇氏出；一女適宋基鼎，李氏出。烈男持常、基常、時常，女適李鎬。杰無子，子基常，女適進士金箕協。持常男百宅。基常男百準、百熙、百憲。餘不盡記。墓在公州東倉午坐之原，李夫人、蘇夫人祔。

噫！鹿門公不由師承，洞見大原，妙道精義，發前儒所未發。陶庵許以操戈入室，渼湖贊以十駕難追。常窩李公敏輔云："見理精純，數百年所創有。"公受其傳付之重。鹿門雅稱："公見處卓然明透，非吾所及。"公爲鹿門狀德，如伊川之于明道。伊川嘗云："我昔狀明道之行，我之行蓋與明道同，欲知我，求之於此文。"不佞於公亦云爾。

嘗拜公于注山之天雲樓。樓臨二塘，荷香魚躍，若有上下同流底意。危坐其上，肩背竦直，披心道素，誨諭諄複，未覺夏日之爲永。翌年又哭公于古宅，溪山文藻，風韻不散。俯仰幽明，不勝感涕。微顯闡幽，非賤分所宜，而靡敢以耋癃辭，力疾而爲之銘。銘曰：

西河之任，爲國大姓。
圭組熀爀，中莫與競。
篤生賢彦，蔚爲儒宗。
藍呂、岳胡，宛在吾東。
理氣之辨，洞晢明暢。
棣萼幷秀，塤篪迭唱。
深造自得，以心爲師。
詎若世儒，聞見之知？
銅闈大闢，化日方升。
簡選弘博，充我兩坊。
公於是時，挾冊登筵。
天德王道，有懷必陳。
契合無間，娼嫉遽乘。
一斥不復，末路蹭蹬。
棘失棲鸞，淵返潛龍。
迺遂初服，水複山重。
在公何憾？有識興歎。
無平不陂，天運循環。
恩諭曠絶，簪履不遺。

人惟求舊，增秩升資。
蓋公忱恂，孚格有素。
同人師克，先咷後笑。
賴有遺編，名理玄通。
湛思奧識，牖我群蒙。
嶉嶉蒼岡，侐侐幽宮。
刻我銘章，昭示無窮。
淵邱雖易，不泐令名。
百世知有，雲湖先生。

蘿山趙公墓誌銘【幷序】

金文敬先生講道渼湖之上，四方及門之士，於斯爲盛。賢愚隨材，皆獲其益，而有若蘿山趙公，其出類而傑然者乎。公諱有善，字子淳，學者稱'蘿山先生'。始祖成，佐百濟溫祚王，樹大勳封稷山伯，子孫遂籍焉，厥後圭組相襲。入本朝有鍾城府使諱世幹、厚陵參奉諱世傑。參奉公擧孝廉不起，寔爲繼世文獻之倡。生子諱彦瑚，爲府使后。生諱進，進士有才學，與宋泉谷象賢爲道義交，卽公五世祖也。高祖諱必亨生員，曾祖諱翼周，俱克世經行。祖諱昌愈僉中樞，考諱聖躋亦稱"長德"。妣慶州全氏，尙斗女，夢龍而擧公。

公生稟絶異，纔就傅，慕古文章，劇讀《南華》。旣而慨然曰"小技不足爲"，遂勵志聖賢之學。入山讀《孟子》，自是求道彌力，遍交幷世先覺，講辨名理。旣又與同志開塾，居業于蘿山頂上，立學規爲一方倡焉。金先生歷臨是齋，設講會，命扁以"觀善"，手書以贈焉。公遂委身師事之，與聞性道，所造益深。金先生每與公揚扢經傳蘊奧、古今得失，以至進修之要、出處之義，靡不反復誨諭。嘗詡以識明趨正，又勖以弘毅，仍書贈"廓而大之，濬以深之，明其內而晦其外，緩其末而急其本"二十二字，又命纂定《考亭遺事》、《師友淵源錄》，其所期待可見也。

英宗辛卯中司馬，正宗戊申除惠陵參奉，陞西部奉事。辛亥移掌苑署奉事，輪對以本署是成忠文故宅，請贖還。上曰："贖還非難，以無可還處，故不得爲也。"對曰："無子孫則當別立文字，徵信來世。"命述其事揭板，上覽其文嘉歎。本署提調對曰："非徒能文，亦有經學。"

轉內資寺直長，陞瓦署別提，卽移司憲府監察。癸丑差祭穆陵，以陵軍家造泡事涉不敬，呈課，上許以純實，曰："觀於輪對時，已知有所守。守令勿論文蔭武窠，待窠差送。"是月除淸河縣監，氷檗自律，以興學化民爲先務，設講會以課髦士，給米肉以禮高年，釐正其祀享，戒飭其葬埋。每歲孟春，依月令布法，作條約曉解，與民更始。人有告不孝不悌者，援陳元、乙普明故事以敎之，民多感服。

時値荐饑，公屛騶蔀屋，撫恤慰諭，俾無流移。捐官廩、貸隣糴以賑之，所全活甚衆，而其賑也男女異坐，上下有序，有遜讓之風。道伯褒啓，上曰"趙某循良之治，豈不嘉尙"，特命陞敍。

甲寅拜益山郡守，清河士民，至有擁馬流涕者，又竪碑頌之。及上任，蠲徭革瘼，蘇完瘡痍如清河之政。道臣請與珍山相換，上以無端請換，問備道臣。道臣諉以衰病，更啓蒙允。銓曹以年限爲拘，命勿拘。丁巳莅珍山，旋罷，又以檢官事追咎，金吾議讞失實，特命公罪勘放，皆異恩也。庚申用優老恩，加通政階，拜曹司衛將。

純廟己巳五月五日，終于正寢，距其生辛亥五月二十八日，爲七十九歲。一都多士奔哭盡哀，門人加麻者五十餘人。七月三日，葬于府東北國士峯下摠持洞坐西之原，先兆也。

淑夫人豐山金氏，同樞昌履女，兵曹判書子良其遠祖也。柔順貞靜，克配公德，生先公四歲，沒先公三十四歲，祔公墓左。男絅溫生員，以學行繼業。若璧溫、直溫及具潤成·金錫洪·南致正·金祖觀妻，庶出也。絅溫男鼎休前縣監，泰休教官，女適生員李箕樂。鼎休取從子熙道爲嗣。泰休男熙道出系、熙奭、熙百、熙祿，女未笄。

公聰明端粹，氣和而毅，辭婉而直，雍容樂易，自然有近道之資。其爲學以窮理爲先，力行爲本。雅言："窮理而不能力行，則理無所湊泊；力行而不以窮理，則行無所指向。"必以讀書自得爲準。有問爲學之方，則曰："自有節度，不容毫釐差了。整齊嚴肅，主一無適，卽居敬之要，而慮其持之太過，反生病痛，故有栽培深厚之訓；專心讀書，探索奧義，卽窮理之要，而慮其求之太急，反失本旨，故有優游涵養之訓。至其力行之要，隨時隨事，尋箇是處，不知則已，知則必要行。"問操存之要，則曰："慢些子不得，急些子不得。”是皆切已體驗而發者也。

嘗論人物五常曰:“萬物之所同者理,其所不同者,乃是氣也,而非理之爲也。今以性爲不同,則是以其異體之氣,擬論於一原之理也。性與理一也,而掃却程朱正論,以性與理析而爲二,理則屬之於人物未生之前,性則屬之於人物已生之後,以爲理同而性不同,豈不謬哉?”

又辨心與氣質曰:“心之爲物,主於一身而神明不測,其體本善,而聖凡皆同。故人之所以變化氣質而復其性本者,皆是此心之所爲。而今以駁濁之氣質,混稱爲本體,卽將何所恃而變愚爲明,變柔爲剛,以至爲賢爲聖乎?栗谷曰‘心亦有本然、氣質’,今諱其本然,而專以氣質當之,是乃沮千古爲善之路,非聖賢相傳之心法。”是皆深造獨詣,見理卓然者也。

公性於孝,先意承順,務盡其歡,晨昏拜階下,居喪盡禮。尤篤於追遠,雖已老傳,不廢晨謁,非甚病,必親承祭,要竭誠力而後已。服師喪期年,忌日必爲位哭。

家貧屢空,一褐終歲,人所不堪,而晏如也。終日端跪,表裏修整,不被外物所侵亂。存養旣厚,德性自涵,沖和達於顔貌,謙虛溢于言笑,周旋進退,不踰繩尺。與人酬酢,聲氣可樂。至辨是非,必斷以理義,確乎有不可奪者,其受賢師付托之重者,詎不宜哉?

留心經濟,著《時務八策》,條理燦然,可擧而措之也。時値耶蘇邪說漸熾,公憂其流禍,呈書廟堂,請其闢廓,其衛道之嚴、見幾之明,有如此者。深究五服之制,旁及師友之喪、王朝之禮，彙成一編，名曰《五服通考》。又有文集幾卷，藏于家。

壬午鄉人士就公攸芋，建祠腏享。又擧道學事功之實，疏請褒贈。甲申領議政南公公轍回啓曰："趙某傳習師訓，居敬窮理，工夫刻苦，固窮安貧，操行修潔。雖其求道自晦，而衛正斥邪之功，遠近歸嚮。粤自先朝，屢加褒奬曰'已知其有所守'，莅邑多惠政，則又許以循良之治，如此者不可但以一鄉善士論者也。多士請褒，益驗公議翕然，請贈承宣。"上可之，贈左承旨。

夫故都之學，肇自圃隱，迄于花潭，而花潭有見于數，而未達理之全體。及公作而踐述渼湖之正傳，服習考亭之眞詮，門路旣的，進修彌篤，至老慥慥，克底於有成。蓋西京數百年來，一人而已。自任以鼓鑄後進，摳衣鼓篋者，常充衍門庭，皆尋聲得器，虛來實歸。

及疾革，遺書以戒之曰："立志以古聖賢自期待，讀書以《小學》、四書爲本，行己以正直無僞爲度，不顧利害，惟義是求，則庶幾君子之道。"其血悃指引，臨歿繾綣者乃爾。故及門者彬彬有成章之美，可以收功於永遠。嗚呼其盛矣乎！

直弼纔勝冠，屢拜公于所館，其德儀名論，聳動心目，閱半百年而有不可諼。公二孫克紹先範，從我遊，謁幽堂之誌。靜念知照，有未忍終辭，援筆而敍之，系之以銘曰：

維崧降精，英豪輩出。
文忠、文康，卓出群傑。

疇纘墜緒？曰有趙公。
姿粹志高，養以聖功。
就正有道，允矣渼翁。
叩盡其聲，以鳴洪鍾。
惟其信師，造道自崇。
溫恭自牧，繩尺在中。
本之孝悌，自知爲仁。
主以忠信，克潤厥身。
不聲以色，所養者大。
藹然祥和，積中發外。
劈劃善利，若辨白黑。
知幾斥邪，如夜照燭。
忍窮到熟，眞樂怡怡。
闇錦日章，幽蘭自猗。
窮經致用，爲聖主知。
薄試三邑，絃歌洋洋。
是亦行道，粗迹循良。
迺遂初服，于彼蘿岡。
晩益遵養，用晦而彰。
耄耋戒警，厲志自强。
始終條理，誦法紫陽。
螟誨蛾逑，陶冶一方。
若飮衢樽，各充其量。
庶幾易俗，功化無疆。

嵂嵂士峯，若斧其堂。
焯德著美，薦以石章。
石猶可泐，公名不渝。
銘非銘公，聊勸後儒。
嗟爾來世，是型是模！

剛齋先生墓誌銘【幷序】

過齋金先生，道尊德成，爲世儒宗，因家禍，削儒選。剛齋宋先生上章辭召命，仍言“臣遊從於坐累人金正默之門，義不敢比恒人”。上詢于在廷大臣，臺臣咸請金正默復逸，以開宋某進身之路。上從之，仍諭先生進身之意，先生又陳疏謝辭。噫！師與君父均，故惟其所在致死，死生榮辱，義無異同，而世敎衰，師生之倫先壞。先生以一身之行藏，雪先師之幽冤。如此而後，天下之爲師生者定，於乎盛哉！

先生諱穉圭，字奇玉，生而端秀。未髫齔，往觀外黨婚禮，群兒爭取綵花，先生若無覩，有與一朶者，亦不受，觀者異之。九歲從內舅申公晊學，已能潛心受書，歸而取正于再從叔父心齋先生。仍請業于過齋金先生，先生亟加奬勵，期以遠大。且言“溫醇有餘，但欠剛果”，命以‘剛’字扁齋，先生因書“剛果決烈”四字，揭壁自警。及金先生定居于貞山，先生徙宅而從之，朝夕服勤。

戊午道伯薦先生以學有淵源、望重士林，除英陵參奉，不就。庚申拜侍講院諮議兼經筵書筵官。時純廟冊儲位，正廟降別諭曰：“昔我孝廟光陞儲位，始設贊善、進善等職，以待山林之士，金文敬公爲贊善，爾祖文正公爲進善。予承先王之基，行冊儲之禮，而爾之從叔爲贊善，爾爲諮議，凡周亦世，豈不與榮矣乎？爾以爾家之人，講道丘園，克紹家聲，登旌招之列而縻挾冊之任，予心欣喜，何以形諭？亟回東岡之志，儀我講肄。”又命特去僞號於告身。

時心齋赴召，而先生不出，上疏，略曰：“臣至愚極陋，百不猶人，少而失學，亦不能從事舉業。聖明之有此恩敎者，謂或得於家學緖餘，而臣誠不近似，實難免欺誣之罪。我世子邸下睿質天成，溫文日就，受冊之初，宜盡輔導之方，而乃以鹵莽如臣者，猥廁遴選之列，則豈不舛乎？”

及正廟昇遐，純廟嗣位，貞純聖母臨朝宣召。上荐下別諭，始除戶曹佐郎，辛酉拜持平。東朝又下別諭敦勉，先生疏陳師門事，竟得伸復。時召命累降，又除掌令，繼下別諭，史官相守閱月。四上章辭，且乞召還史官，批旨愈篤。壬戌因筵臣奏請，宣召，自是臺銜敦諭，殆無虛歲，或再三至，連章辭。甲子因仁政殿災宣召，至諭以“來不來，卜治不治”。旋陞軍資監正，遣玉堂問繼講冊子，又辭。乙丑貞純王后禮陟，詢因山月數進退，辭不獻議，上疏陳慰。

丁卯問繼講冊子，以讀書次第之著於《近思錄》者仰對。又命薦林下宿德之士，辭不對。壬申拜進善，以聖候康復，元良定位，而未克造朝，上疏待罪。批旨擧心齋赴召冊禮時事，諭以“先正之後，贊成至親，先君以恩，前人是似”。又疏辭，尾陳朱子《封事》中輔儲一條以仰勉。及冊禮成，諸殿宮咸有表裏之賜，先生辭職，兼辭賞典。冬因大臣筵白，陞通政階，下別諭屢百言。尋拜工曹參議，上疏辭。

癸酉拜成均館祭酒。乙亥陞嘉善，拜贊善，又拜工曹參判，再上章辭。丙子惠慶宮薨，上疏陳慰。再拜大司憲，幷疏仍謝追恩。丁丑世子入學後，陞嘉義，拜大司憲，移承政院左承旨，還大司憲。有周恤之命，仍下別諭，上疏辭，且言："虛縻官銜，久損朝體，亦恐殿下敎胄，將不免疏略。"己卯行世子冠禮，別諭敦召，禮成，有錫馬之恩，嘉禮後又錫鹿皮，連疏兼辭賞典。辛巳孝懿王后昇遐，上疏陳慰。遣春坊官，詢因山前春宮開講當否，對以經權酌量之宜。又問山陵合祔時將事所服，先生對以"王朝典禮，未有經文可據者，不得不參用士禮"。

癸未以李文成公系后事命收議，先生附奏，略曰："先正臣宗事，因故相臣金壽興往復商確於臣先祖文正公臣時烈，建白于朝，成命特下，倫紀大定者，已百有餘年。今此李希祖之疏，乃以宗統墮壞、神理幽枉爲言，直歸之於非禮不正。且以臣祖之書，爲有所激而不得其正，讀之未終，駭汗浹背，臣不敢妄有開喙。文迹俱在，公議未泯，惟在上裁。"既又往復士友，確守先論，事遂得已。

丁亥翼宗代聽，及元孫誕降，上書陳賀，仍勉睿學曰："邸下睿資天成，令聞夙彰，而未滿弱冠之年，遽膺代勞之命，責任之重，宜若不能無動心者，而克念克敬，夙夜匪懈，政事施措罔或有違，群情洽然，愛戴冞切。必須益懋睿學，益進睿德，所知所行各臻其極。然後可以躋治於唐、虞，有光于祖宗。”仍請取朱子奏箚，進講書筵。

己丑令逐朔優送米肉。後拜都憲，上書辭，兼辭米肉。冬拜世孫師，上書辭。庚寅問大報壇祭享祝，上旬日不用“初”字當否。附奏，略曰：“不用‘初’字，是大統曆之例，則今欲釐正者，實關於尊周大義也。”世子薨，上問服制，先生辭以“今此邦禮，係是先祖臣得禍之案，心神驚錯，尤何以措舌仰對”，仍上疏陳慰。前後辭本，不書僞號，而疏到喉院，承旨姜浚欽諉以違格還下。治章更進，又不書僞號，擧顚末引義，批曰：“咎在喉院，何必深引？”王世孫冊禮，別諭敦召，以未赴命，上疏待罪。辛卯拜吏曹參判，以王世孫開講，又命敦召，上疏辭，兼謝恩賜鹿皮。冬因大臣筵白，命以其子差送近邑守令。

甲午純廟昇遐，今上嗣位，問成服時冠禮當否。以“儀曹所陳《疑禮問解》之說，當爲今日可據”爲對，仍上疏陳慰。領敦寧趙萬永疏請大行大王世室，先生承問而附奏，略曰：“大行大王至仁盛德，度越百王，今於世室之議，孰敢有間然哉？”復土後上章陳慰，仍勉聖學，略曰：“殿下方在沖弱之齡，遽膺艱大之投，目今急務，莫先於保護聖躬、將就聖學，而苟欲保護而將就，未有切於進講《小學》。服食起居之節、修齊治平之道，是所以充完血氣、涵養德性，皆不可舍是而他求。且是書所引，夫孰非切要？而若九容、九思、敬勝怠、義勝欲等諸條，尤是服膺，而不可須臾忘者也。”仍陳敬禮大臣、親近正士，以盡薰陶資質之方。冬因相臣筵白，陞資憲拜刑曹判書，戊戌以優老典例陞正憲。

二月十日考終于正寢，距其生己卯，爲八十歲。病勢危篤，精爽不愆，門人有所問難，酬答如響，以禔躬修行，申戒子孫。且云："累世文字，有志未就，先師行狀，罔及卒業，是爲遺憾。"

訃聞，撤朝市，別致賻，傳曰："宋祭酒以林下宿德，久被先朝禮遇，而予小子嗣服，尚未遂招延之誠，方切歉悵。今聞逝音，不勝傷畵。"令該曹及本道庀喪，又命弔祭。

士友咸與相弔曰："斯文喪矣。"門人環絰者百餘人，太學生操文奠酹。閏四月二十一日，葬于沃川寧國寺左麓戌坐。後因筵臣言，不待狀而諡，用"道德博聞"、"一德不懈"二法，賜諡"文簡"。

先生恩津人，冑于高麗判院事諱大原，尤庵先生文正公，卽先生六代祖也。五代祖諱基泰同中樞，生諱殷錫，縣監贈吏曹參判。參判公子諱會源，贈吏曹參議；孫諱礪相，贈吏曹參判；曾孫諱煥明，贈吏曹判書，兩世俱承家趾美。判書公娶平山申氏思德女，端一靜淑，配德無違，擧先生于永嘉之九潭。

先生大耳脩準，肌膚玉雪，而雙眸炯然，器度凝重，溫潤精純，天資近道，而擩染家庭，早自向學，及就師門，與聞大道之要。其學以讀書窮理爲先，反躬實踐爲本，而敬爲其要。由《小學》、《近思》，以及四書，又以《心經》、《聖學輯要》爲羽翼，諸子外家皆不屑也。

晨謁家廟，退坐書室，齊莊斂膝，專精翫理。始則寧淺無深，寧略無詳，而終致心融神會，雖在卲齡，取《太極》、《西銘》、《庸》、《學》等書，晨夕念誦，以朱、宋兩夫子大全爲畢生家計，未嘗釋手。

終日匡坐，肩背竦直，身不設散容，口不出俚諺，兢兢乎如對神明。遠非禮於視聽，加戒懼於幽獨，本原澄澈，大本自立。至其養深積厚，年彌高而德彌卲，周旋動靜，自中規矱，謙恭祥吉，謹於色辭，充中而發外者粹然也。

居恒簡默，而對人款洽，無賢不肖，莫不誠服。常以藐孤爲至痛，事參判公盡誠，志物養備，參判公忘老而無子。申夫人早年晝哭，先生承順左右，務適其志，凡爲家政，必稟而後行。嘗欲周人窮乏，而請于夫人，夫人空杼軸，聽其所施，子母各得其義者如此。嘗如外氏所，聞親癠疾歸，山路昏黑。有虎前導，向曙而止，咸謂"孝感攸致"。季氏過房，早殀無嗣，弟婦煢煢無依。先生每接屋而居，經始家事，立嗣子俾不殄祀。

尤謹於追遠，籩豆魚菽，盡其蠲潔，耄及而猶致如在之誠。存撫宗族，無親疏之別。每戒後進曰："祖先修德，自貽敦睦，敢不以祖先之心爲心乎？"又曰："吾宋之稱大族，非以科宦，以先世行治也。若不砥礪名行，頹損家聲，則雖科宦輩出，失吾家本色。"閨庭斬斬有序，恤卑幼、御臧獲，各得其宜。其所以正倫篤恩者，可謂兩至矣。

尤嚴於出處大節，自筮仕至上卿，除命相續，恩諭荐疊。及伸師冤，朝家欲必致乃已，而揆分度義，終始牢辭曰："當今之世，雖有孟子力量，有難施措。非直以不嫺世務，自分迂疏也。”以故抗章丐免，未嘗攙及時事，惟拳拳於聖學成就。潛靖自修，以不見成德，有足以勵世警俗，何必進爲而後爲報哉？

指引髦士，亦出苦衷，而不許執贄，曰：“斯禮也，有名而無實，去其名而存其實可也。”且云：“好名，固學者之弊，而今世則亦難見好名之士。信能好名，則亦稍知檢押，可矯頹俗也。”經生學子因材施教，雅言：“士不可局小，不能恢拓田地，則不可以大受，此朱子所以思見大心衆生也。柔惡不如剛惡，剛惡者覺悟，則或有所勇斷，而柔惡者雖自知非，因循吝改，終於下流。”皆衰世意也。

病世之學者，未嘗求眞知實踐，而全事口耳。自湖、洛之論岐貳，彼此互爭，甚則撐眉弩眼，便若仇敵。故未曾容易說與，有問者，輒云：“此非初學所急，苟實心體認，行當自得。”然其正見透徹，一下打破。

其論理氣，則曰：“理者，氣之主宰；氣者，理之所乘。原氣之所以生，則雖固有理，而論理之所方立，則亦必在氣。有先後而實無先後，有離合而實無離合，一而二，二而一也。”

論人物性，則主理同氣異，曰：“氣質非直人物不同，人人各不同，物物亦各不同。本然非徒人人皆同，物亦與人無異。此所以一本而萬殊，萬殊而一本也。”

論心體，則曰：“心氣也者，對性之稱，氣之精爽，不囿氣質。方寸中，理亦善，氣亦善，於此下惡字不得。若云‘本心有惡’，則所謂復初者，只復其惡而已，焉用學爲？苟以明德謂‘有分數’，則孟子何以曰‘人皆可以爲堯、舜’乎？”

嘗有詩云："稟得氣時理亦兼，何嘗天意別洪纖？須看通局分明訓，彼固無虧此不添。"又云："愚誠在氣耳，惡豈根心哉？賦與同人物，偏全異塞開。"是可見名理之正，豈世儒雇耳傭目者攸及哉？

立論務主和平，而善利之判，如一刀兩段。嘗謂："玄石之爲世道害，甚於尼尹，光佐之兇，浮於四凶。"每念國勢孤危、民生顚連，殷憂永歎，繞壁不寐，忠愛一念，炳然如丹，不知其身之在草野也。

家貧屢空，而處之晏如，嚴於辭受，苟非其義，一芥不取。及受養專城，仰戴俯怵，若不自勝，勉胤子以至誠圖報焉。答人經禮之問，必尋思推求，極其指要，其周詳愼密，惟恐自誤而誤人。雅不屑辭章，絶不作閒言語，有零藁藏于家。

配貞夫人金氏，其考亮和，沙溪先生後孫也。幽閑淑哲，孝敬備摯，莅饋四十年，閱盡艱窶，而賓祭靡所闕。先生固窮守約，用底醇德，得於內助者爲多。系子欽成前郡守，三女適金裕淵、金基馨、權中建。郡守男後洙、復洙，女金炳禹、趙炳翼、金厚均。長壻男萬秀、福秀，次壻女李源一。

嗚呼！吾東之學，至栗谷、沙溪、尤菴三先生，而始開荒闢陋，明體適用，如文王治岐、周公制禮，爲斯文之宗嫡。先生肧胎前光，克纘厥緖，妙齡求道，得其所依歸。本之以忠信，行之以誠篤，翫樂而至於融深，存養而至於淵密，渾然博約之會，功與志滿，卽先生所準擬。而天假大耋，克遂其願，卓然爲三朝之賓師、一國之元老，豈非貞德之符自然而然者哉？蓋其爲學規度，恪守三先生成法，平易明白，親切端的，門路眞正，遵家學而溯洛、建，傳百世而無弊，於乎休哉！

直弼嘗涉荊江，逢先生于路次，幾如孟萬年故事，而瞻望不及。後拜于荃村，見其和順所積英華睟盎。端拱危坐，儼若泥塑，有百原整襟氣象。是可驗得之深養之厚，道明而德立，汔今半百載，而猶覺餘薰襲人也。

胤子以直弼有契於觀感，要一言掩諸幽。直弼晚生謏識，癃病垂死，曷敢妄擬其範圍乎？若論其造詣所極，則自有後世堯夫，直弼何敢述焉？略掇其悅服者而敍之，繼之以銘。銘曰：

允文文正，我東考亭。
爲百世師，集群儒成。
道莫與大，功莫與京。
直字眞訣，垂裕家庭。
德厚流光，鍾毓先生。
芝蘭其姿，金玉其精。
惟孝惟友，源本百行。
先立其大，明信主誠。
夙志勇往，祖述憲章。
寤寐思服，江·漢、羹·墻。
矻矻孳孳，後禮先經。

肫肫翼翼，左準右繩。
眞積力久，永觀厥成。
秉心之公，鑑空衡平。
見理之眞，龜卜燭明。
日章錦襞，天聞鶴聲。
丹鳳銜詔，白雲鎖扃。
囂囂眞樂，坦坦幽貞。
詎欲已甚？ 身世兩忘。
量時量己，畢生自臧。
確乎介石，素履彌剛。
不易不成，功用自彰。
囊封獻忠，葵藿傾陽。
衛道伸師，世教與榮。
斯文之望，重於岱、衡。
之綱之紀，髦士是型。
白賁無咎，視履考祥。
令聞達尊，永世耿光。
沃州之山，若斧其塋。
鬱鬱拱木，赫赫英靈。
我銘厥最，遹昭千齡。

慶州府尹朴公墓誌銘【幷序○辛亥】

錦石朴忠獻公有孫諱鎬壽，孝悌恬潔，無愧爲法家拂士。惜乎！其發迹蔭塗，不得大究厥用，而惟以治行第一著稱，識者多以爲非所以處公者。噫！今公墓草已屢宿，而嗣子齊寬以公太碩人命，屬不佞以玄隧之文。嗚呼！韓文公於《馬少監銘》，歎其久不死而觀人三世者，殆同余感矣。

公字美京，潘南氏，以麗季純臣文正公諱尙衷爲上祖。屢傳至治川文康公諱紹，爲世名儒。高祖贈吏曹判書諱弼履，曾祖公州判官贈左贊成諱師錫，砥行厲操，不輝于躬。至我近齋先生暨錦石忠獻公諱準源兄弟，一以道學爲時宗師，一以勳勞爲國藎臣，始大而昌。公之考贈吏曹參判諱宗翊，以錦石公第三子，早卒無育，而公以伯父戶曹判書諱宗輔第三子爲之子。判書公配達城徐氏，郡守廣修其考也。太碩人杞溪兪氏，彥宇之女，市南文忠公其先祖也。忍死植孤，慈嚴兩盡，卒底于成，而養志無憾。

以宦迹則戊寅推恩拜永禧殿參奉，歷掌樂、漢城主簿。辛巳出監南平縣，値歲大饑，殫力賑濟，爲道伯隣牧所稱奬。癸未換令新溪縣，先誨後罰，子撫蚩蠢。移守信川郡多異政，有杜、召之頌。戊子移咸興判官，介嶺下，以煩劇稱，處之裕如，爲上下所倚重。庚寅移瑞興府使，處孔路，使价旁午，酬接無滯，民有息肩之誦。壬辰移華城判官，値歲大飢，賙賑有濟。乙未差宣惠廳郞，莞庫縉碩，措處有方，大服貢市人心，至今不忘。

丁酉出爲羅州牧使，以親病乞遞。壬寅以特旨復授華城，時憲廟展省園陵，供億措辦，咸推謂"非君莫可"。丙午遷奉綏陵，以勞勩滋多，陞通政資，授敦寧府都正。丁未推恩以綏嬪嬪京之後甲，授同副承旨。尋除刑曹參議，旋拜慶州府尹，以疾不赴。嗚呼！此公踐歷本末，而有不足以概公實行者也。

憲宗戊申二月二日，患風痰而卒，去其生戊午五月六日，爲五十一歲。三月廿七日，葬于楊根龍津里坐酉之原。始公罹毒慽，術師言"參判公墓地不利"，勸公別占壽藏。公曰："生死已有定命，詎可歸咎先墓？吾身後縱占名穴，不若附葬親塋，神理人情之所愜也。" 竟卜兆密邇，咸稱"公孝感攸致"云。配貞夫人東萊鄭氏，吏曹參議觀綏其考也。擧一男三女。男齊寬，女適金炳儒，餘幼。

公幼而就養所後，有深愛于太碩人，動靜云爲，恐咈親志，居常兢兢，如執玉奉盈。莅信川，聞太碩人病，間道疾馳數百里，山路徒步，昏黑行迷，有虎當前導公行。及渡碧瀾津，風浪作，船幾覆，公顏色不少變，風恬浪靜，得以利涉，可見公至誠定力，有以孚物而感神也。

沖齡就學于李公秉源。李公爲近齋執友，淸高有立，而於太碩人爲內舅，教誨純篤。以故公日用常行，罔不有典則軌範。居恒好書，手不釋卷。參判公願學近齋有純誠，近齋許以父子間知己，而厄於短造，罔充其志業，近齋賫恨終身。公嘗以生不及近齋爲恨，然以公偉器粹質，若不早藉門蔭，徊徨出入於米鹽簿書之間，由家學門路，進取擴充，則其所造就，詎止於斯耶？公曾置亭東湖，爲晚暮投老之圖，而風流雲散，江湖有餘韻矣。銘曰：

士哉若人，淸修自持。
家學紹述，我實期之。
浮遊蔭塗，吏懷民思。
推孝爲政，謠俗熙熙。
歸歟晩計，堂構塈茨。
流水不競，停雲俱遲。
造余談故，間以歔欷。
乃忽長逝，使我心悲。
鑱石掩幽，未忍終辭。
肖胤克家，垂裕在玆。
玆爲不朽，庸俟千期。

文山李公墓誌銘【幷序】

自吾哭汝弘，經數寒暑，而汝弘之德容名論，未嘗不怳然接乎耳目。日汝弘胤子鍾和、鍾文，訪吾寂寞之濱，曰："知先人者，莫丈人若，願以一言賁諸幽。"曰："吾何足以爲不朽圖？雖然吾平生守愚，世莫取者，獨子之先公愛好篤至，至糊聯往復竿牘，不遺隻字。子期死，吾之聲不發久矣。今爲之銘，其必有犁然契者矣。"

公諱載毅，號文山，汝弘其字也。系出璿派，厚陵別子德泉君諡積德公諱厚生爲始祖。至諱斌、諱之綱父子，俱中司馬兩場及文科，官郡守，世傳淸白，幷贈都承旨。承旨公生諱瑑，通經術，好氣節。甲子丁卯國難，以白衣扈從，亂定而逃隱，薦授官，不就，贈戶曹參判。生諱尙敬統制使，與李貞翼公浣齊名，陪孝廟入瀋陽質館，卽公七代祖也。曾祖諱柱國刑曹判書，累典元戎，諡武肅，正廟托以心膂。祖曰涵，贈左承旨。考曰應五，進士贈戶曹參判。妣曰安東金氏，承旨若行之女也。以英宗壬辰十二月三十日，擧公于外氏第。

仍受業外翁，文藝夙就，未弱冠已發監試雙解。純廟辛酉，對經義，中生員。己亥三月九日，卒于尙洞里正寢，五月葬于陽智長丞洞乙坐，從先兆也。贈嘉善大夫戶曹參判，兼銜如例，以子貴也。

公娶驪興閔氏，參奉志赫女。文忠公鼎重、文孝公鎭長，其先祖也。生五男五女。男鍾英武承旨，先公而歿，鍾和中軍，鍾黃及兆興俱殀，鍾文其季也。女長適府使申從洛，次徐正淳，次趙存一宣傳官，次韓永錫進士，次鄭延壽。鍾英取鍾和男一演爲嗣。

公生稟秀美，孝友天植，武肅公鍾愛殊絶，常不離左右。武肅公志氣骯髒，恥以韎韋屈於人，設家塾，招賢士，以教子孫。公蚤從柳鼎模、南有斗學，二人者咸以文學名，公固有所傳習。及長問禮于近齋朴先生，束脩性潭宋文敬公之門，兩賢期許綦重。居恒專精硏經，晩益喜易，默契心得。

好爲詩，遇境陶寫，不事塗澤。余每勉其訒出，公笑曰：“猶勝閒說話，易觸忌諱也。”有遺集藏于家。

公性度寬和，器局宏厚，中心坦易，不設畦畛。養生送死，塚飾家奠，克殫誠力。視諸弟以一體，視其子女以己出。兩弟歿於任所，撫恤諸孤，用底成立。事姊如母，候問無間日。推及宗族姻戚，無親疏厚薄。喜施與，周窮乏，每竭力而後已。或被見欺，待之如舊，且恥言人過失，以故賢愚貴賤，咸服其德。德於儉，不厭菲惡，到老無改。淡泊世緣，而於山水有濃情，每懷辰孤往，搜盡域中群勝，所至觴詠跌宕，風流溢發，常歎留債於長白、瀛洲。蓋嗜欲淺，故天機深，安時處順，與物無競，蕭然有凌霞之擧焉。

雅重友道，與不佞五十年，情契莫逆。晚景窮轍，止泊窮湖，則公每乘興相携，臨風把酒，相對忘形，不知孰爲主而孰爲賓。公今不在，而江湖有餘恨矣。不佞嘗讀《論語》主忠信而曰：“歷選斯世，可當此三字者，惟汝弘存耳。”程子所云“內積忠信，所以進德者”，公其庶幾乎。遂爲之銘曰：

世趨靡靡，沒身聲利。
有意近名，是亦爲僞。
吁嗟乎公，脚踏實地。
闇然潛修，常知有己。
胥矣善人，爲國之紀。
非直宗黨，咸稱孝悌。
孝悌爲政，一家康濟。

由由不失，守我天君。
詎若世儒，羊質虎文？
文山峨峨，文水沄沄。
荷衣蕙帶，超然不群。
縱軀委命，晦養是遵。
胡不憖遺，永閟九原？
報在不食，垂裕後昆。
靡我狀德，疇識其眞？
鐫銘玄隧，昭視無垠。

禮曹判書肅獻閔公墓誌銘【幷序】

近故大宗伯肅獻閔公，捐館後二十八年，嗣子侍郎致文，將琢辭載實，用納玄隧，問銘于直弼。直弼後生也，靡敢以姓名累公幽宅，累辭而不獲，乃忘僭而爲之敍。

公諱命赫，字明汝。鼻祖曰稱道尙衣奉御。歷高麗，入認本朝，珪組奕世，名德輩出，不須譜也。至諱蓍重號訒齋，與弟老峯文忠公諱鼎重、屯村文貞公諱維重幷顯，爲國藎臣，官大司憲，贈左贊成，是爲公高祖也。曾祖諱鎭周，吏曹判書贈領議政，貞簡公；祖諱應洙，號梧軒，右議政，文憲公，兩世俱有淸德雅望。文憲公以義理未伸，屛居驪江，幷世名賢，咸稱其不可及。考諱百昌，承旨贈吏曹判書，用公貴也。妣豐山洪氏，蔭參判重疇女。公本生父贈吏曹參判諱百憲，以貞簡公從子判官諱興洙之子，出爲右議政文孝公諱鎭長季子贈吏曹參議諱德洙之子。參判公娶全州李氏顯之女，以英宗癸酉十月二十二日擧公。

庚戌中司馬。乙卯擢庭試丙科，正廟稱其風度，綽有典型。將究大用，被翰圈，自嫌衰晩，不赴召試。以攝記注，陞典籍，辟兵曹正郎，憫扈輦隊無料，輒雇丁議定料布，以重陪衛。枉被大僚請譴，事則永遵，識者韙之。入臺垣，自正言至持平、獻納、掌令、執義、司諫，轉司僕正、南學教授、文兼宣傳官、直講、司成。弘文錄自副校理至應教，應教特除也。公疏陳孤露失學，不堪備顧問。因嚴命黽勉就職，而於講筵及試役則輒辭。純廟初服，亦陳自畫之義，請以'誠實無僞'四字，藉手於今日，是可見素志也。

己未虜主之喪，抗章言"禮不貳斬"，請改彼中服制之失。以典祀官屢承賞賜，蓋公於祀典，克致蠲潔，爲上所稱焉。庚申按廉于海西，原濕靡鹽，夙夜殫竭，民隱邑瘼、關防沿革，多所整釐。墨倅之因論啓被拿者，不敢請一言行查，世稱"得直指體"。道伯鄭日煥方倚勢嚇甚，而示意殷勤，公據義不應。

壬戌以王妃冊封奏請書狀官赴燕，淸嚴自持，一行不敢犯禁。復命加通政階，拜同副承旨，序陞至左。拜大司諫、兵曹參知、參議，參議刑曹者屢，而聽斷明確，尤惓惓於名教風化，都民肅然。

甲子出宰安東，樹風振紀，關節不通，異趣者亦頌其政。入爲禮、吏兩曹參議。己巳出牧楊州，楊處畿輔管轄，衆瘼滋興。公承弊易變，因登對條陳，多有施行焉。冬以翼廟胎封都差使員勞，陞嘉善，移拜大司諫。歷漢城左·右尹、兵曹參判、同知經筵、義禁府、副摠管，江原監司，未赴。提擧活人署、氷庫。

壬申孝懿大妃六旬稱慶，公以年甲同進階嘉義。癸酉冬以大妃周甲陳賀禮房承旨，又陞資憲，拜禮曹判書、都摠管、知經筵、春秋、義禁。因事罷，敍議政府左·右參贊、工·刑兩曹判書，差籌司堂上，又提擧奉常寺。

戊寅七月十八日，卒于泥洞第正寢，享年六十六。訃聞命輟朝，賜祭致賻。九月葬于忠州山尺面梅村乾坐，賜諡肅獻。

公孝友天植，四歲而孤，十二歲而過房，卽罹內艱，執喪如成人。伯氏正郎公不起疾，公患疹未脫危，而躬操殯斂。承事世母、丘嫂，及撫養兩姪女者，恩愛純篤，靡極不至。攝祀享、管田宅，積勞誠勤，閨庭靖簡，人無間言。尤殫心於宗嗣，奔走飮泣，未期年而擧長胤，宗祧有托，人謂“公至誠攸感”。李夫人素患風痺，公夙夜于側，親執秤水，以至割指進血。及居憂毁瘠幾不全，凡係附身附棺，以至三年饋奠，靡不措辦，終事無憾焉。於本宗兄弟，極因心之友，或有至難言處，亦無幾微色。事伯氏參判公盡誠，參判公名位蹭蹬，公常恐資歷之或先，一切進取，澹若相忘，畢生遵晦，殆欲自靖焉。訓子姪甚嚴，敎導成就，各盡其道。

性喜施與，不計疏賤，緩急吉凶，竭力周恤，至囷倉俱傾，然後乃已。嘗見暴骸在塗，解衣而瘞之，每見人凌寒徒涉，輒停行修橋，行路咸頌，其仁心及物類此。忠愛根天，韋布時抱疏犯蹕，正廟屢加褒詡。及釋褐，世道、朝象泮渙潰裂，而公則不撓不激，挺然特立，以府尹公遺訓"聽天所爲，勿任小智"爲世守之符焉。

時有權倖，昏夜委訪，攛掇不已，公終始牢拒，亦不造謝。雅言："吾無寸長，惟不以禍福易心。如有關宗社存亡，而人皆怵迫逡巡者，當不惜一死，以報國恩。但恐見識未逮耳。"素自樹立，亦可見於此矣。晚見憂虞轉甚，而論議益睽，或繞壁而隕涕焉。

公氣質寬厚，而壹遵繩墨，操履端方，而必準理義，踐述先法。不求知於人，而砥礪有素，言行潛孚，出處行休自有一副成規。立朝二紀，侃侃自持，要不忘納君於無過。受知健陵，而遽罹弓劍之痛。庚辛間備經侘傺，積被齮齕，尤致意於進退消長之幾，終始見忤。晚雖致位崇顯，而益復迍蹇，公安時處順，靡所尤悔，杜門養痾，影響俱息。是故知公者鮮矣。

公自少師事止菴，止菴期望綦重。嘗云："物我無間，有成己成物之仁，惟閔某庶幾無愧。"亦嘗就霽軒沈公學，又與族兄觀生窩彛顯、中洲李文敬公直輔，以道義相講磨，博涉經禮，諸賢咸許公以敦篤有守、內蘊不泄。族兄文穆公鍾顯，每稱公"可以托六尺而寄百里"，君子以爲知言。

配青松沈氏，郡守載鎭之女，青平尉益顯其高祖也。端秀聰敏，夙習《女誡》諸書，旁通史傳，承尊章以孝，處妯娌以和，事君子教子女，俱盡其分，叔父霽軒公稱以女士。

生與公同年，卒先公八年，始窆楊根，遷附公墓左。擧二男五女。男長致殷監察，出后正郎公。次致文卽謁銘者也，謹拙儉約，克趾先美，爲士友所推重。女適李龍沼、直長宋明熙、金魯玉、進士金頀淵、參判沈宜臣。庶女適學官李寅岳。長房男世鎬、德鎬敎官，女參奉金佑鉉、承旨李垶、進士李寅稷。次房男愼鎬參奉、慶鎬進士，女郡守李益在、李載信、李鳳在、承旨朴齊憲。庶子惇鎬。愼鎬男泳稷進士、泳穆、泳季。慶鎬男泳和。李龍沼女金愚喜。宋命熙女金益章、進士李綺夏。金魯玉男進士豐喜、頤喜，女尹進鉉、檢閱李承益。金頀淵男觀秀，女李容準參奉。沈宜臣男英澤。餘幷幼。

歷選後世以標望自高者，擧歸於都雅端詳，穩筭可否者類，而然遇少利害僅如毫髮，其不爲首鼠、轅駒者幾希。若公者夷險一節，無所緇磷，卽所云"以忠信爲本，先立其大者"也。孝悌孚于家庭，誠慤著于朝廷，事不避難，言不顧嫌。致身則知所急讓，愛君則恐有闕失，慨然發憤，多在公正，而不少沽衒，儒林碩德之讓與質行者，詎不信哉？擔夯重望，實著如公，而不盡其用者，亦可見守身之大，是可以爲銘。銘曰：

驪興世冑，文忠、貞、憲。
醇德名節，爲世表準。
有美肖孫，克修克踐。
尊厥所聞，干櫓禮義。

施於爲政，罔敢失墜。
確確其守，矯矯自礪。
鬱鬱晩翠，大耐寒歲。
巖巖墻壁，寧加藻繪。
凡厥養望，擧多循外。
疇若我公，專修其內？
翼翼匪懈，謇謇匪躬。
原公始終，惟孝與忠。
誰云無本？師敎是崇。
所崇維何，曰止庵翁。
井渫不食，養而不窮。
垂裕後昆，茀祿永隆。
梅鄕之嵌，有封其窿。
虔鐫石章，昭揭幽宮。

清修金公墓誌銘【幷序】

嗚呼！此清修先生金公之墓也。公嘗位于朝，不稱其位而稱其號者，以晩節矢願之在玆也。公諱宗善，字城甫。清風之金，胄于高麗侍中大猷。入本朝有諱湜，大司成文毅公，倡明道學，爲己卯名賢。五傳至諱堉，領議政文貞公。生諱佑明，清風府院君忠翼公。忠翼有三子，諱萬胄，贈吏曹判書；諱錫翼，漢城左尹；諱錫衍，工曹判書，貞僖公。貞僖長子安城郡守贈左贊成諱道濟，爲判書公後。第三子進士贈左贊成諱道泳，爲左尹公後，是生判敦寧孝靖公諱聖應。孝靖長子淸原府院君靖翼公諱時默，又爲郡守公子贈領議政聖集後，是爲公祖考。考諱基大，工曹參議贈吏曹參判。妣曰延安李氏，其考長源也。

配曰贈貞夫人德水李氏，弘模之女，文忠公端夏五世孫也。生先公□歲，卒先公十一歲，祔公墓左。生一女，及笄而殤。繼配貞夫人恩津宋氏，應鼎之女。生一男益哲郡守。郡守無嗣，嗣子元植，今順安縣令。公有庶女，適縣監李陶淵。

公以英宗丙戌十月七日生。庚戌正宗親享太廟第十室，敎曰"聖后本家嫡長，宜有一命。況淸風嗣孫，又爲淸原奉祀，事不偶爾。適値今日，收用之擧非私也，事理卽然"，特除敦寧府參奉。辛亥遭承重祖妣喪。甲寅除光陵參奉，轉濟用監奉事、尙瑞院直長，陞掌樂院主簿，移平市署主簿及令。戊午相臣奏云："某居家好書，爲官飭己，吏事無所礙，請先除守令。"己未拜宜寧縣監。

庚申貞純聖后臨朝，特除公右副承旨，俾任保護聖躬。累拜至左承旨，間拜刑曹·戶曹參議、敦寧府都正。丙寅拜寧邊府使，戊辰還銀臺。己巳翼廟誕降，以陳賀承旨陞嘉善階，累拜同義禁、漢城左右尹、副摠管、同敦寧、刑曹參判、提擧掌苑署。

庚午十一月二十四日，考終于安國坊第正寢，享年四十五。訃聞，上震悼，下恩綸，深致其惘惜，嗣子待年長錄用，贈賻有加，遣官賜侑。辛未正月，窆于清修洞別業之後麓，命勿拘部界許葬。後遷于楊州道峯山下，又遷于春川安保驛村忠翼公兆次，此爲公始終大略也。

公自幼朗慧，纔學語，已辨事理當否。髫齔，就學于李公述源，李公性高簡，眼空一世，而獨許公綦重。數年中已通群經，專心爲學，兼研三禮。聰悟絶人，經眼輒記，歷代史乘、儒先遺書、國朝掌故，往往如誦己言，終身不忘。居恒杜門對床，不知書外有事。晩好《尙書》，自謂“樂而忘味”云。於本朝諸儒，最慕退溪李先生，文集、言行錄，常不去案，曰：“有若無，實若虛，犯而不校，惟退翁可以當之。”及出宰嶺邑，委謁陶山書院，低回久之不忍去，卽以氣味相近也。

性於孝，蚤失怙恃，畢生含恤，晨起謁廟，非甚病不廢。事祖母盡誠，常不離左右，言笑怡愉，務適其志。居憂一遵禮經，三年不入中門。塚飾家奠，務盡節則，而常以儉戚爲本焉。事姊如母，視甥姪如子，教育家塾。推及宗族賓友，正倫篤恩，靡極不至焉。居家不以事物經心，亦不問家人產業，而處官盡職，視吏民以家人，痌瘝一體，如救頭目，及歸不以一芥自累。以故兩邑黎獻，久益愛慕。

公家再結天姻，世篤忠貞，而公憂愛根天，常眷顧宗國，往往涕泣不自勝。每以承宣登講筵，援据經史，反復敷陳皆是天德王道。尤拳拳於主敬立本，發之以韶音令辭，傍觀莫不贊歎。以上淵默而亦有喜色，或命讀書而聳聽焉。持躬謹畏，出入禁闥數十年，不言溫室樹，如古人之爲。未曾役心於服食，雖在戚畹，自奉如寒士。

公天分極高，明粹英睿，神淸氣和，德符於行。與人坦易，不設關楗，無賢愚貴賤，罔不悅服，異趣者亦謂"當時眞士夫，惟有公一人耳"。公專於內養，喜慍不形，物我無間。然自有尺度，凡權衡人物，精切不差，秉心公平，好惡愛憎，靡所處而不得其正。以故當面規箴，靡所假借，而人不致憾焉。

晚益好學，居安資深。嘗歎爲仕宦攸奪，罔克專精硏理。然博極群書，而折諸聖人，純篤群行，而不愧往哲，口無擇言，身無擇行，夷考表裏，無不可對人言者。渾然赤子之心，純乎天理之正，孟子所云"大人"，公其庶幾乎。

不佞與公夙托伍、聲之好，淸標雅操、格言至論，森羅耳目，可存而不可刪。然欲悉書，則失之於煩，故柢擧其大者，而其他因亦可見也。不佞始志學請益，公答云："除却閒思慮，省却雜文字，遵朱子'半日靜坐、半日讀書'，取《論語》俯讀仰思，日從事於忠信、篤敬之方，眞爲神丹、妙劑。" 是見公爲學節度也。不佞癃病垂死，竟未聞道，每念公惠訓，自不禁撫卷太息也。

公常事近齋、寧齋兩賢，又友潁西任公、老洲吳公諸公，不拘形迹而樂與之往復。近齋嘗贊公曰："資質粹美，生長烜爀，而無綺紈習氣，相臣何不請用以文學，而乃以吏事也?" 深以所用非所養爲歎。

公與李文簡公始源，托歲寒之契。李公胤子鳳秀子岡，哭公而悲，馳書不佞，曰："虛襟坦懷，好學博識，倫理之篤厚，志操之淸高，非斯世所可得。" 君子以爲知言。

公有遐情遠韻，常慕周、邵翫心之學，願結屋深山，主靜養眞，而形格勢禁，鬱鬱不得志。晚始問舍于淸修洞中，興至孤往，野服藜杖，超搖於巖居、川觀，或累日忘返，飄然有遺世獨立意。

公少號松齋，又號居仁，晚稱“淸修”。公每携不佞于玆區，臨風把酒，揚扢名理，要與分華，用娛晚景，未及攀薖軸，而公遽歿矣。精靈奕奕，在洞天雲壑，而弘長之風流，不可復見矣。於戲悲夫！銘曰：

顯顯令德，文毅、文貞。
倡道行善，永世儀刑。
迄于公躬，克紹家聲。
積久暉吉，天畀斯贏。
生稟純粹，庶隣顔、程。
氷壺秋月，徹底其淸。
金玉之章，斐然其成。
求仁爲己，踏實忘名。
焯焯衆美，本之硏經。
何必釋褐？正笏揚廷。
廈氈納約，乃見眞誠。
苟使得志，萬物咸寧。
絃歌孚應，如影隨形。
割鷄一臠，焉測泰鉶？
泥塗軒冕，何有貳卿？

寤寐肥遯，永矢泌衡。
未賦遂初，遽靳遐齡。
大化冥漠，不昧聲靈。
維壽春山，窣如其塋。
發潛闡幽，納銘玄扃。
靡敢諛辭，玷累公明。
永世不朽，清修先生。

贈禮曹參判韓公墓誌銘【幷序】

上之十一年辛未，土賊洪景來等起西陲，陷據定州城，州人前恭陵令韓公浩運，罵賊不屈死。事聞，特贈嘉善大夫禮曹參判、兼同知經筵·春秋館·義禁府事、五衛都摠府副摠管，旌其閭曰"忠臣之門"。翌年命設壇于州東㺚川之上，歲以破賊日，祭公及同時立慬諸人。伐石用紀厥事，宣其祠額曰"表節"。又命官公之子季麟，朝家褒嘉之典備矣。

公字文翼，其先淸州人，高麗太師蘭是爲鼻祖。有諱興輔、雄泰、順彬及嘉興金鼎滿，卽公曾祖、祖、禰及外祖也。

公世家定州，不甚顯，至公而奮。父病，泣禱北辰，割指以進血，始仕，負祿米供母。及爲寢官，當朝夕供，輒泣曰"吾有老母，未忍下咽"，輒齎其半，用替甘毳，純孝之出天植者率如此。以帖括擢庚申第，歷學諭、典籍、陵令。

秉銓者聞其名，要欲一致，將擬臺閣。公笑而不應曰："欲見我者，謂其賢耶？懷刺而得美官，是以利招而以利進，俱失於義，吾不忍爲也。"以故終身不調。

及西警棘憂，憤不欲生，謁時相請往，諭賊降之。巡撫營津，遣盤纏，公不受，遂杖劍徒步而往，直詣城外曰："若輩出聽吾言！"賊問："誰也？"曰："我韓某也。爲活汝滿城生靈而來。"賊引公入，景來使其徒勸公還。公大聲曰："吾欲曉景來。"景來問："來欲何爲？"公曰："吾欲諭汝降。"景來曰："有何官守，而忘死乃爾？"公曰："汝亦王化中物。汝不早降，天其勦滅汝。彼脅從者，將由汝無噍類。"顧語諸賊，曰："若輩蚩蚩，不辨逆順。吾哀矜若輩，指示生途，信能斬渠魁出降，其罔汝罪。"景來曰："君非韓孝子耶？速上堂，吾將饋之食。"意欲誘公，公叱曰："吾豈從逆賊食？"景來喝令跪，公挺立如植。賊徒崔完根鏦公足，血淋漓以注，公終不動，大罵如初。景來曰："彼孝子也，不可殺。"屬其徒禹君則，探官軍虛實，公又叱曰："吾豈爲狗鼠輩，泄王師機密乎？"君則竟不能奪，遂遇害。

公臨命，猶抗聲不輟，卽壬申三月十二日，距其生辛巳爲五十二歲也。賊簀公屍，投城下，公之子孟麟負屍而歸。孟麟爲復讎從軍，城破，刳完根肝醢之。是年九月，啓藁殯，顏色凜凜如生。穿五老峯下夫人墓右乾坐而葬焉。夫人陽川許氏，壘女。擧二男，孟麟、季麟。孟殀而有二子，季今爲東部令。有一子，幷幼。

公好學慕古，旅夜常篝燈讀書，見往哲格言懿行，必激昂感發，疾書揭壁，用當座右銘。襆被置夏楚，時自撻以警屋漏愧。嘗聞鰲村宋公秠圭之風，卽屛屨走懷川。時値大冬，氷雪嵯峨。公竟行束脩禮，歸而演繹師敎，罔晝夜矻矻。在職得覲由，卽出都門，或問其太遽，曰"旣辭不卽發，是欺君也"，其事事求是者如此。

嗚呼！國家昇平累百年，民不知兵，潢池小醜一朝闖發，未旬日而半省失守，望風奔潰，或降且走，當時事誠凜然寒心矣。公靡有官守之責、君父之命，眞所謂"不識何狀"，而出萬死，不顧一生，赴難如樂地，殺其身靡悔。斯可以愧王臣苟活之心，而折亂逆方生之氣，不半歲而賊就殄滅，卽公一死之功，有以致之也。昔賢所云"罵賊之舌，强於百萬精兵"者，詎不信哉？傳曰"求忠臣，必於孝子之門"，公實有焉。

公嘗從余遊，氣義相感，余亦期公以鮮于遯庵、黃執庵之流，托歲寒之契。比余在嶺中聞西亂，謂公必死，蓋以其素性決烈，常恐不得其死。公竟得其所而死，果不負所望，豈不誠與榮乎哉？季麟克紹先誼，時來問字，又謁墓銘。余非不朽人者，然知公深而服公眞者，恐莫余若也。非余銘公，而誰爲者？遂爲之銘曰：

烈烈韓公，萬夫之特。
釋褐守躬，彌介于石。
衆袠我絺，夷然自得。
玆其素日，讀書之力。

殉國家急，素所蓄積。
奮不顧身，以義諭賊。
談笑刀鋸，指叱鼎鑊。
蠢爾梟獍，難以化革。
抗聲不絶，死則明白。
志士成仁，一何卓卓？
俾我箕邦，永樹人極。
應有英靈，化爲霹靂。
一方妖祲，不日淸廓。
孝卽天經，忠爲人則。
維斯二者，公實無怍。
赤脚烏頭，賁若故宅。
五峯巖巖，遺廟侐侐。
衿紳駢趨，牲醴無射。
卽墓于傍，四尺若屋。
琢辭螭頭，我無愧色。
歷千萬億，其永無泐。

大司諫李公墓誌銘【幷序】

正宗大王聖智天縱，道兼君師，以作成人材，爲致治之先務。維時大司諫李公，登高科，膺妙選，贊皇猷而賁文教，於乎休哉！

公諱翼晉，字穉明，幼而聰敏，性於孝友。十歲遭外艱，居憂如成人。服闋，以童蒙隨教官入侍，英廟問："他日立朝，何以事君?"公對曰："當以事親之道事之。"上嘉其純實。稍長，博綜經史，爲詞章敏妙驚人。

癸巳中司馬，公於功令諸體，尤工四六。屢魁泮試。故事入格者，例誦被選程文，正廟特命公免誦。庚子魁柑製，命製進謝箋，公隨步成章，筵臣聳觀。後伯氏大諫公入對，教曰："爾弟不廢時文乎？放榜後當入文臣之選，勿以已第而筌蹄也!"壬寅赴庭試、殿試，隷槐院。癸卯被選講製文臣，每課試，上指公券，曰"眞館閣手也"，以晝最命陞六品，除兵曹佐郎。後拜參知·參議、禮曹正郎、司諫院正言至大司諫、司憲府持平·掌令、弘文館副修撰·修撰·副校理·校理·知製敎、宗簿寺正、禁衛營從事官、湖南京試官，屢拜承旨至左、戶曹·刑曹參議、曹司五衛將、伊川·南陽·谷山·春川·安邊府使，是爲內外踐歷也。

甲辰朝參，以正言條陳十二事，幾盡蒙允。在玉堂疏陳六事，勉聖學、貽燕謨、用人材、恤民生、明義理、正風俗。又言"刑書遵用《大明律》，而又有《續大典》、《受教輯錄》。故擬律無冤，用法得中。然無一統裒輯之書，則難於參考，請依《續大典》例，類輯刊布"，此《大典通編》之所由作也。

乙巳掌試湖南，及辭朝，獎諭諄複。公承命感勵，一心恢公，士望翕然。丙午以年四旬，命除文臣講製，每石渠校書，輒膺命參校。

丁未以綏嬪嘉禮都廳敍勞，陞通政，拜承宣。夏出守伊川，時値屢歉，往往有萑苻之警，始出於畿甸，號爲"淸溪賊"。探捕者捉峽氓穿窬者，認以淸溪黨，誇張其功，以冀顯賞。公會查春川，得其情實，所全活甚衆。八路鄕校，例有學廩，以養齋儒，而伊獨無焉。公移牒方伯，得依他州府晝下。邑有定齋朴文烈公書院，院規草創，公區晝土田以屬之。

壬子以承旨在院，嶺儒李堣等萬餘人，治疏將上，以無太學回通，見阻禁門，要自喉院捧入。公曰："儒疏之無太學謹悉者，不得入徹例也，喉院豈可乖例許入？"少頃，疏已到院，公守前議却之，其黨群起侵斥。公陳章引退，命罷職不敍。敍拜刑、兵佐貳，移銀臺。時繳還傳敎，以不請中官，謂慢君命，幷下諸承旨王府，公謫昌城，月餘蒙宥。公射藝甚精，及在謫，上燕射後苑，敎曰："因微眚，不見吾射伴久矣。"未幾賜環。

癸丑莅南陽，因前倅失治，吏民不相得。命極擇其代，銓部以公膺命。及辭，敎曰："多年近密，夙知所存。本邑便同大寒之餘，必思陽春之政。"公視事數月，衆務畢擧。府與水原接壤，營建城闕，策應甚繁，公措處有方，事不擾而集。値歲歉抄戶賑饑，民無殿屎，秩滿西敍。丁巳正月，以承旨將隨駕華城，虎符發廣州兵，公以發符時做錯，命配畿沿，定以安山，以高陽改書下，仍命留接杏州村舍。居數日宥還，旋敍爲春秋校正也。

戊午九月，有手圈群書校正之役，與諸閣臣及新舊抄啓文臣，輪直鑄字所，以校正事殷，特遞承旨，用專其任。十一月駕幸宣禧宮駐輦，命公率祇迎人入侍宮內，書下御製詩，命祇迎人賡進，仍命以所下御製御筆，爲公傳家之物。先是，伯氏出守淮陽，板輿就養。是年臘月承癠候，晝夜兼程而已無及，以罔克終孝爲沒身至慟。時公已垂衰，而猶居喪盡禮，衰服不去體，饋奠不替行，三年如一日。方公之急向淮陽，上憫其嚴程冒寒，遣閣吏賜毛衣，敎筵臣曰："李某雖在草土，校書非所拘。"每令籤論以進。

庚申仙馭賓天，公痛冤號擗，如不欲生。辛酉伯氏有西塞之行，旣宥還，公復隨班聯爲承旨。時純廟頻御講筵，公敷陳精切。朴忠獻公準源在禁直，聽公所奏，贊歎以"眞講官"云。冬出守谷山，御史李勉求書啓褒美。丁卯秩滿還朝。己巳秋又守春川，吏有挾勢圖囑者，公不爲之撓，吏欲逞憾，潛偸殿牌。公究覈得情，獄旣成，道伯以文案有差啓聞，請勘擬律奪告身，特命分揀。

辛未內移左承旨，累拜，旋遞。癸酉拜大司諫，六月除安邊府使，値甲戌大歉，殫心賙賑，不煩上司，按使請褒。時智陵告頹，命本府從便修葺，公竭力經紀，斂不及民而功亦就。及歸，御史鄭基善褒啓善政，自是除命屢降，而或拜或不拜。己卯王世子行冠禮，陳賀時公年衰示憊，而猶力疾參班。子弟難之，公曰："吾受恩罔極，雖至顚仆，義不當偃處私室。"連日赴闕。公退而添祟，四月一日壬戌，考終于俊秀坊第，去其生丁卯爲七十三。五月辛酉，葬于忠州金生面無愁里丙坐。

公系出璿源，成宗別子茂山君諱悰，其始祖也。生扶安君諱碩壽，二陵之變，與牛溪成文簡公，審視松山尸軀，詳陳其誣，遂定以弓劍改封。生完城君諱秀英，生順平君諱善鳳，是生漢城判官諱必馣。始完城公值昏朝金墉之變，與順平君獻議守經。順平夫人嚴氏，丁丑之亂，與判官夫人具氏，殉節旌閭。判官公有子諱時蕃宣教郞，寔公高祖也。曾祖諱邦稷，祖諱昌文。考諱命復進士，文行爲士友所推重。妣金海許氏，僉樞垣之女，己卯名臣贈判書伯琦其先祖也。

公天資溫粹，風度閒雅，言語步趨，精詳端重。蚤罹靡怙之哀，含恤終身。養偏親順志無違，事伯氏愛敬俱至，五十年不析箸，而庭無間言。勵志劬業，文學夙就，而不以詞藝自多。尤愼樞機，口不道朝廷得失。持躬謹約，不喜交遊，門墻蕭然，如幽人逸士。迹罕及權門，雖不見親好，而亦不見忤。

當世道變易，忧迫者或趨西東而猶不能免，公恬靜自守，動止如常，而亦不及焉。位列下大夫者三紀，右階多後生少年，而處之恬然。莅官廉潔，常俸外一無所私，五典州郡，室如懸磬，家無僮指，廐無僕馬。晩益斂退，訓誨諸子，恒以君恩之不敢忘、交道之必可愼，諄諄戒飭。子孫皆好學守約，斯可見公身敎之所推也。有《晩香齋稿》若干卷藏于家。

配延日鄭氏，處士栒之女，松江文淸公後孫也。生後公一年，沒先公八年，養尊姑孝，享先祀誠，事夫子順，處娣姒和，周恤窮乏若不及。略通經史，晳處物之義。故公每謂立朝行己，得於內助爲多。夫人喪在殯，値關西潢池之警，京師震駭，士大夫遭故者皆渴葬。公詔諸子曰："國有難，仕宦家當喪遑汲，則民心益危懼矣。吾今老且死，雖未能出一言定人心，寧可爲推波助瀾之歸乎？"壹遵經禮，無或效人。始窆于富平先兆，移祔公墓左。

擧五男。長正殷進士，次正魯中生進兩試，次正豐，皆先卒。次正洪，次正完。側室女二，長適朴永鉉，次適梁鍾述。正殷生一男二女，男肅冕，女適韓應聞、白珩洙今郡守。正魯生二男一女，男泰冕、華冕進士，女適權悳仁。正豐無男，取華冕爲後，女適孟欽奭。正洪生一男一女，男需冕，女適兪進源。正完生四女，長適洪一貞，次適朴秉周，餘幼。朴永鉉有四女，梁鍾述有一子。內外曾玄不錄。

公自在韋布，受知聖主，及釋褐而眷注彌隆。侍帷幄垂二十年，裨右文之治，鳴國家之盛。譬如天降時雨，大化流行，草木待之以甲坼，鳶魚於是乎飛躍，其盛矣乎！公季胤及諸孫，謁不佞以玄堂之文。不佞癃殘瀕死，未聞命者久矣。常恐風燭奄及，不克副其苦誠，力疾爲之銘曰：

允矣李公，早策令名。
垂紳揚庭，受知聖明。
石渠、虎觀，問難群經。
黼黻煌煌，瓊佩琤琤。
丹穴之羽，應律和聲。
南山之毛，遇霧成章。

五邑絃歌，粗迹循良。
本之則存，孝弟爲仁。
施於有政，庶幾化醇。
位不稱德，致詰秉勻。
水淸山肅，中州之原。
有侐斧封，從以哲媛。
齊芳合德，死穀偕臧。
厚積遺嬴，垂裕流光。
銘以貞之，用詔無疆。

梅山集

卷四十三

墓誌銘

墓誌銘

醇溪李公墓誌銘【幷序】

嗚呼！此醇溪李公之墓。公闡嵬科登顯仕，不揭官名，稱其野號者，以公平生志趣之在玆也。公諱正履，字審夫，系出璿源，以英陵別子桂陽君忠昭公諱璔爲始祖。九傳至觀察使諱德英，以直道爲明陵名臣，公高祖也。曾祖諱繼華，祖諱輔天，有至行隱德，學者私諡曰"遺安處士"。考諱在誠，文學淸修，爲正廟所奬詡，拜寢郎不就，三世俱以文行著名。妣全州柳氏，縣監懋，其考也。

公生稟異質，纔成童，已通詞藝，稍長名聲藉甚。丁卯成進士。辛巳拜康陵參奉，轉義禁府都事。被辟換軍資監奉事，料量出納，默究糶糴轉運利病源委，著《邦積》、《邦弊》等說。己丑出監宜寧縣，邑俗勁悍，吏多偸弄。公諭之曰："爾等奈何以父母所生之身，冒姦僞偸竊之名？廉恥羞惡是爾輩本心，其各致告，圖所以釐革。"於是皆相戒勿欺。邑有退溪李文純公鄕約，修舊起廢，斟酌損益，月季考校而施賞罰焉，民俗大和。邑糴屢萬石，因積貯無法，虛勘過半。公欲依社倉式，以條例議于上營，道伯素與公異趣，而贊公治行第一，風勵一路。

庚寅翼廟諱音至，守宰疑所服，公據《補編》所載，謂“上服當斬衰，臣民則期年”。率吏民擧哀成服，奔慰道伯，布巾麻屩，齎衰服以往。道伯巾絰受慰，諸守宰皆倉卒借服於公，輪次成禮而出，道伯詡公知禮。辛卯遭艱，居廬盡禮。甲午純廟昇遐，啜粥寢苫，見人方喪儀節有不及古者，嗚咽流涕。

乙未擢登極慶科，金陵南公公轍、淵泉洪公奭周馳書相賀曰：“朝廷得人矣。”例付典籍。丙申以記注官參修《純廟實錄》。秋掌試關西，士有通關節者，諭之以義，西士赴京試者，聞之爭旋踵。以東堂製述非經生所習，專取講誦，額小人多，無以刊汰，則幷出付試儒公共圈點，因爲榜目，士皆羅拜輿前曰：“吾師先生出矣。”

除副校理，始講《論語》首編，進曰：“聖人之學，不過孝弟忠信仁愛也。殿下於此六字，親切玩味，眞實加工，則聖學自然將就。”因及“泛愛親仁”之旨曰：“人君於萬姓兆民之衆，無一不愛，遍覆均燾，而若不得仁賢有德之人而親近焉，則邪佞雜進，惠澤不降。臣願殿下於大小臣僚，必取此等人，朝夕左右，暬御近侍，亦取其小心謹愼不作罪過者，數求草野學問才德之士，甄拔奬用，野無遺賢，然後親仁之效可及於八方矣。”後因晝講，請兼行召對於夜靜無事、昏惰易乘之時，且令書進古事，用備觀省。公每當進講，宿齋豫戒，至誠悃款，聖度淵默，而於公屢有顧問。

膺中獄起，爲問事郞，囚供叵測，將網打搢紳。時洪公奭周以按獄大臣，懼流毒一世，倡僚相求對，辭不達意而退。

彈章徑發，持洪公甚急。上遽罷發啓三司，臺閣一空。公適拜獻納，不參合啓，而憲長聯公名論不宜盡逐臺諫。是時與洪公終始周旋，知其斷無他意者惟公，而憲長疏語又非公所與聞也。公上章自引，乞賜斥退，臺諫權大肯論以背公死黨，遂謫靈巖。宥還嘉陵，著捄荒書，講究常平遺法。

己亥差節使書狀官，比還京有洋賊越境，現發就戮。公憂邊禁不嚴，到灣上榜諭切戒雜裨[1]淫巧及刷驅輩隳突貽羞之習，一行整肅。復命復拜校理。進講齊烹阿大夫事，因曰："治惡莫善於使之知恥。本朝立國仁厚，先教而後刑。或有貪汚不法者，臺憲以墨漆其門，俾不得齒諸人，至今憲隷有以墨尺名者，國朝典章可與三代同稱者，此類是也。"又言："心體如鏡，姸媸莫逃。必時磨濯，塵垢不集，然後此心常淸，事理瞭然。讀書進學卽其磨濯之具。"又因辭館職疏陳："帝王之學，築根基立間架。若《大學衍義》、《聖學輯要》，於聖賢心法、治國規模，尤所詳列。於此二書，從容講究，必有裨於根基間架之學矣。"

三月上親祭仁陵，以執禮敍勞陞通政，拜工曹參議。六月出爲北靑府使，以敎化爲先務，首訪篤行之士，約會論學，請業者館置之，授《朱子書》，親正句讀。悶禮俗貿貿，分賜陶庵禮書于鄕塾。拜瞿圃李公明淵祠，戒鄕士遵述敎條。皇明胡翰林克已自靖東來，有遺祠在本邑，公往拜之，

1 裨：底本에는 "稗".《梅山集·醇溪李公墓誌銘》(중초본)과 문맥에 근거하여 수정.

銘其廟碑。北地不産綿，南賈稛褪衣敗絮，以易北貨，而官從以征之。公耻其無藝，悉停之。民獵鹿矢魚以爲業，有獲輒攘而屬官。公曰："官欲需茸魚，自有俸錢。"命置之。有埋尸而誣富人拷死者，公親往掘檢，獄得平反。

公素患腦癰，歸而大肆，出次外廨，呼筆與季氏書，怡然而逝，時癸卯七月二十七日也。距其生甲子一周，未及晬二十一日。公疾謚，士民坌集，村婦頂香祈瘳，及喪奔走啼號，如哭天倫。値潦水漲，髦士入水牽輛，奠誄加麻者甚衆。八月厝于加平台峰里庚坐，從先兆也。

公忠恕成質，淹博爲資，濟以謙虛退約。晨謁家廟，躬操畚箒，祀享齋愼，蠲潔洞屬。常恨大宗祠屋未建，謀所以移近小宗，擧四時正祭。始祖私親愼嬪墓在南陽，倡諸孫行歲一祭。祧位將遷于次房鄕廬，公自請替攝。外先忌辰，必助需，寧不腆無闕，是皆孝之推也。

居恒愼默，時政得失、民生休戚，隱約於眉睫間。常以居官者一切辦事而不本於敎化心術爲可耻。自奉澹泊，蔬糲不繼，而念在於一世之飢者。嘗値荒年，製紙囊納升米，周族人窮乏，俾免捐瘠。少日自場屋歸，見人寒餓仆地，擔致邏幕，候其溫甦。有人値盜失衣冠，曉以徒髻來告急，輟與已具，不問名姓。此類甚多，不可殫記。

每出入筵席，以成就聖德自任，而一時僚宷趣味落落，公慨然曰："今日急務，孰有大於此者？若不責我以他事，俾得專意於此，則必有以自效，雖老死此職無恨也。"昔黃裳有云："若欲進德修業，追踵古先哲王，須用天下第一等人。”公庶幾當之，而罔卒其志願，惜哉！

公少好學，徧交當世名士，如老洲吳文元公、淵泉洪公、臺山金公邁淳，皆相與往復。晚年專意四子、程朱書曰：“吾儒家法畢竟歸宿於此。”嘗論心性命理之說曰：“本然、氣質，四者皆有之，不可謂氣質屬心，本然屬性也。”以程子所謂“未發之中，氣不用事，有善無惡”者爲宗旨，日用之間，察其發於理、發於氣之分，以爲從捨。論知行先後，以朱子所謂“隔斷中間，兩致其功”者爲度。專對之行，以此說與中州諸儒，力辨陸王之偏枯。爲諸儒之謳吟思明者，述本國所講尊周大義，俾補潛史之闕。又述先正學術源流，約附《淵源錄》之後。

嘗劇論民國利病，必擧《大學》末章兩節之訓而屢致意焉。且曰：“國奢示儉，古人微權；識賈三倍，詩人所歎。士夫纔釋褐，已專心於田宅裘馬，其無意於他可知，異日何所藉手，以節儉導上哉？”常避遠權貴，趙秉鉉宴集廷紳邀公，而公不往，其骯髒自守如此。

於文章最愛宋曾子固、皇朝歸熙甫，有詩文集若干卷。《救荒草略》、《讀書漫筆》、《春秋考例》、《讀史平反》四部皆公手編，而《英陵致治考》一書蓋將極意檃括，庸備芹曝之獻者，纔成半稿云。

配平山申氏，溫和慈惠，贈淑夫人，通德郎光謹女，參判耆其祖也。一男碩鏞，堅苦慤實，有克家行。孫男五人，長淵韶，餘幼。公弟前縣監正觀，以不佞嘗在朋從之末，猥諉幽堂之誌，蓋從公久而服公深者，宜莫如余也，故不敢以耄癃辭。後之君子求公學術之正、德行之懿、經綸之富、文章之盛者，觀於此而知之矣。嗚呼！今日何處得來？古所謂“徒步然後知車之功用”者，詎不信哉？

銘曰：詩歌菁莪，爰及飛躍。思皇多士，克生王國。公應昌辰，瑞鳳祥麟。揚庭孚號，正笏垂紳。優於好善，樂正是似。淳夫啓沃，天顔有喜。六一政事，南豐文章。百里牛刀，民曰龔、黃。叔向專對，不辱君命。我儀孫石，闢邪衛正。陸、王、毛、戴，横流稽天。麈之談笑，疏瀹眞源。洋醜豖躅，憂切剝床。整我行李，無染我疆。原始要終，名實純粹。聖門四教，庶無不備。君子所依，小人所庇。公來公去，雪山輕重。胡不憖遺，以隆余棟？報在不食，垂裕遺羸。菀彼嘉陵，有侐佳城。陵谷雖變，不泐令名。我辭靡媿，昭視千齡。

加平郡守李公墓誌銘【幷序】

吳文元先生講道澄岳山中，李公敬人首先負笈，受讀《大學》，先生期許綦重。公雅懷謙挹，雖不以學問自名，而原始要終，靡一事離於道者，卽所云“吾必謂之學”者，於乎懿哉！

公諱正夏，敬人其字也。系出公族，英陵別子廣平大君章懿公諱璵，是爲始祖。世有河間、東平之風，至右議政忠貞公諱厚源，策靖社勳完南府院君，爲善類宗主。三傳至諱顯祿，大司憲完陵君，寔公五世祖也。高祖諱權中，生員壯元，茂朱府使贈吏曹參判。曾祖諱義行，大司憲完城君。祖諱明淵，文科永興府使，贈吏曹參判，號瞿圃。直道事君，契遇隆重，而積忤權倖，不能安身於朝。考諱寅昌。妣安東金氏，僉中樞贈吏曹參判履禮其考也。

公生稟穎悟，八歲從蹕路觀光，正廟特命公進前，問知爲瞿圃公孫，贊其擧止有度曰："氣岸頗類乃祖，異日必爲偉器。"及就傅，以瞿圃公命，請業于擴齋閔公，公作字說期勉。甲午除繕工監監役，以國葬都監別工作敍勞，乙未陞義禁府都事。以當直趨命，院隷促步有慢語，公卽移疾不出。

尋除掌樂院主簿，轉西部令，出爲三嘉縣監。纔上任，有殺獄難決，公鉤得其情實，道伯亟稱其練達，有疑獄及大事，多委公審理。値歲大侵，公殫誠捄荒，先自節約，勸分不施饒戶，賑穀必貿他境，俾貧富俱賴，邑以全活。兼管宜寧也，道伯移隣糴于宜才數月，責其完納，民不堪命。公曰："雖一時兼任，旣知病民，何忍坐視？"備陳其狀於道伯，而見格。公以去就爭之，竟寢其半，宜民碑以頌惠。

戊戌陞加平郡守，又經荐歉，民物凋弊，公廨毁圮。請穀于道伯，又捐廩而益之，用范希文浙西遺意，募飢氓赴役，不以斂民，而邑治改觀，民亦無捐瘠者。有時貴過近境，邑當廚傳。吏以列邑供給之盛白公。公曰："常例不可加。"竟循舊以待之。其人爲之戢下，且示意款洽，而公終不造謝，其嚴於持守者如此。

民有告其父爲人所殺死者，按之無實，列其狀于道伯，不具獄。告者乃索賂於讎家，公嚴責之，告者慚恨，訐愬籌司。時相騣聽而成獄，竟以初不檢驗罷公職。未幾本道審理，被告者快伸誣枉。其後持斧者希當路旨，以營貨不及償，勘公罪編配文義。擇處陋室，足不下堂，箚述《論語》疑義，名《困衡錄》。

癸卯宥還，不樂城闉，擬畢命于松楸，齎志未就，甲辰十一月二日卒，距其生辛亥，爲五十四歲。乙巳正月，扦元配坡平尹氏之藏而合窆，卽廣州宮村先兆酉坐也。尹淑人，郡守五榮女，有婦道，佐公爲善，吳文元先生述其銘。繼配谷山韓氏，錫朋女，公歿決意下從，剚腸幾殊，過葬竟服毒而終，可驗公刑家之化也。祔公墓左。兩淑人俱無育，取從姪範承爲嗣。

公貞介成質，簡易爲心，居恒色無矜持，行無苟艱。雖苦勞餓乏，備閱百罹，而憂戚不形。性於孝，痛早喪怙恃，不及致養，用其情於享祀，必極豐潔，而新物未薦，不先入口。祖妣洪夫人病眼失明，公代執匙箸，效誠刀圭，病得以少間。宗家貧甚闕享，必極力供辦，先世文獻，旁搜互記，彙類而成帙。愛弟殊甚，同衾聯床，至于老大，殆不知爲二身，而有過則規責不少饒。篤於友道，而不妄交，所相與者盡謹厚長者，不爲無事徵逐，强言笑翕翕。擴齋公胤子泰鏞卽公從母弟也，心契意合，始終無間。及沒經紀喪葬，親自相地，視其孤如己子。

居家不治産業，及典兩邑，氷檗自勵。或勸爲他日計，輒笑曰："吾見熟矣，恒恐蓄財多，災害隨之也。"竈烟往往不起，而若不知，周恤窮窘，如饑渴之在躬，箱篋無餘儲，解紱艱食而晏如也。治邑不苛察以爲明，不峻刑以立威，恥衒能沽譽，但推實心行實政。以故吏憚民懷，廟堂至薦以善治焉。

公少育於外氏，外祖修谷公德厚行醇，學有淵源，瞿圃公躬率淸儉，誨勤而禮嚴。公內外擩染，趨向自正，已從沖藐，克修子弟職。稍長從師友，常兢兢乎操存踐述。素多疾弱不勝衣，恒以淸心寡慾爲度，不近女色，不喜華靡，不事戲狎，不蓄玩好，惟愛古今書畫，而有求者畀之無難色。於文章不甚肆力，又不喜著述，然述則自中尺度焉。

噫！公識慮深遠，志尙高潔，夙負重望，咸推遠到。自以宗姓世祿，眷念王國，雖處一命之微，思效一日之責，必要盡分。當路要津多公少時交，信能俯仰其間，一第朝暮可致，而公自守約，不少降志，豈果於忘世哉？惡不由其道得之也。是以與世鑿枘不合，窮餓而沒世，是有光於瞿圃公遺矩，亦可以不負文元公所期望也。

公弟獻夏而徵泣謂不佞曰：“吾兄之遊皆九京矣，知吾兄惟子在耳。要得子之文，用誌幽墟。”不佞曰：“唯唯。”我與公有三世之好，以心而不以跡，故其好彌久而彌眞，詎敢以癃病辭？遂爲之銘。

銘曰：吁嗟乎敬人！不失赤子之心，克守處子之身。才可以贊黼黻之華，而秖屈五斗；仁可以躋期頤之壽，而未滿六旬。憂戚厄窮，身名俱湮，吾欲致詰于蒼旻。嗇于厥躬者，宜贏于後昆，載其孔昭而詔之無垠。

和順縣監朴公墓誌銘【幷序】

欒共子有言:“民生於三, 事之如一。” 師之爲倫, 與君父等, 而斯義之不講久矣。不有純行特立之士爲師自靖, 立脚風頭, 標準乎斯世者, 師道或幾乎息矣。其人謂誰? 故縣監朴公諱和文字道器是已。公勝冠以親命從學於白雲山人, 山人期許綦重。及山人被追削之律, 公至誠痛慕, 自和順任所解紱歸林廬, 終身不復起。或有詛山人者, 公曰:“對弟子而毁其師可乎?” 其嚴厲如此。公胤子始愚克趾先美, 述公行治, 謁玄隧之誌。謹按狀, 公事親篤於孝, 奉公效其忠, 非直爲師盡分已矣, 則是無愧欒氏之訓辭, 而不負其所學者也。微顯闡幽, 詎可已乎?

公高靈人, 以高麗大將軍之順爲鼻祖。入本朝, 挹翠軒諱誾以直道被甲子禍。曾孫副提學諱慶業, 値昏朝劾弘、瞻諸賊, 亦以直臣著名。至聞慶縣監贈司僕寺正諱蕃、贈吏曹參議諱元瑞、殷栗縣監贈吏曹參判諱敬鎭, 公之高、曾、祖三世也。考諱謹淳, 負德望, 遭艱不勝喪。妣光山金氏, 縣監俊材女, 忠貞公雲澤其祖也。有女士風, 擧公于元陵甲戌四月七日。

生稟秀異端慤, 稍長行己如老成。及就師, 受《小學》、四子、《近思錄》諸書, 探討服行, 壹遵軌範。自髫齔務悅親意, 左右服勤, 委曲周盡。辛卯往省外王父, 戴星而返, 柴骨欒心, 頓絶方甦, 以慈顔在堂, 勉抑從禮。制除不服華盛, 以不克終養, 含恤沒身, 每晨謁垂涕。墓隔一舍,月朔必展省，到老不廢，登壟號哭，用南軒、松江禮。

養偏親志物俱備，非大事故，不須臾離側，一念洞屬，默數匙箸多寡，以驗安否。中夜屢起，屬耳窓外，竊識氣息。侍湯終歲，不解帶不交睫，手執刀圭，劑藥調膳，日夜焦灼，形貌枯悴，觀者感泣，鄕里取以爲法。疾革沐浴禱天，血指嘗糞。及喪任情攀擗幾滅性，而斂殯葬祭，務盡誠力。哀遑倉卒，必求合古禮，三年饋奠，身自幹當，不任婢僕。事係愼終追遠，皆纖悉詳密，恔心而後已。

道臣薦其行，庚申除章陵參奉。時正廟昇遐，公痛弓髯之莫攀，恨祿養之不洎，奉檄涕泣，無意於世，而恐時人以遺逸目之，黽勉就職。陞義盈庫奉事、泰陵直長、平市署主簿。乙丑除和順，治邑端本清源，未或沽衒。以儒化爲先務，重修縣學，朔望集邑子，設鄕約、講經傳，擇秀士入學，資薤鹽以勸其業，略如明道晉城之政。

賦歸行槖蕭然，疏糲不繼，玩心經史，世間寵辱，不入於心。臨終麾婦女勿近，飭冠淨塵，治命子孫無得擇地以葬，葬考妣兆域，使得歸侍以遂願，實壬申十二月二日也。享年五十九。癸酉窆于忠州道南山辛坐，旣而就同原負甲而窆，從遺戒也。遠近相弔曰："鄕先生歿矣。" 薦紳章甫慕其孝，申狀籲天，竟蒙綽楔之典，天理之在人心者，不可誣矣。

公天資近道，處恭居敬，嗜欲自淺，窮不易所守，常以溫公所謂"平生無不可對人言"者自勵。和氣薰人，言笑油油，而至義利淑慝之辨，一刀兩段，無俯仰循俗之意。爲門戶計，兼治功令，七占大小解額皆不中。永感後專意爲己之功，沈潛闡繹，尤在曾、思、程、朱之書，在國朝篤信石潭、華陽兩賢。專門禮書，究極經曲，爲有家章程。

事諸父如父，叔父所居稍遠，昕夕往省，不以風雨廢。一姊窮寡，奉而同爨，事之如慈母，及沒庀喪祭殫誠，育孤甥昏嫁及時。處從父兄弟如同氣，以身爲率，教誨成立。閨庭內外斬斬若朝典，處奴僕寬莊得宜，以至宗族朋友，講睦惇信，咸得其歡心。棲遲蔭路，不克少試，而傷時憫俗，出自眞誠，蹟其平生，庶幾"篤信好學，守死善道"者也。

公聘安東柳氏扞女。治家儉勤，誠以享先，慈以敦族。與公同年生，歿先公三十二年，墓祔。再聘宜寧南氏容五女。恭敬慈惠，訓子女以義方，視諸男無間己出。生後公二十年，歿後公十九年，祔葬道南山庚坐。男長始愚，次甯愚過房蚤夭，女適申國顯，柳氏出。繼配有二女，適金箕廈、魚命卨。孫周命、周性，周性嗣甯愚。

公位不稱德，壽不稱仁，行義風節，卓然可述，而幾於泯沒無稱。行錄紀實，無一字溢辭，先哲所云"人須有好子孫"者，詎不信哉？不佞夙辱公知遇，不敢牢讓者，所以塞後死之責也。遂節刪如右，以從范碑不載麥舟事，而系之以銘。

銘曰：立我三綱，君父與師。所在致死，是曰秉彝。歷選往古，鮮克盡倫。吁嗟朴公！孝悌爲仁。摳衣白雲，懿玆文德。鶴鳴九皐，牛刀十室。滄桑幻化，貝錦追成。翹首雲山，惻惻呑聲。飄然遐擧，不拘形跡。乃瞻[2]衡宇，乃眷松菊。

2 瞻：底本에는 "贍". 문맥에 근거하여 수정.

孰幷其美？和靖在昔。左規右繩，日乾夕惕。息影養晦，雪山爲重。秉義自靖，婦孺咸頌。煌煌丹棋，瞻聆俱聳。有美嗣胤，克紹家學。惇德流光，報在不食。嵂嵂道岡，鬱鬱梓木。紀善燔塼，用詔無極。

孝子趙公墓誌銘【幷序】

惟趙氏遠有代序。始祖諱天赫中中朝進士，樹大勳於麗朝，封嘉林伯，子孫仍籍焉。自是蟬嫣，入本朝簪組相襲。至諱翊軍資監正，生諱應恭黃海都事。都事公擧二男，長諱瑮號愼守齋，薦拜洗馬不就，其次雲[3]江公瑗也。愼守公男諱希聖，蔭補軍資監參奉，以行義文學世家，爲左海名閥。參奉公娶全義李氏司果令胤之女，生諱復馨，是爲公也。

公字汝芳，亦性於孝，事親愛敬篤摯，志物俱養。出常之行、卓類之事，所以感格神明，如王祥、黔婁者，固不勝計焉。參奉公善病，往往而谻，公親執刀圭，殫誠救護。一日瘧候猝劇，公出山製藥，昏徑忙返，忽有大虎伏路左。公不少慴，諭曰："情急勢迫，爾雖異物，不宜相梗。"虎乃進前，低頭高尻，有若請騎然。公始揣其意，騰身其脊。虎乃起行，其疾如飛，瞬息抵家，虎仍無迹。進藥而瘳，咸稱孝

3 雲：底本에는 "雪".《丈巖集·同副承旨雲江趙公墓碣銘》 및 기타 용례에 근거하여 수정.

感。疾革斮指進血，居憂廬墓終喪，晨昏拜廟展墓，哭諱如袒括，哀動鄉隣，由是聲聞暢蔚，爲一路所歆服。擧公實行聞于朝，特旌其閭曰“孝子之門”。

始公祖考都事公，爲閔公世卿女婿。閔公居忠州，卲齡喪子。公祖妣有敬姜主家之德，享山南榮養之福，而決意歸寧，用供瀡瀡。愼守公奉板輿往聚外氏，克順慈心，終養外翁，仍家于忠，後承蘩衍，寔爲愼守公純孝攸致，而公之至行範世，可驗其所自也。

公事伯氏如父，施及同堂諸親，務盡敦睦，尤惓惓於尊祖敬宗之義。居恒自律，先德行而後文藝，克趾先美，爲幷世所欽重，而與伯氏齊名，互相推讓。晚年構一軒于昆池上，長枕大被，與共湛樂，吟哦自適，默契仁智之趣，咸稱以趙處士曰：“古亦有孝友之行，而尠有如趙門之二難也。”

顯宗乙巳十月十六日卒，距其生己酉九月十五日，爲五十七歲。葬于忠之八峯後公山亥坐。配丹陽禹氏，直長克儀其考也。墓祔。擧五男景完、景遇、景煥、景觀、景敏。女適李敏溥。正震、正行、正五、正九，景遇出；正韓，景煥出；正泰，景觀出。曾玄以下不記。

公歿後屢經灰劫，公私文獻蕩然無遺，遺稿亦富而不傳，惜哉！然徵於無徵，是爲可信，以其無掇拾累列也。且公族孫尚書德潤氏爲著旌閭記，述世美而敍異蹟，玆可以傳信，亦奚以多爲哉？公六代孫在熙從我遊，謁隧道之文。其誠悃款，力疾而爲銘。

曰：萬善百行，咸源於孝。孝悌爲仁，本立生道。嘉林炳靈，世篤行義。吁嗟乎公！克紹先懿。執玉奉盈，用全其受。至諴格神，孚及猛獸。抱終身憂，婉戀懷袖。歷選《孝苑》，讚諦爲首。公謂曾子，亦未有餘。煌煌旌楔，表厥門閭。非我思存，肯恤名譽？遵養時晦，脫然天遊。與道終始，安命不憂。孫曾詵詵，充衍門楣。卽玆可驗，天道報施。聊以勸善，後人是貽。如我不信，視此銘詩。

贈持平玄巖宋公墓誌銘【幷序】

陶庵李先生講道寒泉，遠近請業之士，以十百計，而玄巖宋公諱端，首先服事，與李公行祥、成公德朋[4]，幷稱爲仁鄉三處士。至純廟故領相金陵南公筵陳三公行誼之實，特贈公司憲府持平。識者謂文正之有玄巖，如孔門之有子路，於乎懿哉！

公字叔夏，系出礪山，累葉大顯于麗。入本朝有諱軼，策中廟靖國功臣，至上相。諱寅礪城尉，號頤庵，以文禮名，是爲公六代祖。曾祖諱熙業，掌樂僉正贈左贊成，壺城君。祖諱瑼[5]，贈大司憲，朗陵君。考諱世升，成均進士。妣德水李氏，進士喜萬女。

4 朋：底本에는“明”.《潁翁再續藁·請李行祥宋端成德朋特加褒贈啓》및 기타 용례에 근거하여 수정.

5 瑼：底本에는“㙛”.《宋子大全·掌樂院僉正贈左贊成壺城君宋公墓碣銘》및 기타 용례에 근거하여 수정.

公以肅廟壬辰十一月一日生，志氣亢爽，倫懿篤摯。十歲與仲氏遊戲，被踢昏倒，旣而父母問所由終不對，慮仲氏被訶也。十七就李先生學，兼治擧子業，將赴會圍，有以主司意勸關節，公曰："吾豈以一科得失，爲內愧事乎？"又於省試，忽心動徑出，王父果以其前日示㦖，其至性感通有如此。事親洞屬靡少懈，於二兄克盡怡愉，見衣有垢弊，輒換己之新製。從父兄病走馬癰，公吮之卽痊。親戚朋友有病癘而沒，人咸畏避，公獨臨視，喪事得以無憾，公亦無恙。

與成、李兩公及李公仁錫、李公慶章交義最篤。諸公規模各不同，而其不爲利奪不爲苟合，不戚戚於死生窮達之際，則如出一轍。李公仁錫家甚貧，公借其第，無何李公幷其庄垈斥賣。公夷然曰："非元爵之於吾，則寧爲是耶？易地則吾亦然矣。"李公亦曰："非吾之於叔夏，則寧爲是耶？易地則彼亦然矣。"公有女，李公慶章爲其子求婚，公未決而李公沒。公慟之曰："良友休矣，不可以負其生。"遂以女歸其子，人皆義之。

家屢空，裘褐不繼，常晏如，辭受必謹。接人不設畦畛，只是一團和氣，急人之困，往往不顧己，己則反是。以故先生奬詡綦重，以寄百里託六尺許之。平居言議峻正，於陰陽淑慝之辨，裁之以大義，不少依違。至若斯文未決之案、未了之事，議及公，輒言下剖判，如一刀兩段。

先生之喪，出於旅次，蒼黃急遽之中，不至失禮者，公與成、李兩公之力爲多。間有聚訟紛然，公宛轉委曲，卒相釋然，論者謂公處變達權而得其正焉。先生嘗手書《近思錄》一部付公，即朱門禮書之意也。是以公於先生妥奉之所、編輯之書，無不與聞，其有功於師門，亦不少也。

公所交遊，多一時名流。如金公相翊、李公敬玉、尹公勉升，莫不贊誦公曰："正直剛方以爲質，淬厲增益以爲學。重名行如寶玉，視財利如草芥。氣義所在，之死而無悔，經濟所及，雖難而無碍，使其施諸行事，則必有大發揮於先生之志者。"嗚呼！其知公矣。凡不遇於今者，必遇於後；不合於人者，必合於天。然其遇與合，亦何與於公哉？

前配延日鄭氏，圃隱先生後孫，考通德郎纘志，祖南兵使贈判書德徵。繼配宜寧南氏，通德郎泰重女也。有女士行，宗黨賢之。二男一女：長履中先公卒，次璜中，女歸李松然，卽李公慶章子。側室男弼中、愨中蚤卒、季幼。孫文翼、文徵，女未行，長房出。季房四女，一適某人，餘幼。李婿男昌錫、鵬錫、申錫、用錫。弼中男女幼。公歿在正宗某年月日，墓在龍仁虎多洞坐卯之原，前後配幷祔。直弼聞公德義，曠感有素，公外曾孫李學士承憲因公後孫之懇，屬以幽堂之誌，靡敢終辭，力疾而爲之銘。

銘曰：善乎！成處士祭公之文曰"學究王霸，不屑屑於章句；事挈綱維，不拘拘於邊幅。捨己之量，聽於至愚；好善之優，發於衷曲"。李處士祭公之文曰"仡仡乎其爲善之勇，若流水之決。懇懇乎其接人之誠，曾不間於疏戚。方諸前修，陳豪謝拓"。嗚呼！二公之知公者深切，庶形言之無失。今於公衣履之藏，敬以誦前人之述。

觀湖愼公墓誌銘【幷序】

湖南山川雄秀，風俗豪俊，尙氣義重名節，有若觀湖愼公，乃其人也。公世居靈巖，轉寓羅州。時逆賊尹就商之子志久謫本州，陰蓄異圖，交通南中名士，暗相糾結。公所僑密邇志居停，志慕公名德，屢要相見，公終不往。志先來訪公，公只叙寒暄而止，志憮然而歸，書致慇懃，公又火其書不答。本牧夏徵與志謀逆，腸肚相接，亦要公相見，公終不屈。逮二賊伏誅，南士多株連被禍，而公獨超然不累，見幾之明無讓於鄭雲龍、吳希吉之斥絶汝立，於乎休哉！

公諱師典字士徽，系出中國。有諱修，本宋開封府人，仕高麗司徒左僕射，謚恭獻。其後貫居昌，子孫世居焉。至諱幾，入本朝寶文提學，以學問志節祭于社。諱喜男兵曹參議，文學淸謹，爲明、宣兩朝名臣。諱餘慶尙衣院判官，贈左承旨。諱諴司憲府監察，有子諱光翊，成均生員，是生諱聖弼號敬庵，卽公曾祖也。祖諱憲萬，考諱昌鼎。妣扶安金氏，錫慶其考也。

公生稟聰慧，自幼好讀書，鑽研經旨，造天人性命之理，泛濫諸子百家，罔不該洽，爲髦士所取裁焉。性於孝，志物俱養。嘗備甘毳，貿膳于市，飭家人毋得低昂其價，商賈感其純誠，不敢貳其價。事伯氏有至愛，坐同榻寢同枕，晝夜不相離。及析箸，取瘠土曰："我以支子，持此亦足。"人稱愼薛包。伯氏遘癘而歿，公躬執刀圭殮殯。家人勸出避，公曰："死生有命，豈忍避兄？"竟無恙，人又比庾衮。

日用常行，制節謹度，冠昏喪祭，壹遵《朱子家禮》。手書古婦人淑德懿行，成敎閨庭，訓子姪御奴僕，咸盡義方。自經乙亥逆變，悲憤感慨，彌懷隱求。冬至思鄕詩云：“天時冉冉日相催，靜裏潛聽地底雷。客留錦里三更雪，春入榮江一樹梅。甘苦經來思蔗味，炎涼閱盡感葭灰。他時若遇昇平歲，收拾殘書及早廻。”嘉遯之意見於剝復消長之幾者如此。

晩益斂約，沈潛名理。宰南邑者多款衡扉，門外蹄輪殆相錯，尤愼交遊，不妄迎接。晩愛江湖之勝，彈琴賦詩，存心眞樂，一路稱“觀湖處士”。正宗庚申正月十六日，卒于冠山寓第，去其生壬寅二月十七日，爲七十九歲。辛未十二月，返葬于靈巖永保里亥坐。

配全州李氏，徵麟女，夙服家訓，有女士風。生後公七歲，歿後公十一歲，祔公墓左。擧四男四女：男廷顯、重顯、大顯、玉顯，女適丁志學、文致福、李興運、李在仁。重顯男在箕生景鎭、轍鎭。大顯男在夏爲世父后，生必鎭、洛鎭、弘鎭、毅鎭；在殷生達鎭；在周生宇鎭、斗鎭、恒鎭。玉顯男在哲生聖鎭；在浩生休鎭、寬鎭。內外曾玄不盡記。

公天資高潔，持守貞確。本之孝悌，濟以學問，鄕鄙服其義，朋友慕其信，當求諸《高士傳》中，豈幷時流輩攸及哉？或有以晦身草萊，名湮滅而不稱爲恨，而公遺世獨立，淡乎塵埃之外，眞所謂“影響昧昧，惟恐聞於人”者也。旣不慕當世之榮，又何心于後世之名哉？在夏從我遊，累謁公幽堂之誌，余老閣鉛槧久矣，竊感公高世之操、辨姦之明，力疾而爲銘。

銘曰：嗟嗟若士！綱紀南垠。渾金璞玉，彌葆其眞。先見之明，其知如神。早已洞晰，忠逆之分。形神超越，用自存身。本之則存，蹈義踐仁。孝友爲政，餘力學文。庶幾無愧，明理知言。原始要終，允矣儒珍。巀巀月岳，幽幽玄窀。英魄不泯，從以碩媛。昭揭雙美，用詔千春。

孺人晉州姜氏墓誌銘【幷序○乙未】

坦園尹明直過余江漢之上，示其內子姜孺人所著《靜一堂遺稿》，要一言發其潛幽。余曰："婦人之德含章而不外見，且竊讀其狀，仁義忠信不離於心，欲以文辭圖不朽者，恐乖孺人素志。"曰："無已則盍爲誌，用壽厥傳。"余曰："是不可以已也。"遂按而敍之。

孺人，晉州人，以高句麗兵馬元帥以式爲鼻祖。奕世圭組，名德輩出，爲左海名族，不須譜也。考諱在洙。妣安東權氏，處士瑞應女，寒水先生從玄孫也。權孺人有異夢而擧孺人，因夢而名。性貞靜端一，足不蹈閫外，處士公奇愛曰："山水軒從兄嘗稱汝母爲吾宗第一婦女，汝其趾矣。"仍受女誡，罔或小違。

及嫁舅宜其言行曰："吾家其復興乎！"事尊章至孝，定省必拜，及喪哀毁幾不全。時值荐飢，家罄銖粒，而竭力終事，體膚皸瘃而不知勞。致敬君子，出行必拜，勸其居業曰："人而不學，無以爲人，與其棄義而營生，不若聞道而安貧。妾雖不才，粗解針績，當謀饘粥。願讀聖賢書，無以家務累心。"明直感其言，讀四子及程朱書。孺人每手執刀尺，隅坐而聽，遂卽闇誦，默契奧旨。復勉明直從師曰："學而不行，與不學同。眞知經訓之當，然後可行。獨學則固陋，願從師友以自廣，俾盡生三事一之義。"

明直家益落，不奠厥居，僑寓窮山，虎豹縱橫，累日絶火，又罹傷慽，而孺人猶寬明直曰："守正邪自遠矣。脩短自有定命，饑困尤當忍性。患未盡在我，夫何怨尤？"明直有過失，必申警不休，雖在外堂，出片幅止之。有憫明直之貧，操千金干囑者，孺人勸其勿受曰："詎可以千金而易吾之操？"明直亦嘗喪財，孺人曰："得失關數，毋少介懷。"明直赤手擧三世緬襄，爲親族繼絶者近十人，且營辦昏喪，而咸賴孺人之力。

明直好賓客，戶屨常滿，孺人極意供歡。人詡其能，孺人曰："是婦道之疏節，而猶不能，則焉用婦人爲哉？"常云："貧富自有定分，寒士之妻厭貧而至於詘泣，非人道也。苟其非義，死且不可受，況不必死而可以貨取乎？善者治之源，利者亂之樞，以故遇物，先求義之當否，苟有以利來者，守正以遠之。"

居恒無疾言遽色，呵叱不及僕隸，晝不窺戶，夜不下堂。臨財先人而後己，分餒先死而後生。善則歸人，不善則歸己，慥慥乎隱惡揚善曰："不治己過而先言人過可乎？"有毁明直者，勸其加厚曰："盡己而已。"嘗云："天命之性，初無男女之殊。婦人不以姙、姒自期者，是自棄也。"

專於內修，動靜如一。常服褖衣，隨明直晨謁家廟，退必端拱危坐，體認未發境界。神氣和平，不知有饑寒疾病，每聽晨夕鍾聲，默驗心體存否，如朱先生同安時。書童擊水杓爲戲，孺人令均其節，以驗操舍之頃。又紉針期以從此至彼，不易此心，竟賴存養之力，始患浮揚，漸底凝定焉。

好學如渴，遍讀十三經，沈潛闡繹，窮晝夜罔倦。博通典籍，古今治亂、人物臧否，燦然若指掌。嘗云："五倫，五常之理也。皆人心所自然，非强勉。"又曰："身爲萬事之本，敬爲一身之主。《敬身》一篇是《小學》總會。"又曰："學莫先於格致，今人不能修齊，由不能用工於格致。"又曰："性命之微、一貫之妙，無徒作一場空說，先從人事上求之。"又曰："天命之性卽子思極言道之本源，又擧戒懼，俾學者先知下手處，非懸空說了。"又曰："天地萬物與我一體，苟非格一物之理，則欠吾一知。"自三才萬象以至經史百家，日用所疑，罔不鑽硏，錄爲三編，多精義名論，竟佚不傳，惜哉！

筆法一出心畫，嘗不作閑言語，或爲君子代斷，或爲箴戒發者，偶被人見賞。自是彌加韜晦，以訒其出焉。及疾革無怛化意，見明直泣，正色曰："死生，命也。何憾之有？願夫子勉旃。"竟以壬辰九月十四日卒，距其生甲子一周也。隣里如喪親戚，明直學徒升堂而拜者，皆素帶號哭。十月葬于廣州遁退里壬坐，從先兆也。明直名光演，坡平人。世襲文行，服事鰲村宋公，固窮勉學，而得於內助者爲多云。孺人九擧不育，爲之畜妾，視遇如子女而曰：“妬之爲惡，當居七去之首。”繼子欽圭，欽圭子九鎭。

嗚呼！古先王施敎，初無男女之別，而女子不就傅，《詩》之所誠，只在“無非無儀，維酒食是議”。以故簪珥中雖有英姿朗識，未嘗以道學自勖。苟有一言可採，聖人不棄，此衛莊姜、許穆夫人之詩，所以見列於《國風》也。詩猶不刪，況專於學而窮天人性命之原者哉？今讀孺人文，其敦學問裨世程者，近古閨閤中一人，非特婦人之能言者也。余謂明直：“孺人，君之師也。君更讀十年書，可以知孺人之德。”明直笑曰：“子之言是也。”靜一非孺人所自號，而乃所願在玆云。

銘曰：猗嗟碩媛，名閥肖子。維德之符，具玆四美。敦悅詩禮，循蹈繩軌。動靜無違，行己有恥。環珮瓊琚，翼翼靡靡。象服是宜，不徒簪珥。好學善道，是安素履。天授慧識，洞窮衆理。鷄鳴昧朝，以勖夫子。寤寐羹墻，卽古莘摯。弗篤弗措，死而後已。淸溪漣漪，遁山峛崺。永安且固，以藏女士。德音孔嘉，昭示無止。我銘不朽，敬告彤史。

淑人驪興閔氏墓誌銘【并序○戊戌】

申氏望東陽者，爲左海世胄。至文貞公諱欽、文肅公諱最，德業名節焯然耀世。文肅有曾孫諱景翰、玄孫諱憶父子，居內艱，俱不勝喪而卒，是爲前淸州牧使常顯寧世之祖禰也。

寧世配淑人閔氏，居姑憂過毁，旣葬而歿，禮云"婦事舅姑，如事父母"，而未有死於孝如淑人者也。申氏以孝世家，至淑人而又不勝喪，嗚呼，其盛矣哉！

夫孝者天性，而能盡其分者尠矣。毁不起疾，非敢曰不傷於孝，而卽可以見孝之眞傳。三代一揆，則孰謂不係世類哉？淑人系出驪興，以文忠公諱鼎重、文孝公諱鎭長爲祖，不須譜也。考諱景爀，繕工監監役。監役公娶淸州韓氏，進士師泌女，擧淑人。

年十九爲申氏婦，事尊嫜愛敬篤摯。時祖姑南夫人年高癃淹，淑人侍處扶將，晨夕洞屬，夫人常稱以孝婦。南夫人窀穸纔畢，而尊舅捐世，擧家薶癘，君子又方殆。淑人初起死病，獨當大故，赤手辦具，卒得就事，聞者嘖舌曰："非人力也。誠孝感天，天相之矣。苟非然者，幹局男子之所不能，而能之乎？"尊姑傷念計活，未忍遽委以中饋，淑人委曲承佐，爲之代幹，俾忘其勞焉。

尊姑素善病，遇寒輒劇，臥起痛楚，輒委淑人之身而得少定。冬夜嚴更，衣不暫解，風爐氷竈，爨必躬執，不食而不知餒，顚踣而不自恤。設鼎鐺自具甘旨，數匙多少，以爲憂喜。如是者四十年如一日，至養以專城而猶不變。及喪尊姑，晝夜哭不絶聲，氣暴陷幾危者數，而猶强疾莅祭奠。至不能成音，掩抑啜泣，血淚如傾，以致病謻，諄諄譫囈，罔非奉養饋食之事，是可見至性也。以丙申五月十日亥時卒，距其生壬辰八月十六日，享年六十五。七月丁酉，葬于楊州下道面雞田里亥坐。申氏世葬利川，而無所於祔，故新卜也。一男應朝進士，二女適沈樂澈、李喬信。沈婿子女幷幼。

淑人自幼婉柔，惟親志是順，移事舅姑者如此。推諸生養而致嚴於追遠，在邑當祭，必自備具而割烹亦親。聞旁郡或委官廚，歎曰："寧不祭耳，神其享諸？"多產少育，愛子女甚，而或訾衣食，則切責曰："詩禮家子弟而重口體，將做甚事？"憂惋良久。憐二女居貧，而不資以私曰："非直難繼也。一再資給而止，恐棄前功而傷恩。"

素性恬儉，不喜紛華，隨君子六邑，宜有以不期侈者，而布素澹泊如平昔曰："豈不知華美之爲好？但非淸寒本色，且侈心一肆，不可紀極。"御婢僕不施箠楚，君子病其太寬，則曰："安能使人盡如吾意？少忍自無事，藉曰當治而不治，何害之有？"君子性貞介不諧俗，及降志祿仕，淑人不喜菽水之無憂，而憂門戶之不振也。君子爲邑，端本正始，化理休洽，少欠適志，輒棄之如弊屣，卽其所自致甚盛，而內助之力與多焉。及歸靡所顧戀，亦無一文尺帛私儲。君子嘗畀錢百緡曰："善爲藏弆，以待吾不時之需。"期而索之，淑人出諸藏中，蛛網滿貫，是皆婦人所難能也。

淑人積行累仁，其德備矣，不可以徧書，惟其殉於孝者，先立其大，克纘先烈，是所謂秉自然之質，有企及之義，而及其成美則一也。婦人之行含章而不見，然不佞與寧世有三世之好，通家誼敦，稔服閫則。寧世用梅宛陵古義，述其行謁銘于不佞，寧世非苟譽人者，其言宜可信也。淑人至行範俗，原始要終，無以加焉，則不徒如宛陵夫人性識明知道理而已。縱欠六一翁筆力，亦何忍不銘。

銘曰：萬善百行，咸原於孝。孝亦多術，誠爲其要。猗歟淑人！純一婦道。夙夜劬心，忘身之老。老益匪懈，奄遘不造。孺泣難繼，不自全保。如古孝子，風吹卽倒。毁不滅性，雖聖攸詔，孰與忘哀，安心錦稻？詎但自盡？先軌是紹。是爲全歸，有光祖考。煌煌彤管，厥聲彌劭。于後遺羸，胤子賢肖。理宜克昌，必食其報。我薦石章，用裨世教。

贈貞夫人安東金氏墓誌銘【幷序○乙巳】

吾先師近齋朴先生配曰贈貞夫人安東金氏，右議政文忠公諱尙容之五代孫也。高祖諱光炫吏曹參判。曾祖諱壽民德山縣監，以孝旌閭。祖諱盛道殷栗縣監。兩世俱贈吏曹參判。考處士諱時莞，有博學高行，娶南陽洪氏，贈吏曹參判諱泰猷之女，益平尉得箕其曾祖也。

夫人生於忠孝之門，又擩染賢父母之教，自齠齔持躬中度，處士公稱之曰："使汝爲男子，當不墜家聲。"稍長習《小學》、《女誡》，言動以禮，最被季父文忠公所深愛。十五歲歸于先生，祖舅姑、舅姑喜曰："是法家女也。"族黨咸賀得眞冢婦。祖姑李恭人素稱女士，愛孺人德性相近，提前言往行以詔之，夫人聽受惟謹，終身不忘。侍祖姑疾，當暑月扇枕席，竟日不離側，尊姑兪淑人疾革，夫人斫指進血。及喪家益窮，夫人嗣莅中饋，雖鬻簪截髮，不闕朝晡之奠。

尊舅年老艱食，夫人竭力奉養，必有酒食，煮粥煖羹，不使人攝，哭喪欲絶，祥之日通夕號泣。收藏父母舅姑遺札，時時敬閱，用寓追慕。

事君子敬以盡禮，入門久，猶如新婦然。燕私之談，皆中規箴。常勸君子爲學曰："人有美質而不學，如玉不琢。"見世路險巇，勉君子廢擧。先生好學謝公車，夫人喜云："願夫子之有令名，不願有利祿也。"於物泊然無所好，獨悅義理之說。先生時語及經禮微奧、歷代名臣事跡、國朝士禍顚末，夫人靡不通習。最慕名節，每論成仁取義處，必感慨激昂曰："大丈夫行事當方嚴正直，不可無模稜。"文忠公抗疏竄海島，夫人曰："老年投荒，雖爲子姪憂，在自家則光華矣。"其見識卓越又如此。

先生妹金氏婦病腫而歿，夫人手自洗膿塗藥，滌除不潔，而無厭倦色。先生弟忠獻公旣析箸，夫人分其甘煖，待介婦和平，無底蓋方圓，夫庶母同居十數年，亦不失其心。推及于姻族鄕黨，壹以誠信，遠近無不感頌。以君子交遊之賢否爲憂喜，常恐一事之累君子，遇飮食不輕進，必審其所自出曰："吾聞夫高祖承旨公在闕，遇富宦綺饌，衆咸就食，而公獨不顧，非但夫子性潔，吾欲其無忝先德也。"常稱其外祖耐齋公遭家難，自處如窮人，聞禍家後人有尙華侈，則深非之。

自以仙源公之後，其曆日必書崇禎年號，人謂《春秋》大義在女史中焉。外曾祖母淑安公主有受賜《內訓》。夫人每讀其"耳無塗聽，目無邪視，專心正色之語"，三復致意。

從姑母宋公堯和夫人著《自警編》，夫人尊閣誦習，其磨礱浸灌者如此。故能成其德，非獨天性然也。

家承累世宗祀，夫人爲主婦，盡誠拮据，無有闕乏，溉濯烹飪，務極潔蠲。供賓客物芳器淨，裁割盛齊，必要方正，雖常饌亦必務精。御臧獲均其賜予，不偏勞逸，教之不從則施罰。晚擧胤子，亦不以慈愛而奪其教。胤子爲洪孺人所鍾愛，孺人旣歿，夫人撻子而泣曰："昔撻汝，吾母憐汝責我，今撻汝，不聞吾母言，是以泣耳。"

憂人困窮若在己，思必救濟，惻隱及物，將祭婢買生雉，夫人不忍見其殺，乃買用死者而放其生。嘗養雞，群雞愛而相哺，家人異之，以爲夫人仁德所感云。夫人素善病，以辛丑三月十六日卒，去其生甲寅，爲四十八歲。夫人嘗論婦女喪，皐復用男僕非禮也。至是以婢復，從治命也。五月祔葬于楊州祝石嶺先兆。男宗輿，瑞輿府使。府使男雲壽，順輿府使。府使男齊近，生員。女適金元性。

夫人居恒坐必端拱，簡言語飭威儀，切戒其聲色疾遽，偶有差失，則輒錄以自省。口不出戲謔，心不萌忮克，不逆詐以爲智，不枉道以沽譽，不動俗忌，不惑鬼妖，其辨事是非當否，動準繩尺。性又高潔，未或有苟且求假，雅不喜華靡，服弊衣裳而不恥。盡精於女工，禮服制度，多所通曉。治家務節縮財費，經紀用度，至於箕臼位置，亦皆秩然有常。先生平居不問産業，夫人自織組取直，以養君子，所處有至不堪者，而亦委分任命，無怨尤意。於古賢婦人，願學侯夫人及呂榮公夫人焉。

先生諱胤源，道學經術，爲世儒宗，秉義自靖，屢拜官不就，特贈大司憲祭酒，夫人從贈焉。先生盛德大業，自其天成，而造就之功，得於內助者爲多，於乎休哉！先生嘗云："夫人與我臭味相契，有偕隱林樊之約而不遂，以爲終身恨焉。"直弼旣述先生幽堂之誌，齊近又請夫人誌，分不敢當，而義不敢辭，遂爲之銘。

曰：猗歟碩人！篤生名門。百行咸備，惟孝爲源。四德俱茂，本之以誠。鷄鳴昧朝，警戒相成。組織有訓，環佩有聲。譬如乾坤，體用動靜。旣翕且闢，德以之廣。窈窕沼沚，蘋藻芳潔。沃盥饋食，敬身自律。何以致之？誦法詩禮。姆教婦式，服自沖歲。積仁潔行，爲君子配。氣味攸同，至德相濟。胡靳遐齡，而卒未究？二南承化，不繫殀壽。遺芳永世，允矣女士。夫子狀德，詎比彤史？歸于同穴，百歲之後。窣如之安，公藏在右。我述梱彝，幷垂不朽。

烈婦宋氏墓誌銘【幷序○庚戌】

當宁元年庚戌，命旌寶城士人朴重洪妻孺人礪山宋氏之閭曰"烈女之門"。始重洪憤村民崔在臣詬辱士夫，縛其手警飭，踰月在臣得寒疾死。其親屬生鬻尸嫁禍之計，嘯聚賊黨，乘夜撞破內室，重洪先被凶鋒，頭碎血淋漓。孺人冒死捍衛，四面受敵，臂折脅拉，流血遍體，竟脫夫子於劒鋩，顧謂夫子曰："士族婦女被毆凶漢，義當捨生，而丈夫愼重之身，豈可效兒女子溝瀆之諒乎？隱忍保重，終雪此憤。”又見群賊突入內寢，置凶人尸體，號泣曰：“從容之義已決於心。”仍自裁於廟門，卽丙午十一月八日也。距其生己卯十一月四日，爲二十八歲。一鄉章甫訴于官，營邑盤覈，凶賊輸款。數月而後，孺人始殯殮，蠅蚋不近，虫蛆不出，顔貌皎然如生，堅如鐵石，冤氣之所蟠結也。

孺人前室子懿鉉援《春秋》“不復讎則不書葬”之義，晝夜泣血，百舍重繭，籲冤蹕路者至于再斯。大司寇金公箕晩勘凶賊以償命之律，請孺人旌閭，回啓蒙允，其所以標萬古之貞烈，雪九原之深冤者，更無餘憾，而懿鉉以童蒙爲母復讎者，可謂有是母有是子也。

孺人先祖忠剛公諱侃，爲莊陵忠臣。累傳至倡義將贈參議諱大立，與李忠武公討倭賊，殉節露梁，贈承旨。子諱諶以洪原縣監，丙子倡義死亂。兩世俱被旌忠。考諱鎭諄，妣金海金氏，昌溫其考也。重洪，珍原人，考諱在煥，祖龜相，曾祖生員守天，而文康公光前，其九世祖也。

孺人生稟絶異，朗慧成性。纔笄盡通《女則》群書，手抄唐虞以來賢婦人事蹟，名以《孝烈實行錄》，藏之巾衍。每夜深張燈溫繹，恒以古女士自期曰：“臨患難，而當如竇氏女，陳家婦則幸矣。”父歿母老而家益落，勤紡績供甘旨，母病禱天達曙。及遭艱攀擗哭踊，絶而復甦，長侍柩傍，毁瘠幾滅性。

及嫁孝養尊舅，靡極不至。晨夕與婢子把燭詣舅寢門外，省其安否，不以寒暑而廢。事夫子敬，處娣姒順，愛前室子，有逾己出。推及臧獲，亦曲盡恩義。夫子爲先事留洛數十年，計活剝落，而不少介意，常勉君子以保攝身命，褒榮先世。或有語及生事，輒云：“君子不遑啓處，妻孥安敢望飽煖？”及文康公節惠誕宣，孺人迎慰曰：“君子多年旅食，克成先世未遑之典，可以藉手而歸拜也。”蓋宋氏世篤忠義，朴氏亦以詩禮傳家，俱爲湖南名閥。孺人胚胎前光，又歸法拂，宜其受天之祐，吉無不利，而變故罔極，竟以身殉，天道報施，其何如哉？

嗚呼！食人之祿而有死無貳者，謂之忠臣；處人之室而有死無貳者，謂之節婦。若孺人者，值禍亂，祗知有夫子，不知有其身，回夫子於萬死，視己身如一芥。往哲云：“慷慨殺身易，從容取義難。”孺人兼此兩者，於乎懿哉！

方其誣案未勘，猘鋒未斂，孺人先期警夢，若是者三。苟非至誠孚格，曷能符合如神哉？從古貞女烈婦成仁取義者何限？而未聞發諸宵寐，審幾應變乃爾也。重洪從余遊，服孺人節義甚熟，恨無劉子政筆力，用能幽顯闡微，圖不朽於永遠。重洪謁文，用誌幽阡，未忍以癃病辭。

銘曰：有若哲媛！內自含章。美在其中，養德閨房。夫亡守貞，婦道之常。遭罹奇禍，夫存身亡。莽蜂辛螫，矢集內牆。不競不絿，惟義之將。精靈攸感，天日回光。拔諸坎窞，用奠康莊。是夫是婦，是兒是孃。宜旌於國，宜表於鄕。烏頭赤脚，垂耀煌煌。永樹風聲，用扶天綱。世無彤管，疇克闡揚？納銘幽隧，百世允臧。

烈婦孺人金氏墓誌銘【幷序】

崇禎四甲申二月，楊州趙公秉愚卒，孺人金氏以鹿車未挽，遽失所天，後五月下從而泯其迹。君子曰："慷慨殺身易，從容就義難。"孺人以婦人之身，行丈夫之所難，可謂賢也已。於是憲廟亟循多士之請，特施綽楔之典，世之爲烈者勸焉。所後子龍熙，袖是狀訪余江漢之上，血泣而言曰："先妣之烈著矣，無事於志，然淵丘變遷，不可以不備，願有述焉。"余拜受哽咽，不忍書，亦不忍不書也。

金氏籍光州，以文元公沙溪先生爲先祖，不須譜也。郡守諱相龜、生員諱箕章、縣令諱在熊，曾祖、祖、考也。妣韓山李氏，牧使羲淵女。純廟乙丑七月二十一日，生于連山林里第。生有異質，慈順溫良，自幼持躬端嚴，事親無違拂。遭外憂服喪甚哀，事母若祖母愈孝，每祖母有疾，晝夜侍側，累日不懈，未嘗交睫解帶。嫺於女紅，略通《小學》、《女戒》諺書，筆畫勁正，雖倉卒無潦草。

制除趙公委禽行醮，卽有疾，問醫上京師，疾愈革，不筮日于歸，及至而公歿。旣奔喪，謂不識公面，願一憑尸見之，仍決意下從。成服，叔父判官公率歸其第，飮食居處，周防甚密。孺人謂其姊曰："兄以我爲死耶？吾不爲是也。"舅將作公令歸林里以自保，時公柩歸藍浦之三溪。孺人曰："願隨柩而下襄訖，歸寧未晩也。"將作公親率而去，周防亦益密。

孺人無幾微見於辭色，尊章命之食，不敢違，餘人雖强之不聽也。事舅必先意承奉，朝夕饋奠，哭泣不絶，舅至則止，未嘗見慽容，命勿參饋奠，便從之。嘗謂其從姪曰："吾未嘗有毫分傷人害物之心，亦未嘗以惡言加諸人，於婢僕亦然，孰謂今日薄命乃爾?"囚首墨面，每坐一處，終日伏哭，哭訖復坐，目不轉睛，身不移動。

每日居處進止，不失尺寸，視之若木偶人，見人如措躬無地，雖婢使不擡眼視。故孺人在舅家數月，而婢使有不得詳其面者。律己彌嚴，每人慰解，或雜以詼謔，亦不啓齒。尊者有問，應對惟敬，對娣姒亦溫順。看閱《小學》、《五倫行實》。及卒哭，勉使歸寧，孺人請俟秋，蓋欲得正而斃也。伯叔府使公見孺人形色大瘁，譬之曰："勉自全保，以慰兩家老親。"孺人感泣强從，凡飮食言語，頗異前日，家人稍信之。

孺人使婢從容告尊章乞吸草，尊章憐而許之。孺人密以草浸之水飮之，又以他藥加焉，已而疾作，嘔泄若暑癨，刀圭罔功。口渴呼漿水，使飮鹽湯，却之曰："素所不能服也。"進米泔水却之，進蜜薑茶，曰："吾素病蛔，飮蜜不利。"又卻之。蓋塩能哇惡，泔能解毒，而蜜能和中也。家人搜草缸及藥裹得其跡，而孺人已不可救矣。聞者皆釀涕，時六月二十三日也。得年二十。府使公以第三子龍熙爲嗣，服喪三年，扦鴻山縣西笠店亥坐夫子之墓而祔焉。

嗚呼！《大易》言"婦人貞吉"，但曰"從一而終"耳，除非如令女所遭者，固不必以死爲貴也。然則近世士夫家孀婦，父母俱存，兄弟無故，舅姑爲之寬譬，姊姒爲之扶持，家事有託，依歸有所，而果於自裁者，若驟觀，則詎非所謂可以無死死者乎？ 然其所以下從而不恤者， 蓋出於深識遠慮，非知者不能領會也。

嗚呼！古昔遺烈出於傳記者，或毁髮膚之體，或作溝瀆之諒，雖操存而身亡，行立而形虧，雍容整暇，用克殉身，如孺人者鮮矣。公議攸發，旌褒焜耀，幽明無憾，而亦非孺人以義處命之志也。孺人大節卓犖，卽所云"動與禮游，靜與義立"，則孝友敦睦之行、端莊靜一之德，巨細隱顯，出於家狀遺事之間者，論亦可，不論亦可也。於是畧撮其烈行梗槩如右，系之以銘。

銘曰：鴻山之西，笠店之原。伊誰云藏？展彼哲媛。生稟至性，孝友貞淑。身服詩禮，志厲氷玉。瑩瑩方寸，民彝物則。哀哉崩城！未挽我鹿。我鹿旣挽，凄涼窀穸。我生弗辰，耿耿晝燭。行無片玷，志固匪石。未見君子，穹壤罔極。九冥旣果，言泯其迹。烈哉孺人！孰領深識？死卽同穴，永世允臧。髦士攸誦，綽楔煌煌。煌煌輝輝，不顯不彰？孝子食報，垂裕無疆。我替彤管，載述銘章。一片塼砂，昭示茫茫。

淑人慶州金氏墓誌銘【幷序】

吾先師近齋朴先生有賢子婦曰"淑人金氏"。 金氏系出新羅，麗初太子太師諱仁琯，勳德俱著，爲世名臣。九傳至觀察使桑村諱自粹，見麗季政亂，遯于嶺南，以孝旌閭，本朝受命累徵不起。六傳至兵使諱九淵，通解《易》學，屢登經筵，是生府尹贈吏曹判書諱{車＋夾}。又三傳至諱鼎禹，有至行贈大司憲。大憲生同中樞諱溭，淑人四世以上也。曾祖諱夢說，通德郎。祖諱養德，考諱魯範，兩世以行義相承。妣孺人昌原黃氏，尙馩女。英宗庚寅，擧淑人于豐德寓舍。

自幼端莊明惠，孝弟天植。稍長動作中禮，女紅精敏，姑母尹氏婦鍾愛，爲之率育。十八歸朴氏，爲府使公諱宗輿繼室。府使公親老家貧，且奉屢世祠版。淑人拜舅禮畢，卽主內政，制壼有法度。承祭盡誠禮，籩豆孔修，庶羞蠲潔。事先生極其愛敬，典衣鬻飾，而供具罔缺。先生晩年善病，殫力服勤，祁寒暑雨，夜以繼日，而無倦色。先生性簡嚴，日用事爲，咸有繩尺，侍者難於奉承，淑人獨能順適其意。先生曰："是善事我，足忘老鰥之苦也。"

事夫子容儀必整，言語必徐，凡諸施爲，雖小必稟，過失相規，順而無隱。府使公天資絶異，擩染庭訓，學就德立，若無待於內助，然潛運默贊，裨益弘多。先生有側室，待之以禮，同居數十年，不失歡洽。愛好妯娌，無異同氣，宗黨隣里，皆接之以誠信，供賓客器皿飮食，皆潔淨整齊。聞人家作邪味者曰："珍奇相尙，其能久乎？"御臧獲愛威得宜，勞佚必均，有罪喩以事理，不悛而後施罰。

教子必義方，孫生員齊近在髫齔，亦以飭躬力學，諄諄告敎曰："丈夫蔑識。是謂牆面，何以理家，何以事國？且汝家詩禮相傳，後來期望，在汝一身，其欽念哉！"急難若在己，恤窮如不及，施予不計親疏，必曰："彼惟我是恃，寧忍落莫？凡事與其薄也，寧失之厚。”聞者感服。比失怙恃，以未克終孝爲沒身慟。尹姑歿，悲哀過常。有一弟嫁京師，頻問訊以展親，告病則憂，至卻食。收藏父母舅姑遺札，時時敬閱，用寓終身之慕。

府使公卒於瑞興任所，胤子年纔勝冠，而傍無親懿。淑人節哀愼終，勿之有悔。胤子蚤從蔭塗，亦官府使，養以專城。淑人年八十，憲宗己酉二月二十有六日卒，祔葬于府使公墓左，在楊州蘆原烽火峴丑坐。男卽雲壽，孫男卽齊近。女蚤夭，孫女適進士金元性。曾孫男幼。

淑人聰明强記，如聖賢言行、歷代興廢，一經於耳，終身不忘。兒孫過庭，召之前，娓娓提耳。平居正容端跽，沈默寡言，而方寸通爽，尤以克己爲工。戲侮不出於口，忮克不萌於心，不逆詐以爲智，不修飾以要譽，不惑於巫卜，不動於俗忌。接人誠款甚摯，雖卑賤無忽也。見善必揚，見惡必隱，忠以存心，恕以及物。見饑者欲哺，寒者欲衣，鷄狗之微，見其生不忍食其肉。不喜芬華，衣弊不恥，視世之婦女高髻美飾、粲粲衣服，若將浼焉。時新之物，非薦不入口，魚果佳品，有所得，必儲爲祭用。處貧窶若固有之，菜糝不充，晏如也。

府使公晩歷州府，餼廩豐饒，而升米斤肉，不敢擅用。食不兼珍，衣不御錦，所用什物，不過短檠弊箱及罌甕之屬。嘗曰：“舅家以淸白相承。今蒙國恩，得免於飢餓，幸矣，夫何求哉？”在衙有干囑者，却之嚴，不預外事曰：“恐累夫子淸德也。”及其子繼典州邑，遇人必問政治得失，以爲憂喜。

生員君屢赴日次殿講，淑人不樂曰："士之持身，當如處子。今登筵應講，舌爭不得，靦然而退，孰若不赴之爲快也？且有文不第，從古甚多，蓋有命存焉，若其勤學攻苦，乃分之宜，豈徒爲科擧已哉？"其識見之明、言論之正得諸天分者類此。

直弼嘗出入先生門下，痛癢相關，夙識梱範，不下於晦翁之於慶國夫人也。生員君以家狀一道見示，謁幽堂之文，詎敢以癃病辭？況其規矩準繩之行、貞靜幽閒之德，雖古哲媛，殆無以遠過，是宜編之彤史，垂法後世，以見先生道明德盛，不出家而成教者，其效如此，則其義尤不容辭。遂按狀爲敍，繼之以銘。

銘曰：抑抑近翁，爲世儒眞。不見成德，淵潛自珍。維道乃亨，室家式刑。孝子不匱，淑人如玉。溫恭朝夕，其儀不忒。死喪孔威，有震且業。淑人中饋，鼎不覆餗。克孝克友，克媚克睦。百行孔備，閨庭穆穆。舅曰"善事"，士曰"其宜"。隣比不間，神人俱依。相古哲媛，展矣匹休。松栢丸丸，烽峴之邱。元配郎同，君子是果。有來樵牧，毋剪毋赭。女士有行，可續《風》、《雅》。

梅山集

卷四十四

墓誌銘

墓誌銘

曾祖考縣令贈左贊成府君墓誌

漣川縣南十里淸華山下仁聖洞坐坎之原，即我曾祖考三登縣令贈左贊成府君衣履之藏也。先考嘗詔不肖曰："苟使世無可以不朽人者，無寧子孫自作之，汝庸識哉!"不肖謹述先考遺意而爲之誌。曰：

公諱尙彥，字君美，吾洪出自中國。唐宣宗遣八學士敎國人，洪氏居其一，始籍南陽。至諱殷悅，爲高麗佐命太師。曾孫諱澓，禮史。五傳至諱由道，密直司事，與李益齋諸賢同錄燕邸隨從功。再傳至諱溟，入本朝，首除漢城判尹，理京兆。生諱師錫，材兼將相，受太宗顧命，謚莊襄。又再傳至諱以平，用文學致重名，與鄭希菴諸公托金蘭契，成均館司成，生諱德潤，宗廟署令，兩世俱贈吏曹判書。生諱仁恕，戶曹判書，扈駕龍灣而卒，遺命辭錄勳，是爲公五世祖也。高祖諱邁，洪州牧使。曾祖諱汝龜，丙丁後沒身自靖，世稱"大明處士"。擧四男：長諱泰元，殉孝旌閭；次諱泰亨，生員。生員公長子諱重埰，繼伯父后，贈司僕寺正。兩世文行爲士林所稱述，皆踰弱冠而歿，即公祖、禰也。妣全州李氏，通德郎德齡女，孝寧大君補其先祖也。公以肅宗十九年辛巳十二月十日，生于崇教坊舊第。

生稟俊偉，孝悌天植。纔三歲喪皇考，能自刻勵治文詞，出遊場屋，聲望藹蔚。乙卯發生進兩解，中生員試。丁卯除昌陵參奉，換英陵參奉，轉濟用監奉事、宗廟署直長，換司䆃寺直長，陞司憲府監察。壬申拜三登縣令，邑有樓觀山水之勝，朱墨有暇，觴詠嘯舒，超然有吏隱之趣。爲政平易，不要聲譽，而遺愛在民，久猶不忘，三年賦歸，行李如洗。壬午拜敦寧府判官。癸未八月二十二日，卒于椒泉第正寢，壽六十三。惠嬪宮及世孫宮、嬪宮別致賻，嬪宮又下錦緞，用賁賵襚，隱卒之典無遺憾焉。十月十七日，葬于仁聖洞，隔玄溪先塋一岡也。

公器量宏厚，寬綽成性，休休之容，溢於言辭，恢恢之度，見於動止。處心絶戒忮克，制事靡所固必。蚤失嚴天，含恤終身，喪餘號擗如袒括。事偏親盡誠，左右怡愉，務盡其歡，菽水不給，而瀡瀡無闕。李孺人以女婿家貧，罄財產供給，而公先意承順，未見絲髮有違。先壟遠在窮峽，而四時節享，必躬往將事，必留連丙舍，瞻依松楸，用寓蓼莪之慕。及得邑，以祿不逮養，祭羞豐腆，以代專城之奉。事兩姊如嚴兄，同侍偏親，湛樂融泄，與共日用，無彼此相形。奉季父同宮，年少於公，而敬愛俱摯。閨梱之內，相敬如賓，坐席差遠，衣衽不相接。敦睦親戚，曲盡其道，昏喪必助以成禮，團會宗黨，輒呼酒唱酬，敍盡情話，風流溢發，四座款洽。

公孩嬰當室，傳家世業被支庶分析，蕩然無遺者，而及長無幾微色。幼而長育外氏，事諸舅如父兄，與姊婿情愛相孚，有逾骨肉，教育諸甥，無間己出，是皆孝之推也。鍾愛獨子，而施敎嚴峻，不假以色辭。接人不設畦畛，親姻宦達，而未或干及。好施與，有窮不能養親者，撤饔飧以周其急。所居狹陋，而處之油然，淨掃一室，纖塵不留，竟日端坐，靡所營爲。沖恬淵湛，敦慤山靜，親昵者不敢相狎，疏遠者獲盡其情，和嚴交濟者如此。自戚聯椒掖，謙約畏愼，尠與人過從，操守牢確，不通關節，見趨走勢利者，若將唾罵。御奴僕不施楚撻，而自致畏服，世傳臧獲散在諸處，生育蕃衍，而亦不收貢，盡焚其文券，知府君者罔不詡以大度。筆慕鍾、王，一出心畫，雖赫蹄寸札，未嘗潦率。

配順天金氏，通德郎載重之女，左議政平陽府院君承霔其先祖也。事尊章以孝，承夫子以敬，敎子孫以禮，率婢僕以恩，仁愛忠厚閨閤中所罕有，君子頌之曰“女士”。丙申二月十八日，卒于胤子禮安縣任所，距其生癸未，爲七十四歲。祔葬府君墓，同麓異室。

擧一男二女：男善養，黃州牧使，贈吏曹參判；女適府使李琇、淸原府院君金時默。庶女適李信秀。參判有三男三女：男履簡，同敦寧，贈吏曹判書，卽我先君也；鼎簡，縣監；濟簡，通德郎；女適金載象、進士沈能基、完城君爔。府使女，閔升顯。淸原府院君女卽孝懿王后也。李信秀系子，命愚。判書一子二女：子不肖直弼，猥蒙旌招，位躋上卿，不敢起；女縣監金泰根、尹約烈。有庶子女：若弼，前主簿；李敬愚，武科。縣監子翼弼，縣令。庶子奭弼，營將。通德郎子，允弼。金載象子：鏽、鑁。女參判鄭漪、申錫久。閔升顯子：致永；致秉，郡守；致儆。直弼系子一純，前縣令。女閔慶鎬，進士。

嗚呼！府君値家蠱變，喪禍荐酷，煢然一身，俾家再造，固窮安分，老而彌嚴，以義處命，不苟合於當世，《詩》所云"淑人君子，懷允不忘"者也。蓋自處士公潛德幽光，積累旣久，而無年位以表顯，碩果之報，宜在府君，而旣厄公車，又靳遐齡，志業未究，位德不稱，爲後昆無涯之痛，而猗歟我聖后篤生於宅相，母臨一國，丕闡陰敎，斯乃府君積德餘慶。天道報施，其在斯乎？純廟己巳八月，命贈府君崇政大夫議政府左贊成，兼銜如例，金淑人從贈貞敬夫人，遣承旨侑祭，錄用嗣孫，卽因慶會順慈衷之聖意，於乎盛哉！

不肖竊觀往哲及近世名賢，多自述祖先隧道之文，秖述其行治踐歷而不爲銘，銘者，贊頌之辭，非子孫所敢私也，故已焉。於是謹效其例而爲之誌，納于壙中，用備淵丘之變易云。

祖考牧使贈吏曹參判府君墓誌

漣川縣東十里玄溪之上淸華山下，有吾家六世昭穆之葬，祖考府君衣履，三遷而從先兆，用遂骨肉同聚之素願焉。府君諱善養，字士浩，我洪出自中國。唐宣宗遣八學士敎國人，洪氏乃其一也。家南陽而籍焉，以高麗太師諱殷悅爲鼻祖。

曾孫諱滫，禮史。累傳至諱由道，隨恭愍王燕邸錄勳，密直司事。有孫諱溟，入本朝，判漢城府尹，理京兆，卜宅于崇教坊，子孫世居焉。生莊襄公諱師錫，有文武全才，受獻陵顧命。歷二世有諱以平，司成，以經術德行，與戊午諸賢幷稱二十八宿，生諱德潤，宗廟署令，兩世幷贈吏曹判書。生諱仁恕，戶曹判書，壬辰扈駕，卒于龍灣，辭錄勳，爲穆陵名臣，卽府君六世祖也。生諱邁，洪州牧使。生諱汝龜，丙丁後秉義自靖，世稱"大明處士"。長子諱泰元，通德郎。次子諱泰亨，生員。通德公妙齡殉孝旌閭，取生員公子諱重垛爲嗣，亦弱冠而歿，贈司僕寺正。生諱尙彦，三登縣令，贈左贊成。配順天金氏，通德郎載重女，左議政承霔其先祖也。英宗三年丁未，擧公于漢師里第。

甲戌增廣中生員試，姻親有將任送樂助歡，府君辭曰："小成不過一時悅親，而親在任所，何用張樂？"屢掌太學議，疏論群小營救辛壬餘孼之罪，由是積被一邊人齮齕，屢入寢郎望未蒙點，亦由此故云。癸未丁外艱。乙酉授康陵參奉，例調繕工監副奉事、尙瑞院直長，以微眚見罷，旋除司饔院直長，陞尙衣院主簿，轉義禁府都事、掌樂院主簿。遷刑曹佐郎，決訟公明，判堂沈公鏞頌府君于籌座曰"洪某聰明端詳，靡適不宜，必當大闡，非久於郎潛者"云。時有親鞫，上命秋曹入，府君以刑房郎，替行問郎事，周旋敏速，奏對明暢，上稱善不休。壬辰拜禮安縣監，治尙愷悌，上下孚感，大繕公廨，不勞一民，民不知有役。

丙申丁內艱于任所，服闋除司䆃寺主簿、儀賓府都事、貞陵令、廣興倉守。甲辰除宜寧縣監，宜處嶺陬，邑鉅俗頑，公治以治禮之法而尚嚴。値歲大侵，撫綏安接，雅言："荒歲之民，莫尚於不擾，不擾莫尚於不責納，設賑，末務也。"公賦外納官者幷許蠲免。按使問公私賑便否，府君曰："公賑卽是正道，私賑辦穀，終涉料販，只知有公賑，不知有私賑也。"按使靳持，府君不報，營蓄官廩衙眷，計口而食，餘皆入賑資，又以準直預貿各營耗穀及邸價穀，多般拮据，濟活累千人。時飢民多染癘，府君每冒危難臨賑，子弟諫不聽，其爲民國不自恤如此。繡衣道伯俱啓善賑狀，準職有命，邑人攻石頌惠。

丁未陞載寧郡守，郡坪多宮莊，鄕俗好干囑，府君用一切法，靡所撓改。境有唐灘，舟楫通于箕城，民咸願立市，證期設場，與鳳山之銀坡接壤，鳳民富饒者以兩市幷日，慮欠專利，沮毁乃已。按使入其說，至遣幕裨於唐灘，揮旗罷市，府君以去就爭之，按使知不可奪，寢罷市之擧，唐灘成大市，爲載民無量之惠。邑多富戶，有稱巡營幕屬，嚇以索賂，蕩産者甚多。府君嚴法峻繩，推尋賂錢，民戶賴以安業，繡衣啓聞其狀。

庚戌陞黃州牧使，時有以守令乘屋轎，臺言申禁，朝家令諸道俾之首實。府君未曾乘有屋，而嫌分疏控實，敎曰："某是戚姻也，當用加倍之律。"特罷其職，他倅之倖免者，媿恧不已，咸以此韙府君。辛亥拜淸州牧使，周歲而遞。癸丑辟壯勇營從事官，營以宿衛重地，將郎極一時之選。府君管營金穀，侍帳殿考試，兢惕靡懈。移尙衣院僉正，又辟爲宣惠郎。戊午七月十四日，終于養生坊第正寢，壽七十二。孝懿聖母致賻，又下襚衣，遣姪宗善爲文侑祭，哀榮俱備。九月祔葬于玄溪，己未遷于仁聖洞，又遷于北面馬渴里，又遷于玄溪乾坐。

府君性於孝，以兩世獨身，被父母鍾愛，而克修子職，雖囊篋細瑣，靡不躬檢，贊成公戒其服勞致疾，而不少自逸。金夫人夙嬰貞疾，府君晝夜侍側，視其被服厚薄、食品硬軟，罔不調適，尋醫問藥，靡極不至，雖以術而亢者，孚感自來。切脈論證，親執刀圭，不許人替，曆錄形證差劇、匙箸多少，日較月比，用驗衰旺分數，若是者五十年。奉板輿于禮安任所，孝養備至，親心每眷戀親懿，則獻以廩俸，資其所施與，其先意承順如此。癠候漸革，每抃手祝天，掌爲之血，及喪毁瘠幾滅性。金夫人氣貌凜若不保朝夕，而享壽八耋，咸謂府君純孝攸致云。

蚤治博士業，聲譽播著，皆期以大闡，而積歲侍湯，靡遑進取，親沒而廢擧。掌銓者聞府君年至筮仕，欲擬齋郎，府君讓與尊行，銓長賢之，移其擬于尊行，人皆感服。歷官內外，不求赫譽，而咸有遺愛。處上官僚宷，務盡和敬，而有所挾者則不少撓屈，亦不苟同，有內懷不悅者，而亦不屑也。

罕交遊愼言語，朋知間相爾汝者絶少。常病世俗握手附耳之狀，戒子孫曰："末路友道先喪而今人交際專事狎昵，其可乎？"褻語慢辭，未或發口，故久而益敬。城府坦蕩，和氣滿容，言笑溫潤，接人無賤貴親疏之殊焉。族戚告貧，靡所慳，無有乃已，庀其昏喪，殫盡事力。屢典州郡，閭無阻禁，窮者如歸家，而虛心款接，罔不醉德而服義。

性愛閒靜，晚歲以書畫花竹自娛[1]，杖屨園亭，悠然有出塵之趣。人物雌黃、時政得失，未或掛齒，蓋以地近戚畹而尤自謹約也。平生不通關節，忘懷得喪，聞人奔走權門，苞苴鑽刺，若將浼焉。見俗吏以損下益上自衒者，痛斥不已。嚴於辭受，苟涉非理，絲髮不取。切姻有管金穀甲兵十數年，而一赫蹄不及，其人歎"府君淸操，非今世所有"云。府君雅言："干囑求乞，非士夫事，於此不嚴，餘無足觀。"非公幹，不出戶庭，蚤起盥櫛衣冠，竟日端坐，几案書帙咸有位置，堂室軒窓，不留纖塵。作字齊整，好戲翰墨，亦無潦草，可驗心力精密也。敎子孫雖微過，不少寬假，不許以褻服見，不令閒漫追逐。長胤典數邑，始欲就養，因歲儉不肯往，敎曰："吾家食，不使汝憂，餼廩盡付賑資，濟活饑氓，斯爲報國恩、承父志之道。"幷朔例饌羞而不許送致焉，可見其踐述之眞正也。

配平山申氏，通德郎鏡之女，判書思簡公浩其先祖也。先府君三年生，先府君四十九年卒，始葬玄溪先塋局內未坐，後遷祔于府君墓右。孝順慈謙，有女士風，无育。繼配全州李氏，通德郎鐸之女，世宗別子翼峴君璉其先祖也。生後府君六年，卒先府君十三年，淸明樂愷，閫範咸備，祔葬于府君墓左。

擧三男三女：長履簡，同敦寧，贈吏曹判書；次鼎簡，

1 娛：底本에는 "誤". 문맥을 살펴 수정.

縣監；次濟簡，通德郎；女適金載象、進士沈能基、完城君燧。判書男直弼，謬蒙旌招，躋上卿，不敢起。女適縣監金泰根、尹約烈。庶子若弼，前主簿。庶女適武科李敬愚。縣監男翼弼，縣令。庶子奭弼，營將。通德男，允弼。金載象男：鏞、鍐。二女：參判鄭漪、申錫久。直弼系子一純，前縣令。女，進士閔慶鎬。翼弼系子，一貞。女，沈興澤。庶女，徐康輔。奭弼男：一寧、一成。女：宋載純、李甲愚、主簿沈能恂。允弼系子，一曾。一純系子，寂秀。餘不錄。

府君德性渾厚，氣象寬綽，篤於天倫，確乎素履。奉親祭先則先質而後文，接人御物則誠中而發外。才美內蘊而恥於自衒，進取有階而安於守分。其心以爲行己處事，寧拙無巧，寧約無夸，寧失於密，無失於疏，寧失於拘，無失於苟。考諸表裏，明白純粹，無不可對人言者。府君自號"默窩"，庶幾默而成之，存乎德行，小子何敢述焉？先考嘗詔不肖曰："世無卓然可以不朽人者，無寧子孫自作之爲安。"歷選幷時，知德者寥寥，於是體先考遺意，爲府君玄隧之誌，用備陵谷之易焉。

仲父縣監府君墓誌銘【幷序○丁未】

先仲父府君卒而墓于漣川之雞山，嗣子翼弼屬直弼述幽堂之誌。翼弼死爲十九歲，而文不克就，常恐風燭奄及，竟抱幽明之恨，遂力疾而敍之。曰：

公諱鼎簡，字稚和，以英宗乙亥五月十一日生。癸卯始學生員試，辛酉筮仕爲長陵參奉。壬戌轉繕工監奉事，換中部都事，陞掌樂院主簿。乙丑出爲永春縣監，丁卯十一月十日，卒于官，春秋五十三。始葬于楊州楚村，己巳遷于雞山酉坐。

公爲人溫潤樂易，行誼克修。事父母祇順無違，處昆弟友悌甚篤。專於養志，先意承奉，及異宮猶不懈定省，每侍側色容怡愉，先考甚安之。先妣積歲臥床，公攢手禱天，掌爲之血。事伯氏如父，日相對湛樂，不以風雨寒暑而曠省。季妹嬰奇疾，恒懷隱痛，視遇有加，愛兄弟之子無間己出，推之中表諸親，務盡敦婣。及莅邑，其來如歸，隨求輒應，不少示倦，但不病公也。先考嘗修潤世譜，公奉筆硯以助其役，竟底就緖。居恒守拙，罕文遊尠臧否，久要貴顯，則不輒還往，人病其坦率，而不恤也。

少治博士業，長於詞賦。累蹋省門，泮製占魁，因違簾不遂，亦不以得喪攖懷。晩補蔭仕，惟奉公恪謹，絶不要衒，做邑亦不求赫譽，不事苛辦，爲民興利除害，惟恐不及，有古循良風。故爲上司所賞重，及喪一境士民莫不奔走號哭，啓靷爭來致奠，扶擁輀車，久而興懷不忘。公素澹於宦情，每以晩暮形役爲恥，與我先君樹屋巖江，用圖晩隱而未就焉。

我洪系出南陽，以高麗太師諱殷悅爲初祖。曾孫諱澓，禮史，奕世赫舃。至諱溟，入本朝，首拜漢城府判尹，卜宅崇敎坊，子孫世居焉。歷莊襄公諱師錫，受獻陵顧命。司成諱以平、戶曹判書諱仁恕，名德相襲。判書公有孫諱汝龜，丙丁後停身自靖，遯于淸華山中，人稱“大明遺民”，卽公五代祖也。高祖諱泰元，不勝喪，以孝旌閭。曾祖諱重埰，負雋望，弱冠而卒，贈司僕寺正。祖諱尙彦，三登縣令，贈左贊成。考諱善養，黃州牧使，贈吏曹參判。參判公有二配：平山申氏，通德郞錥之女，無育；全州李氏，通德郞鐸之女，公卽其第二男也。

公亦有二配：全義李氏，其考縣監潤明，生後公二年，歿先公二十三年，始葬玄沙先兆，遷于楊州綠楊驛，至己巳祔公墓左，擧一男翼弼，昌平縣令；繼配韓山李氏，其考通德郞重載，生後公十年，歿後公三十八年，別葬始興白馬山艮坐，擧三男俱殀。兩淑人咸著壼範。公有庶子奭弼，武科營將。翼弼繼子，一貞。女適沈興澤。庶女：李宜敏、徐康輔。營將男：一寧、一成。女適宋在純；李甲愚；沈能恂，主簿。

嗚呼！公有至性惇行，而不自標樹，不設畦畛，考諸閫域，無毫髮不眞，卽其襲美于家庭者如此。雖無師友麗澤之益，暗契道義者多，語云“人樂有賢父兄”，信哉！銘曰：

我家傳世，仁厚爲基。
惟公克承，寔由天彝。
日用常行，無所爲爲。
出而爲政，一此爲規。
大裕於民，於己則虧。

惜其短造，罔克普施。
一方哀慕，淚濕靈輀。
歸隱江湖，晚計差慓。
眞性所存，人尠能知。
撮凡攷實，兄子爲詩。
敬納玄隧，休聞永垂。

季父通德郎府君墓誌銘【幷序○丁未】

我季父通德郎府君，隱居養親，居南村三十年。里中諸士友論質直篤行君子，輒曰"汝楫"，汝楫，公字也。諱濟簡，我洪胄于高麗太師諱殷悅，懿美相禪，爲世巨閥。入本朝，漢城府判尹諱湨、莊襄公諱師錫、司成諱以平、戶曹判書諱仁恕最顯。判書公有孫諱汝龜，丁丑後遯世自靖，人稱"大明處士"。再傳至諱重埰，贈司僕寺正。生諱尙彦，三登縣令，贈左贊成。生諱善養，黃州牧使，贈吏曹參判，卽公三世也。參判公元配平山申氏无育，繼配全州李氏，通德郎鐸之女，擧三男，公其季也。公以英宗壬午五月十七日生，正廟庚申四月二十日卒，春秋三十九。六月葬于楊州松山孝子峯北丙坐。配迎日鄭氏，處士洵其考也，祔公墓左，別有誌。男允弼早殀。系子，一曾。一曾子，永秀。

公幼而娟好，肌膚玉雪，經痘患幾殊，形神俱幻，而孝悌天植，侍寢數十年不離側，深愛溢於色辭。然以其負性帶氣，於父兄猶責難，參判公處以爭子。及經內外艱，以事考妣者，事伯仲氏及丘嫂，伯氏命吸烟茶于傍而公不從。友姊妹篤摯，視兄子如子，立塾師，教孤甥，恩意悃款。漳丘墳庵，歲久而毀，公仰贊父兄，相度事宜，櫛沐風雨，不憚勞苦，躬自董役，重建丙舍，敬桑梓養松楸，出於至誠，鄕黨宗族莫不感服。好施與，急人之難，甚於己私。有稱哭子於旅，無以斂形，公貸錢帛以副之，後聞其僞，而亦不悔也，其厚施而忘報者如此。常信人如己，故往往見欺，而雅言："君子可欺以其方，不受欺，非君子也。"

少發解，跲於南省，忘懷得失，優遊自適。有太陽證，每傷卞急，而中扃則坦蕩，亦能忘怒觀理，不苟合當世。酒後或鼓琴吹笙，宣胸中之磈礧。才藝絶人，不役心于名物度數，而多妙悟，創意制作，自造其眞。通趯勒之妙，習金生筆，而亦不屑屑爲也。自號"隱庵"，擬霞擧于玉流山中，取近先塋，爲畢命計，竟不就。子曰："'惟孝，友于兄弟'，是亦爲政，奚其爲爲政?"蓋聖人之意，以爲人之未達而處于家者，苟能修其孝悌之道，則是亦與仕宦而爲政者無異，又何慕外至之功名哉?

直弼弱冠謝功令，願守身求志，公警策竦厲，或懶於進修，戒以"畫虎不成"，訓辭拳切，常若鞭影之在背。及此垂死，志業荒墜，將無以歸拜泉下，嗚呼欷矣！遂力疾而爲之銘。曰：

曰惟孝悌，爲爲仁本。

惟公則之，垂一家憲。
其行必果，其言必信。
已諾必誠，赴士阸困。
人或病公，有踰繩準。
是亦可見，志氣骯髒。
小子昏耄，曷敢摹狀？
徵于月朝，惟德是象。
德則多有，胡靳遐景？
山名孝子，孝子攸藏。
列辭幽墟，千祀其永。

從弟成伯墓誌銘【幷序】

維楊州南十里鰲谷之原，卽吾從父弟允弼之藏也。余每展墓漳州，路出其下，繞墳而呼成伯，低回久之，未忍去，成伯，君字也。癃淹垂死，不可以頻省，遂力疾而爲之敍。曰：

我洪冑于高麗太師諱殷悅，遂爲南陽巨閥。入本朝，有諱溟，漢城判尹，諱師錫，莊襄公，諱以平，成均司成，諱仁恕，戶曹判書，咸以德業顯。再傳至諱汝龜，丁丑下城，入淸華山中，畢生自靖，世號“大明處士”，是爲君六世祖也。曾祖諱尙彦，三登縣令，贈左贊成。祖諱善養，黃州牧使，贈吏曹參判。考諱濟簡，通德郎，號隱庵。隱庵公娶延日鄭氏洵女，擧君于參判公載寧任所。

生而善病，患痘瀕危，參判公稱其骨格無夭相，竟回甦。十三歲而孤，庚寅十二月十日歿，距其生戊申八月十九日，爲四十三歲。權厝通德公兆次，翌年始窆。室恩津宋氏，處士五圭女，尤齋文正公七世孫也。無育，取族子一曾爲嗣。

君有至性，常以早孤爲至慟，以末疾祟于豆泡，終身不服豆泡，不離偏親左右，夜則侍寢。鄭孺人年卲廢視，君躬自扶將，用便其起居寢餐，或讀諺稗以娛之，啜菽飮水以盡歡，不以貧乏見于色辭，備製歲月，殆無遺憾。天資沖懿，與物無競，待人和易，不設畦畛，而亦有性氣，往往任情自遂。余敎以矯揉，晩頗知悔，而君遽殁矣。余與君同案而食，聯衾而寢，亦授君以經史，而無所成名，卽余責耳。詎但爲後死之悲哉？銘曰：

吁嗟吾弟！守樸含醇。
無欲無憂，無喪天眞。
惟孝由性，深愛肫肫。
胡不終養，賫恨病親？
哀命之短，欲叫蒼旻。
和淚納銘，永世不湮。

從弟縣令君墓誌銘【并序】

允汝之墓，已宿十六年草矣，蕪沒荒原，樵牧不禁，孰知伊

人之爲可惜哉? 余始視窆, 擬銘其藏, 而哀不能文, 及此垂死, 力疾而敍之。曰:

君名翼弼, 字翊汝, 初名龍弼, 字允汝, 以允汝行。洪氏貫南陽者, 出自高麗太師諱殷悅。至諱溟, 入本朝, 首拜漢城判尹。諱師錫, 莊襄公。諱以平, 成均司成, 戊子士禍, 被黜而終。有孫諱仁恕, 戶曹判書。判書公又有孫諱汝龜, 丁丑媾成, 入淸華山中以自靖, 世稱"大明處士"。處士公有二子: 諱泰元, 殉孝旌閭; 諱泰亨, 成均生員。生員公生諱重垛, 贈司僕寺正, 爲伯父后, 卽君高祖也。曾祖諱尙彦, 三登縣令, 贈左贊成。祖諱善養, 黃州牧使, 贈吏曹參判。參判公生諱鼎簡, 永春縣監。縣監公有二配: 全義李氏, 縣監潤明女; 韓山李氏, 重載女。君, 元配出也。

君夙慧, 纔髫齔喜讀書, 英暢有韻折, 祖考愛賞, 不離側, 客至皆聳聽。及長治詞賦, 有聲膠庠間。中乙丑增廣試生員, 癸酉筮仕, 爲光陵參奉, 轉長興庫奉事, 換北部都事, 陞掌樂、司僕主簿, 轉戶曹佐郞、典牲署判官、英陵令、昌平縣令。處官壹心營職, 施措中窾, 爲上官所倚仗。昌平民少糴多, 幾無邑, 君講究矯捄, 道伯李公書九贊其規劃, 移糴列邑, 民始聊生。値沴氣大行, 劑藥以濟死。邑設科, 不煩民力, 具試紙, 給邑子之貧不能辦者。李公信君公明, 當薦士謀及君, 君覈名實以應之, 一路洽然稱得士。壬午罷遞, 後御史沈英錫褒啓其行治, 邑民亦勒石頌惠。乙酉七月二十七日歿, 距其生戊戌六月十三日, 爲四十八歲。八月葬于楊州外松山孝子峯下。室高靈申氏, 參判益彬女,生一女，適沈興澤。系子，一貞。庶女，李宜敏、徐康輔。

君爲人開通揚逸，且有至行。八歲失恃，持喪如成人，喪畢入廟，輒攀主而泣。移孝于異顏之地，養極志物，庭無間言。性疏於財，睦婣任恤，咸盡其心，當發施，雖千金不爲毫髮顧戀，往往不自量力。余每舉朱子訓“與人無節則取於人亦無節”者而戒之，君終不改度，趨人之急，甚於己私。作宰愈愛施，家食益艱而不恤，病革猶覓債以成人之婚。遇會心人，雖隸徒儓僕，傾出肺肝，不設畦畛，以故人樂爲用。好交遊，清濁無所失，而中有權衡，特青白不形也。有童年友貴顯者，君薄其爲人，每瞰亡而訪焉，余責其不誠曰：“不欲見則不當往，往必瞰亡，不如初不往之爲正也。”君服而無斁焉。君嘗請齋號，余取守身爲大之義而名之曰“守窩”，君粗存防限，斯爲顧名而思義歟！是可以爲銘。銘曰：

泛愛博施，而克篤於天倫；同流合汙，而能知有吾身。考諸日用常行，恂恂敦厚，藹然不失滿腔之仁。信能裁之以理而守之以約，則庶幾追踵乎古人。惟其分數明，故不迷於好惡，吁嗟乎君！

庶從兄營將墓誌銘【幷序】

嗚呼！此吾庶從兄故大邱鎭營將洪君奭弼字奭汝之藏也。奭汝沒已二十年，而人事之變，有不可勝言者。獨余生存，無以塞後死責，悲夫！

我洪系出南陽，初祖，高麗太師諱殷悅。入本朝，漢城判尹諱湏、莊襄公諱師錫、戶曹判書諱仁恕以德業顯。至三登縣令贈左贊成諱尚彦、黃州牧使贈吏曹參判諱善養，卽我曾祖、祖考也。參判公仲子諱鼎簡，永春縣監，君縣監公側室子也。君以英宗乙未十二月十七日生，中辛未庭試武科，歷仕爲訓鍊院主簿、判官，出爲長淵縣監，換機張。陞折衝階，爲大邱鎭營將，移忠壯將，道伯李公在秀勸君解官，辟爲幕賓，隨巡部到漆原邑站，被馬踢而歿，卽辛巳八月十八日也。權厝于漣川北面馬山，壬午二月，葬于同山某坐。室全義李氏，厚植女，判書潤成其祖也。晝哭朞年，竟自裁而祔，別有誌。二子：一寧，後君一日死；一成，後君五月生。三女：宋在純、李甲愚、沈能恂。

君生質直諒，性又慧悟，不甚劬書，而已通旨義，措諸事爲，靡不通曉。我先考府君愛君殊絶，服事左右，先意承奉。每宦遊，輒以君隨，一日無君於側則不安也。府君儕友之爲方岳者，多辟君佐幕，久而益親信。及做邑，經事綜物，濟以廉潔，修舊起廢，靡政不擧，上下孚格，聲譽載路。道伯皆眞心愛賞，每當考績，據例廉問列邑，至君則曰“何用問爲”，直施純褒，其所見信如此。嶺中將行量田，道伯要試君才，畀以近邑經界，君講究時宜，指揮已定，而因朝令旋罷，君每歎其成筭之無施焉。君形貌短弱，而粗有膽略，遇事果敢。雅言：“男子苟能立得志定，事無不可做者，有進而無退。”

冬月擧緬親墓，且設石儀，急峽石棧，行路崎嶇，而君衝虎豹冒冰雪，卒以竣事。事到手，不少持疑，又多氣義，好施與，急人之難，甚於己憂，亦未嘗視冷煖爲厚薄也。典數邑，家益落，妻子寒餓，而亦無慽容。居恒持躬如有繩墨者，嘗歎士夫名檢掃地，少與貴戚子弟交好，見其赫赭，不復踵其門。愛慕儒者，陪李文簡公始源，巡部至驪鄕，納拜中洲李公，尊信文簡公胤子大隱公鳳秀，謂是當世第一流。大隱公以義城倅到觀察營，君以本鎭討捕使，挾冊請學，大隱公苦辭，傳爲營中勝事云。君以柔濟剛，存心愛物，又篤於天倫，宜蒙天祐，吉無不利，而竟不得其死，父子且間日幷命，酷禍慘烈，殆甚於兵燹，報施之舛，其何如哉？卿士之識君爲人者，莫不齎嗟，惜其不盡於用也。

余與君異體一身，非直禮服名群從也。嘗願携手歸隱，畢命於梅山松楸，君躬創丙舍，有多少準擬，而君遽歿矣。葬君于其所，而余未忍獨往，倀倀餘生，疇與爲歸？自悼身世，靡遑爲君悲也。攬涕而爲之銘。銘曰：

韎韋其身，仁禮存心。
才非硜硜，居常欽欽。
所以烈婦，舍命遂志。
化行刑家，乃其自致。
未究厥用，惜局年地。
我述銘章，用闡厥美。

幼子一漢壙誌【庚辰】

嗚呼！此唐城洪直弼幼子一漢之瘞也。其父世爲冢嗣，三十而無子，常憂宗祧靡托，其母李氏夢神人來告“戊辰當生男子”，果以是年五月四日，擧兒于漢師之竹洞里第。生而淸秀，眉眼疏朗。及過數月，若有智思日開而敦厚端重之象見焉，充其資，庶可以有受。意者克世我家，以永文獻之傳，距其生九月而死，卽己巳正月十七日也。死數日，埋于漣川淸華山先兆之側，嗚呼惜哉！

其父遂無子，八世邱墓、四世祠廟無所於屬，嗚呼酷矣！自得姓以來，氣脉相禪者，爲屢千年，至一漢死而血胤永絶，嗚呼天乎！曷其有極？疾其父殃孼積躬，降罰而奪之斯亟，因又勦滅厥後，是可以驗天道耶！摧腸銷骨，十年如一日。庚辰五月，病淹越中，痛甚心弱，抆血爲誌，將以掩諸窆云。

外祖母孺人鄭氏墓誌銘【并序○乙未】

外祖母孺人鄭氏卒後十年，而胤子正言公又卒，正言公純於孝，宜有狀以逑孺人之行，而哀不能文，嘗屬直弼爲墓誌，直弼間遘喪病，因循未就，常恐風燭奄及，永負幽明，援筆而敍之。曰：

孺人系出海州，鼻祖諱肅，高麗典法正郎。入我朝，有諱昜，左贊成、集賢殿大提學。贊成公有孫諱悰，寧陽尉。寧陽有子諱眉壽，海平府院君昭平公，於孺人九世祖也。祖諱來泰，考諱運徽，皆隱德不仕。妣驪興閔氏，震煌女也。英宗辛亥五月十日生，年十七歸于我外祖父知足堂朴公，奉箕箒二十四年而知堂公卒，稱未亡人者四十三年。純廟壬申正月二十八日捐世，壽八十二歲。越三月權窆于楊根西終面楸洞，是歲十月甲子，始合祔于午坐原。

知堂公諱亮欽，陰城人，吏曹判書忠愍公諱淳之後，贈持平諱廷琓其考也。知堂公初娶陽川許氏，有子鳴漢，奉事。繼娶孺人，生二男二女：男長聲漢，正言，爲季父進士公後；次夭；女長適同敦寧洪履簡，即直弼先考也；次適金台柱。正言男來五，爲伯父奉事公後。系子，來敎。來五男承赫，進士。來敎系子，民赫。二女適李種信、韓胤錫。同敦寧男直弼，前洗馬。二女適縣監金泰根、尹約烈。金台柱系子，魯奭。

孺人幼有至性，事父母盡孝，及歸痛未逮事尊姑，事繼姑，愛敬洞屬，靡極不至，繼姑感歎曰："眞孝婦也。"及嗣中饋，不動聲色，而閫政自理。尤殫誠承祭，漑濯烹芼，罔不躬莅，將事之日，植立徹宵，家奉廢主廟，廟事彌恭且嚴。嘗云："方祭假寐，則常見羽衛羅列，儼若黼座，是豈不虔而可冀顧享哉?"且云："昏朝事皆因群下逢惡而致然，非專歸罪於廢主者也。"爲之屢欷爲諱禮也。

事知堂公，秉順率禮，相對如嚴賓。知堂公敦睦好義，待以擧火者甚衆，食客常充滿堂宇，孺人以奉其意，猶自以爲不足也。每見人飢寒，折甘分少，恐不及時。疏宗遠戚以婚嫁入京者莫不以孺人爲歸，孺人亦莫不盡心拮据，雖父母不能過焉。以故體無重襲，盤無餘膳，常常空乏，而亦不恤也。

繼姑有一女鍾愛，及嫁資裝極盛，且盡分女奴，孺人惟順厥志，色絶幾微，繼姑歿，以所愛愛少姑而爲之資益者彌加，同寢食以終老焉。少姑事孺人如母，動靜語默，惟孺人之爲聽，季胤過房，而於其所後母，肫肫無間言，娣姒妯娌之間，酸醎不齊，事或有至難言，而夫人開心見誠，調劑得適。長胤幼失恃善病，孺人至心保養，克底成立，人不知其不出於其腹也。以及知堂公賤産，而一視己出。冢婦積傷殀殤，因無子姓，病火偏急，孺人不言而敎，以致孚感，一家上下融融洽洽，求其一毫厭斁者，無有也。愛子孫甚篤，而亦未嘗以恩掩義，有過輒訶責，有善亦未嘗苟譽，待女婿亦以賓禮見，不交閑語，用存左扉之義焉。御臧獲極厚，不督其過失，亦不加惡言，至偸竊其嫁時物，而猶不罪焉。存心愛物，雖昆蟲之微，亦不身踐。

居恒克勤克儉，不憚苦勞，無斯須暇逸，年卲癃淹，而猶不廢女紅。侍者請少休，則曰："我習此，不知疲也。"每戒人以宴安廢事。雖晦養閨閤，而每語及宗國，於邑不已。及疾革，値關西流賊猖獗，京師震動，孺人昏沉不省而曰："勿憂也。行且平定矣。"發於夢囈者乃爾，其言果驗。

嗚呼！孺人醇德懿行，有不可勝書，而小子生晩不肖，不能盡平生之美，述耳目攸逮者，卓然爲女師，矜式乎簪珥而生而抱崩城之痛，以畢其生，歿而後承孤子，不絶如線，且不得鴻筆闡發幽潛，圖不朽於永遠，悲哉！小子被養於孺人，顧復鞠育昊天罔極，非直【缺缺】之思寔鍾厥心而已。間閱百變滄桑，而頑忍不死，乃欲和淚濡毫，簒次其言行，何能述焉？銘曰：

昔人有言，漆室、緹縈，烈女也，及爲婦則無聞。伯宗、梁鴻之妻，哲婦也，及爲母則無聞。文伯、孟氏之親，賢母也，爲婦時亦無聞。今孺人爲女則孝順，爲婦則誠謹，爲母則以身爲教，具玆三美，可以冠閨梱。小子敬述，敢告彤管。

先妣墓誌追記【庚午】

嗚呼！此吾先妣墓誌而先師近齋先生所爲述也。幽顯闡微，庶不朽於億世，於戱盛哉！文成於戊午，而納竁於今日者，以有待也。小子不肖筮宅非地，壬戌再遷于永平金柱山，丁卯八月二十六日，三遷于陽城升良院天德山之北負巽之原，卜云其吉，將與天地同其悠久者也。吾大人今爲密陽府使，金泰根生一男一女，尹約烈妻早歿無育，不肖擧五子女幷不育，嗚呼！以吾母氏德善，宜其壽考昌熾，以膺多福，而因不肖獲戾，罔克受祐，不孝之罪，於是乎爲大矣，嗚呼！天道無親，常與善人，母氏不食之報，其有俟於將來歟？幷原誌燔爲八片，盛以瓷缸，埋于壙南，圖厥傳于無疆，昊天罔極。嗚呼痛哉!

季母孺人鄭氏墓誌銘【幷序○庚子】

《詩序》贊二南婦人之德曰:"已嫁,孝不衰於父母。"夫已嫁而猶孝於父母,況未嫁乎?及嫁而事舅姑者,又可知也。以余觀於幷世婦女,其如《詩序》所稱,未有若吾季母鄭孺人者。

孺人系出延日,鼻祖均之,麗朝平章事。入本朝,有諱洪,謚恭簡。恭簡子諱淵,兵曹判書。至諱始成,江原監司。再[2]傳至左尹諱守松,卽孺人曾祖也。祖諱師良,考諱洵。妣潘南朴氏,師淳之女也。孺人旣笄而歸南陽洪公諱濟簡,卽吾季父也,季父號隱庵。三登縣令贈左贊成諱尙彦、黃州牧使贈吏曹參判諱善養,隱庵公祖、禰也。孺人以英宗辛巳九月二十二日生,四十而寡,癸巳二月二十六日終,四月葬于楊州松山孝子峯下丙坐,卽隱庵公墓左也。

淑人慈良貞介,濟以聰慧,事父母先意承順。祖考處士公遯世高蹈,鍾愛孺人殊絶,尊姑貞夫人壼範甚備,而孺人勿少逆忤,用適厥性,常許以孝敬。孺人以逮事未久爲至痛,事吾先妣如事尊姑,毋敢敵耦,同爨十年,庭無間言。及先妣捐世,孺人亦嘗代幹中饋,供養尊舅,克殫誠力,而聲氣不出壼閾。隱庵公性度篤厚,而往往卞急,對賓友促設

2 再:底本에는 "冄". 문맥을 살펴 수정.

酒食，咄嗟取辦，而無難色。君子澹於進取，將成鹿門之隱，孺人樂以從之，常恨其未遂願也。隱庵公乳媪性褊老妄，於孺人不恭，而有順無校，人以爲難焉。

崩城泣血，每欲自裁，而以嗣子沖藐，未克下從，爲平生至慟焉。及嗣子死，孺人已躋七耋，廢視者幾十歲，泣言："吾隱忍苟活者，爲孤兒成立耳。又絶血胤，當少須臾無死，待立嗣孫，俾不殄夫子之祀。"因强餐理遣者數年。飮食動作皆須人，而神閒氣定，處之若命。以弟姪俱亡，本宗絶祀，日夜飮泣，每謀及親屬，用圖立嗣，取養姪孫，及時而嫁，人不知其無母，亦可見至性也。李公晉淵用九，孺人至親也。每贊歎孺人純行而曰："晩景所値非達觀君子所可忍，而能處順循理，無心學而乃爾哉？"余勸作隧誌，發潛闡幽，而用九又作秋栢之實矣，常恐朝夕就溘，俾孺人事行湮沒無傳，力疾而爲之銘。銘曰：

恒其德貞，我見羲經。
女士則之，用能久成。
貞吉之象，以平不平。
謹述斯義，琢銘玄扃。

伯姑母孺人墓誌銘【幷序○庚子】

維高陽治東元堂面書齋洞坐庚之原，卽我伯姑母孺人南陽洪氏之藏而祔于通德郎金公諱載象者也。孺人年十八，歸于通德公，十有九年而通德公歿。又三十九年而擧同穴之禮焉。

我洪肇自高麗太師諱殷悅。入本朝，有諱湨，漢城判尹。諱師錫，莊襄公。諱以平，成均司成。諱仁恕，戶曹判書。咸以德業顯。曾祖諱重埰，贈司僕寺正。祖諱尙彦，三登縣令，贈左贊成。考諱善養，黃州牧使，贈吏曹參判。妣全州李氏，處士諱鐸其考也。通德公，延安大姓，掌令諱灝、僖靖公諱相紳、司書諱容其三世也。孺人以英宗三十三年丁丑二月二十二日生，純廟庚寅十月二十日卒，壽七十四。擧二男二女：男鏞、鍐，女適參判鄭漪、申錫久。鏞子，廣淵。鍐一子，文淵。鄭婿系子，海尙。申婿子：泰駿、泰驥。女：金宇善、閔敎彬。廣淵三子幷幼。

孺人生稟溫柔，孝悌天植，長益沉靜安詳，喜怒不遽，性又聰穎，識解超悟，甚爲父母所鍾愛。夙通女工，精密疾速，往往若神造。旣歸媚于尊嫜，不以窮匱而絶甘旨，勤勞拮据，用供調度。以未逮事先舅爲至慟，事兄公如事舅，兄公亦蚤世無嗣，嗣以鏞，鏞沖藐，孺人當門戶，塚飾家奠，躬自措辦。每承祭，坐而達曙，癃老而不弛其敬。兄公晩而再聘，年差數紀，而恭執介婦之禮，有所授受，必跪獻，同爨屢十年，庭無間言，愛育其孤女，用底成立。

敎子女以義方，常訓二子曰：“兄弟之倫，孰不知重？而施不見報則輟，故多不保終，同宮者尤宜識戒。”又曰：“科宦非所期望，篤學力踐，不失爲謹飭之士，是爲福慶也。”二子累不利南省，而亦不介意，家常空乏，而不以甑甕瑣細向人屑屑。二子或自謀生，必問所從出，若涉非義，嚴斥而不少饒。晚年受長女孝養，而常有不豫色。待賓客篤厚，家人有倦色，輒責之曰：“不誠無物，況飮食乎？”無愧陶母截髮之義，聞者感服，願與諸子攻業。

孺人隨我祖考四邑，祖妣下世，祖考供奉，專須孺人。孺人竭誠力，靡極不至，祖考甚安之，不知有鰥苦，築室于傍，不暫離曠。事我先君，亦盡遜悌，有事無小大，先君輒咨諏孺人，無不中節，一門視爲女師焉。我季姑母得奇疾，孺人保抱調護，忘身之痌瘝，視諸姪如己子，愍惻季姪孤弱，每溢于色辭。吾先妣厄於蓐，兒生三日，被養於孺人，孺人撫育，恩參造化，四歲而殀，孺人爲終身痛，語至輒泫然。始吾曾祖妣金氏至德範世，亦有鑑識，諸孫中愛孺人殊絕。孺人每云：“吾顔貌言動酷肖我祖母。”竟致年數相符，亦可異焉。

嗚呼！孺人醇德惇行宜享純嘏，永孚于休，而中身崩城，晝燭欲滅，何慽之叢，何艱之棘？而終躋大耋，子女俱老大，孫曾又繞膝，天道報善，其在斯歟！鏤述孺人狀，泣請余爲誌，癃淹垂死，靡遑爲文，常恐風燭奄及，留恨千古，力疾而爲之銘。銘曰：

世教之喪，先隕壼彝。
咸遂性偏，好惡皆私。
憲憲我姑，神定心怡。
命道之舛，以安易危。

天民之窮，蹈險若夷。

如綿裹鐵，中有操持。

不待詩禮，學而後知。

知之所至，百行罔虧。

不動聲色，孚感簾帷。

尊卑俱協，小大幷宜。

六親咸頌，是則是儀。

克肖典刑，王母之貽。

惟其慕之，是以似之。

晩享多福，考終于期。

有幽眞宅，君子是隨。

有姪述銘，敢溢厥辭？

舅母河東鄭氏墓誌銘【幷序○庚子】

故司諫院正言朴公諱聲漢卒而葬于楊州治南九井里龍馬峯下負甲之原，後十六年丙申十二月九日，繼配淑人河東鄭氏享年七十五而卒于長興坊本第，越明年丁酉二月甲戌，始擧魯祔，其女公之子唐城洪直弼敍其行而埋其側。曰：

嗚呼！我外王母鄭碩人有醇德懿識，教育子女，咸以義方，淑人旣歸，惟姑訓是儀。鄭碩人喪長子，就養于少胤，卽正言公也。正言公有至行，養極志物，鄭碩人卲齡癃淹，動作專須淑人，侍處扶持，斯須不離者累十年。冬夜嚴更，衣不解帶，風爐冰竈，爨必躬操。設鼎鐺堂中，用供洗腆，必適所嗜。奉以佐進，數匙多寡，以爲憂樂。鄭碩人患痢而欹，淑人護疾，秤水廁牏，不弛其勞，忘食而不知餒，顚踣而不自恤，嘗糞甛苦，以驗安危。如是者幾半歲而鄭碩人乃瘳，克享大耋，人謂純孝攸致。及喪哀毁，哭不絶聲，孺慕終身，語到輒流涕。常以不及逮所后舅姑爲至痛，薦誠蘋藻，每親廟事，宿齋預戒，雖不克筋力爲禮，必强起莅祭，祭元配亦致誠恪，敬奉君子，先意承順。

躬行節儉而周恤窮乏，待而擧火者甚衆。正言公事諸姑及姊如母，淑人亦事以尊嫜奉姑母，室中同寢餐者數十年，愛敬如一日，是爲閨閤間所未有也。伯姒性偏難事，淑人務積和順，不露圭角，伯姒晩益孚感。君子捷巍科，持躬如處子，或病其不事進取而淑人云："處世顯榮，非心所樂。"勉其不隨，以成其高焉。君子好賓客，館穀者充衍堂室，淑人竭力措辦，用供其費，而無難色，不俾君子知其艱也。君子晩而有所畜，淑人逮下有恩，以及臧獲，入其門，和氣薰蒸，有時雍之象焉。

淑人之先，肇自高麗僉議芝衍。入我朝，有領議政諱麟趾、吏曹判書諱崇祖。祖諱錫福，進士。考諱肅霖，以英宗三十七年壬午七月三日生。生而資性貞淑，濟以聰慧，被爺孃所鍾愛。竈陘失火，家無人，淑人取單衾沈水，覆火而滅之，其知慮深遠已自沖齡如此。正言公，陰城名閥。進士諱聖龜、贈持平諱廷琓、進士諱長欽卽正言公三世，而正言公以知足堂諱亮欽之子，爲仲父嗣焉。元配延日鄭氏無育。

淑人擧四男二女，俱不育，來五爲伯父後者，亦逾弱冠而殀，有子承赫，生員。正言公養族子于家，立而爲嗣曰"來教"，來教又無子。繼子，民赫。二女適李種信、韓胤錫。承赫一女、民赫一子幷幼。

淑人酷閱殤慽，殆人理所不堪，而亦克達觀，安之若命。常誡子孫曰："毋論人長短，毋待人怠慢，當事必先人而後己，毋望非分，毋服不衷，毋壞爾先人儉德，以墜家聲。"承赫懶於學，必涕泣親撻，是可以爲世章程者也。直弼被育于外王母，宿食淑人所者有年。淑人視遇如己子，每歎仁心仁聞浹于上下，六親頌四隣服，婦人之事，槩乎畢矣，是無愧爲吾王母之賢婦也。來教泣請直弼爲隧誌，直弼荷淑人知愛，而孤負多矣。惟將蕪辭，圖不朽于永遠，悲夫！銘曰：

溫溫女德，淑人是持。
憲憲君子，淑人是宜。
煢煢孤胤，淑人是師。
女婦母道，咸中其儀。
衆美旣具，孝爲綱維。
晩享忠養，考終期頤。
遺贏後嗣，神理靡差。
百歲歸室，名德雙垂。
敢告彤史，我銘在斯。

外從妹貞夫人金氏墓誌銘【幷序】

外從妹貞夫人金氏以戊戌六月二十四日癸巳，卒于漢師冠里第之正寢，臨終遺戒嗣子曰：“祖姑及尊姑咸以踰月而葬，吾亦不敢有越厥禮。” 嗣子以前後時勢之不倫，未忍承命，卜以八月辛巳，祔窆于楊州陵洞里某坐之原。君子曰：“母子皆孝也。孝當述先，亦宜順志，而貴乎服正，服正所以爲純孝也。”

夫人系出延安，有諱濤中皇明制科，官密直提學，厥後圭組相襲。至府使諱粹五、正言諱灝、僖靖公諱相紳、司書諱容，連四世制科。司書公生子諱載象，有文行早世，娶牧使贈吏曹參判南陽洪公諱善養之女，卽吾姑母也。洪孺人以正宗戊戌二月二十九日，擧夫人于鑄子洞本第，吾祖考奇其夙慧，鍾愛殊絶，敎以文字，誦詩甚熟。隨吾祖考三邑，十五而孤，十七歸于侍郞鄭公諱漪。

祖姑金夫人生長法門，壼範純備，尊姑清璿郡主性度莊嚴少許可，夫人承奉兩世，務隆孝敬，翼翼油油，如恐不及。及入闕而謁殿宮，進退周旋，率以禮則，殿宮咸嘉賞，寵賚甚盛。每承命進覲，小心謹愼，未嘗少懈。服承重喪盡禮，貴主繼卒，易戚俱備。常以早歲失怙，又不克逮事尊舅，爲終身至慟。主第規度自大，戛戛乎制閫，而妙齡嗣饋，勤以綜之，整以理之，上事旁應，咸盡其道。以及內外親黨，莫不輸心竭懽，無復物我相形，下及婢僕，咸誦其德焉。嘗從君子州邑，淸嚴自持，簾門肅然，亦未曾數年淹也。君子晩謝簪組，棲遑林壑而夫人亦與之偕，依然有鹿車之風焉。雖君子遐情遠韻，自成其高致，而夫人之助，實與多焉。

侍郎公貫延日，進士贈贊成諱棅、庶尹贈領議政諱麟煥、興恩副尉諱在和其三世也。夫人擧男女俱殀，取族子海尙爲嗣，教以義方，靡極不至。海尙，前監察，娶都正李羲斗女，生二女幼。

夫人稟質純慤端亮，濟以寬厚，尤篤於天倫。洪孺人籲冤崩城，血泣致毁，夫人婉愉在傍，多方以娛之，賴以存全。用意至到，不以旣嫁而少衰，養生喪死，必恔於心。友恤弟姪，俾克成立，與侍郞二姊同室，至愛孚感，罔間於尊姑存歿，以及其子女，養育嫁娶，用殫誠力。及病革，聞女公之子奔生母喪，極力以資其行，是所謂"死者復起，生者無愧"也。淹歲患乳，形證累變，宛轉痛苦，而靡所怛化，亦無幾微色，可驗素養之正也。識解朗徹，洞曉古今，世敎汙隆、人物臧否，往往不差，其筆翰縫紉，群藝絶倫，特其餘事也。昔人所稱"爲女而女，爲婦而婦，爲妻而妻，爲母而母"，卽夫人之謂。而命不偕善，絶其血胤，是不能無憾於報施，而嗣子仁孝克稱厥家，天道之定，其在斯歟！銘曰：

懿哉夫人！允矣女士。
四德俱全，六親頌美。
嵂彼薇岡，永閟柱禨。
夫子在左，靡間同隧。
我述其眞，用詔千祀。

女端誠壙誌銘

端誠，唐城洪直弼第四女也。生而久不錫名，余讀《小學》而命之曰"端誠"，取端一誠莊之義而願學太任而至也。余擧三女不育，而端誠生，故亦名"端"，見于吾外王母，外王母愛之，改錫以"任誠"。誠夙慧，於父母有深愛。每送余出閨門，勉之以安，自學語時而已然，不見其或忘也。家大人通判全州府，誠慕之，見于色辭，要吾庶母倩書以候。及余往覲，誠勉遄其歸，及歸喜不自勝，昏晨造余所，問起居。與吾甥女相提携，亦未嘗鬩，至性然也。以丁卯十月二十六日病痘，痘未發而死，距其生癸亥十二月二十一日，爲五歲也。其質厚其氣精，其壽而福宜也，坐其父積殃而殀，噫！豈其命也？以其父之命也。程先生哭澶娘而曰："人理之未至者，吾容當責命於天。"君子知命，而猶責于天，余小人也，安得不號天而自怨也耶？嗚呼！命不可說，孰知其極？以死之第三日，瘞于漣川清華山祖考妣兆右而銘之。曰：

以汝何辜，奪之斯早？
由我不識，爲父之道。

亡妹金氏婦墓誌銘【幷序○戊子】

吾妹淑人洪氏，鎭安縣監金泰根伯元之元配，吾先子同敦寧府君諱履簡之長女也。 吾先妣貞夫人以正宗戊戌六月二十七日丑時，擧淑人于漢師之鑄字洞第，以克順于蓐，祖考甚喜，名之曰“孝”。生質自美，淸明豈弟，有深愛於父母，靡所違咈。平居罕言笑，或對人含嘿，終日脈脈，而其中則辨，臧否人物，鮮不中窾。性隘不容人過失，而亦未嘗藏怒焉。聰悟絶倫，一聞人言行，終身不忘，不學而通諺書，於女紅亦然。嘗傍聽余讀書，略曉大義。問：“無子，命也，何罪之有而列諸七去之中乎？”其慧識多類此。

未嫁而先妣捐背，隨先君任實任所，守靈几號咷，如不欲生。三年而返京第，歸于伯元，仍挽鹿車于湖鄕，又七年而覲先君于安城郡衙，三年而復歸于湖。伯元荐罹大故，家益落，往往蔬糲不繼，而淑人安之若命。伯元素性恬沖，不以事物經心，淑人自任閫政，多方拮据，養親祭先，服勤盡誠，不貽伯元憂。養育伯元從子女失恃者，無間己出。己卯率子女歸寧，時伯元遊宦在京，將得邑聚眷，而淑人積瘁成疾，以庚辰七月十八日歿，臨死精爽不昧，措置後事，咸得其宜。數年而伯元作宰，享有厚祿，而淑人則不偕，同貧賤而不同安樂， 悲夫！ 淑人墓在保寧木忠面後谷乾坐之原。生三男，二不育，炳愚序居第二。二女適尹冕求；趙秉履，參奉。炳愚男，厚均。

我洪貫南陽，以高麗太師諱殷悅爲鼻祖。曾祖，三登縣令，贈左贊成，諱尙彦。祖考，黃州牧使，贈吏曹參判，諱善養。先妣陰城朴氏，知堂處士諱亮欽其考也。伯元，安東人，右議政文忠公諱尙容八世孫。曾祖諱毅行，雲泉處士，贈吏曹參判。祖考諱履成，刑曹參判。考諱最淳，通德郎。

嗚呼！吾先妣受一部閨訓于知堂府君，終身服習，施及諸女，淑人動罔悖而思罔逾者，得諸庭訓。且性不屑不潔，介而有守，苟非吾有，一芥不取，若爲男子身則當爲狷者，見許於聖門也。然婦人之行，含章而不外見，且彤管之絶久矣，孰有續子政之《列傳》，闡揚女中之淸士乎？吾兄弟七人，惟我在焉，且抱釁床簀，煢煢垂死，不以時爲銘，卽風燭奄及，其將使吾妹之賢晻翳於千古乎？仍力疾和淚，書之如此，俾炳愚納諸幽。嗚呼！是可以不朽吾妹乎？悲夫！銘曰：

嗟嗟吾妹！胥矣貞剛。
遐不壽考，百祿是將？
鬱彼新城，有屹鷹岡。
卜云其吉，女士攸藏。
君子百歲，同此幽堂。
生雖不偕，歿則允臧。
報由不食，佑啓无疆。
宜爾子孫，永世克昌。

亡女閔氏婦墓誌銘【幷序】

驪興閔慶鎬士善妻南陽洪氏，梅山居士女也，以純廟九年己巳十一月十二日申時生。始居士五擧子女，不育而女生焉，故象六數，名之曰“坤”而配之以喜者，所以志也。年十四歸于士善，壬寅正月十九日不起疾，距其產女，二十九日也。生三男三女，長泳和今十四歲，女二歲，其餘皆死未成殤。三月四日，葬于砥平縣內面松亭坐辛之原。

我洪系出高麗太師諱殷悅，縣令贈左贊成諱尙彦、牧使贈吏曹參判諱善養、同敦寧諱履簡卽居士三世。居士名直弼，謬蒙旌招，不敢起。配全州李氏，判書溎其考也。士善尊公，原任吏曹參議，名致文。祖，禮曹判書，肅獻公，諱命𤅷。曾祖，同副承旨，贈吏曹判書，諱百昌也。

孺人生而氣貌凝重，心如其貌，性又寬厚，孝悌天植，最得父母心。我皇考常撫之，曰：“恨不爲男子子，以維持門戶也。”及嫁閔氏，族大且貴，孺人入門，藐然沖幼，而淑愼婉嫕，善事諸尊長，執婦道尤謹，獲一味可口，輒進尊嫜，承舅姑至愛，而常懷兢惕。事君子，莊而不暱，處妯娌娣姒，壹是和順。士善丘嫂歿于蓐，取養其遺孩，無間己出。每歸寧，未忍其相離，式遄其還，教獨子如嚴父，不假以色辭。子患疹而欲，焦心悴躬，有十育之勞，而忘己疾之不可爲，自知無幸，招乳媼托女子。又以不克更拜父母舅姑爲至恨，揮君子勿近，用盡正終之義，至死而神精不爽焉。幼有性氣，而不形於色，洞辨人臧否，而不言其過失。士善累屈南省，及登庠，亦不見其歡喜。嫁二十年，對本親一不道夫黨事。是出於素性，非勉强爲也。居恒未嘗修飾邊幅，爲世俗婦女態，恂恂若無能，而終日勤劬，手不離女紅，儉約爲度，罔或放忽，苟充年壽，可以嚮用庇家，以成梱範，而厄於短造，天道無徵，嗚呼悲哉！

昔程伯子誌澶娘之墓曰：“質端而厚，氣溫而良。擧動知思，安靜沉遠，殆若老成，衆皆意其福且壽固有，莫可計者命矣。”孺人德性近於澶娘，而娘有父純公，不朽於永世，孺人也因其父罪孼積躬，移禍而死。且閨門之行，含章而不外見，孰知其眞可惜哉？士善將親命俾我爲壙誌，煩冤痛毒，不忍泚筆，而懼其終於泯滅，且悼其稚子靡所逮及，含哀泣書，以藏諸幽。嗚呼！是可以慰長逝於無窮而盡父子之情乎？銘曰：

資成德器，行符禮憲。
宜壽而福，神理回舛。
永寧體魄，是爲畢願。
報在不食，天祐其善。
矢辭玄隧，子孫昌衍。

庶從嫂全義李氏墓誌銘【幷序○庚子】

我庶從兄大邱鎭營將洪君奭弼奭汝有烈婦，曰全義李氏。李氏痛夫不得其死，日夕號擗，如是者朞年，一日哭靈几，聲絶而不出，家人視之，喘息已斷，吐鹽露滿口，救藥而已無及，卽壬午十二月二十二日，距其生癸巳，爲五十也。發其篋笥，附身附棺，凡含斂之具罔不庀治。越明年二月，祔葬夫墓。

父曰厚植，祖曰刑曹判書潤成，吏曹判書金尙星其外祖也。有二子三女：一寧、一成、宋在純、李甲愚、沈能恂。

李氏十九而歸于奭汝，事我仲父母以孝，或代幹中饋，忠養肫摯。先王考府君因喪而處仲父所，李氏躬莅洗腆，調適所嗜，極其滋味，府君常贊其美。先君作宰，全家隨往，李氏輒守屋，我歸洛同爨者累月。每見叱嗟不出閫閾，而衆事自理，有若神閒氣定，不動聲色，亦見其才智過人也。天資溫柔，濟以明敏，善酒漿織紝，以養所天。所天歷縣邑，不營產業，而李氏務極儉約，分寸蓄力，粗成家道，婚嫁幾畢，而奭汝死於非命，此其所以決意下從也。

古之貞烈垂諸傳記者，或毁髮膚，不全父母之遺體，或露蹤蹟，秖成溝瀆之微諒，雖操存而身亡，行立而形虧，其能兼全其道，終始無玷者尠矣。如李氏之泯然無跡，死得其所者，非出一時意氣，是所謂"從容就義，難於慷慨殺身"者歟！李尙書光文居比隣，知其事甚悉，訪余贊歎，圖所以闡揚，而李公亦卒矣，其將掩翳而不章乎？卽其一死，師心率己，以靖獻于所天，詎要騰彤管而揭丹梐哉？銘曰：

嗟嗟賢媛，遭命不辰。
哀哀崩城，訴情穹旻。
致命遂志，以淑厥身。
烈烈其節，翼翼其仁。
有光門戶，垂耀無垠。
非我述私，用敍彝倫。

梅山集

卷四十五

諡狀

行狀

諡狀

延昌君宋公諡狀【庚戌】

公諱德榮，字華叔，系出延安，延春君諱某，其考也。公生稟和厚，孝悌根天，有勇力善騎射。

宣廟壬辰，倭奴大舉入寇，公時年二十四，從延春公扈駕龍灣，回鑾至永柔，擢武科除宣傳官。丙午隨使价入倭，倭酋見其雄偉，餽金百鎰。公恥之，槎還之日，埋薩島上，諸价服其廉義。

光海政亂，不復仕進，退居鄉墅，手植松、筠、蓮、菊，扁其室曰"四貞"，書史自娛，若將終身焉。

仁廟改玉，薦拜孟山縣監，未幾賊臣李适以平安兵使舉兵叛，副元帥鄭公忠信率安州兵，先據鞍峴。公領本縣兵，躡後而至，隷元帥張公晩營，誓以戮力討賊。夜夢兩日相盪，僞日破墜，既覺公喜甚，謂從姪希建曰："夢有休祥，殊死戰，破賊必矣。但諸將頗有逡巡觀望之意，不可不激勵。"與希建拔劍誓衆曰："有退步者，以此從事。"衆皆股栗，勇氣百倍。公身先士卒，矢不虛發，大軍乘之，一時勦滅。諸公以次策功，錄公振武功臣三等，超資封延昌君。

張公以公領關西軍，俾之還任。秩滿，南公以興時鎭龜城，以爲“邊圉孔棘，不可無此人”，啓置中軍。

丁卯建虜猝至，南公以爲“安州，賊路之衝”，自龜城移鎭，啓以公爲南營將，分守南城，與虜鏖戰。虜曉乘東城之低，悉銳而進，南公見衆寡不敵，登百祥樓自焚死，顧謂編裨曰：“君等皆去。”公族子汲亦在幕下，奔告於公曰：“爲之奈何？”公怒叱曰：“主將固當云爾，汝安可蒙愧恥苟活？”因拔劒逐之，謂其奴曰：“收我骨歸。”奮言于衆曰：“懷姑息之計者，非人臣也。”牧使金公浚聞公言，遂痛哭勵士卒，士卒咸奮力戰。良久矢盡，賊矢遍體，公及擧鎭皆死之。

先是公草檄諭虜，其略曰：“我國與爾邦世修和好，爾今侮我禮義之邦，無故興兵，蹂躙我疆場，侵掠我赤子，以沿海朝天爲言。爾亦有君長，豈不知以小事大如子事父之義耶？況我壬辰之亂，幸賴皇上盡發遼左、江浙之兵，以復舊物，聖德天覆爲如何哉？以故戊午之役，恭承皇命，遠涉他國，爲弘立、蘭英所誤，終致敗衄。我聖上擧義明倫，克正大位，藏疾納汙，弘、英家屬不用連坐，又從而錄用之，國家何負於二臣也？今八道巡邊、防禦領十萬之衆，京中精砲且萬餘。爾能戰，我且賈勇，爾無悔也。”

公旣殉難，事聞贈兵曹判書，遣禮郞致祭，仍賜禮葬。邦人立祠于安州，肅廟朝賜額曰“忠愍”。純廟朝因海西儒生上言，命施綽楔，崇報之典可謂備矣。

墓于延安永達三屯山子坐。配貞夫人海州崔氏，世鸞之女。子副司果授以忠孝聞。孫：時曾、時閔、時浩。曾孫：相濂、相元、相亮。

噫！ 公旣敵愾樹勳於前而丹書鐵劵昭如日星，取義成仁於後而天理民彝賴不榛蕪， 則必有易名之典而後可以樹風聲、裨世程， 無遺憾於永世也。 公六世孫瑞駿屢請節惠之狀，謹述爵里、出處、致命遂志之大略，用諗于太常氏。

判敦寧金公謚狀【辛亥】

公諱持默，字維則，系出新羅。遠祖諱大猷仕麗朝爲侍中，封淸城府，子孫遂籍淸風。入本朝，大司成諱湜與靜庵趙文正諸賢倡性理之學，爲己卯大宗師，贈左贊成，謚文毅。四傳至潛谷文貞公諱堉，德望事業，爲寧陵賢輔。是生忠翼公諱佑明，過房爲文貞公從父弟贈領議政諱坘後。以顯廟國舅，封淸風府院君，於公爲高祖也。曾祖諱錫翼，漢城左尹。祖諱道泳，進士，以貞僖公諱錫衍仲子，出爲左尹公后，贈左贊成。考諱聖應，兵曹判書、孝靖公。妣貞敬夫人南陽洪氏，監司禹寧女。

公生于景宗甲辰，嬉戲異凡兒，長者已期以大受。英宗庚午中生員試，丙子除懿陵參奉，上召見于便殿，天語諄諄，視以家人，就職旋遞。是年冬毅宗皇帝聖節，上行望拜禮， 命崇禎丙子使臣及三學士子孫幷入參， 公以文貞公後孫，特付軍銜隨參，恩加一階。

丁丑差山陵都監監造官，敍敦匠勞，陞拜司饔院主簿，轉掌隸院司評、濟用監判官。己卯差祔廟都監郎廳，辟爲戶曹正郎。

辛巳除順安縣監，陛辭上問："何以爲治？"對曰："當至誠奉公矣。"上曰："在牙時，恒若吾君之臨上，勉之勉之！聞衙中有慈聖手種栗，須善護也。"莅任半載，難於離違，遂賦歸。

壬午孝懿大妃冊世孫嬪，自是禔躬處世，彌加謹畏。癸未除刑曹正郎，移掌樂院僉正。甲申丁外艱，丙戌承重服祖妣尹夫人喪，皆守制盡禮。

己丑除司饔院僉正，赴節製入格。上命讀試券，敎曰："惜乎！此作優於壯元。"命批一句。冬拜平壤庶尹。

庚寅春將奉祠版于衙，上夜夢見孝靖公，親製文賜侑，命子孫入侍，又致祭于左尹公、贈贊成公內外祠宇，命賜大夫人米豆，就養時令各邑護送。箇滿移通禮院引儀，轉司饔院僉正。

癸巳拜高陽郡守，甲午遞，尋差惠局郎。戊戌遭內艱，制除拜司䆃寺僉正。辛丑連除司䆃、司僕主簿，拜淸道郡守，本寺啓請仍任主簿，戶曹又辟正郎，旋移惠局郎。壬寅除延安府使。癸卯移黃州牧使，丙午謝歸。文孝世子薨，命差宗戚執事、墓所都監郎廳，轉掌樂院僉正。

丙午領議政金公致仁奏金某處地異他，爲人周通牢確，可合儲望，請陞資調用。時國勢孤危，兇黨覬覦，元戎伏誅，人心疑懼。上念諸臣莫可以托心膂者，故注意于公，遂陞通政，除五衛將，又用大臣言拜戶曹參議。

丁未薦授摠戎使，公仰感恩遇，俯念時憂，黽俛膺命，仍陳疏，略曰：

“臣家再叨戚聯之榮，荐膺肘腋之寄，四世五將，委任最專。曩歲臣父臣兄相繼受任，管轄諸營之務，每於公退，輒父子相對，以任重才短、恩深報蔑爲至恨而或至流涕。臣嘗在傍，心焉怵惕，宛如昨日事矣。

顧臣不肖，誠無能爲役於先父先兄而徒藉餘蔭，猥典州郡，絲毫無報，愧懼恒切。加以年紀衰邁，精力消耗，雖尋常職事，猶不敢强加牽策，千萬不自意，旬月之間，謬恩荐降。以殿下則哲之明，何所取於百無能之賤臣，而乃有此萬不襯之寵命也？”

轉御營、禁衛兩營大將，間拜漢城左尹、刑曹參判、同知義禁府事。

辛亥移摠壯勇營兵，時新刱是營，爲肘腋親兵，周衛之近、倚毗之重，甲於諸營，故有此特授也。秋拜戶曹參判。是冬壯營射會，公一巡中三矢，上賜弓以賞之，仍諭諸將臣曰：“如此風寒，一巡三中，雖日日課射之訓禁將，決難辦此。”

壬子除漢城左尹、戶曹參判，帶長興庫、司宰監提擧。癸丑相臣金公履素奏金某地處履歷實合擢用，請陞正卿，拜刑曹判書。上詣顯隆園，以華城爲壯勇外營置使，留守兼之，內營置使如御營，使之稱大將，公陞爲大將，帶繕工提擧。

冬廷臣請擧賀儀于殿宮，上推廣慶飾喜之道，以公壽準七耋，特陞崇政階，敎曰：“此家之人，古稀之年，而明聖大妃本房爲同堂之親，近又戚聯，予之視遇，無異國舅，特以蔭宰之故，不入於耆社。今年雖七十，未躋崇班。”命除判敦寧，又親製祭文，賜祭于淸風、淸原兩國舅及孝靖公。以公之年壽，特垂隆眷，歸美先世，家國同慶，儘異數也。

甲寅乞暇省楊州、春川諸先塋，特命給由馬、澆奠床如大臣例，又賜祭文貞、忠翼兩公，墓文又親撰。公卲齡展掃，恩禮曠絶，爲一世艷稱。除都摠管，提擧司䆃寺。冬坐事削黜，乙卯春特宥，復拜禁衛大將，提擧長興庫。又除判敦寧、漢城判尹、壯勇使。

丙辰孝靖公神道碑成，公手書陰記，上歎其誠力罔懲。丁巳換授摠戎使，復除壯勇使。是冬頒曆，以"公老年劇務，筋力如少壯"，賜書褒嘉。

戊午復換摠戎使，提擧司饔院，享年七十六，而卒于己未三月十七日。訃聞上震悼撤朝，致賻祭如儀。五月窆于楊州文谷里枕艮之原。

公方面偉榦，外嚴內和，中扃洞然，不設畦畛。事親有深愛，居憂主於哀戚，六十廬于墓，朝夕哭臨，三年如一日，遹追以終身。出入禁闥，小心畏敬，進止不踰尺寸，位至隆顯，靡敢以宰相自居。每登前席，惴惴齊栗，常若在郎僚時。邸報中有上敎，雖臥必起。嘗曰："吾家世受國恩，至吾身又叨竊崇班，只當鞠躬盡瘁，以效絲髮之報而已，榮旣過分，須是念存知足。"以過分知足四字扁其室。晩益遵晦，杜門養重，逮疾革，猶眷念宗國，輒爲之出涕。及命近侍問疾，神昏不省，而令侍者加上衣於體，加笠子於枕，以不忘東首之義也。

事淸原公如父，撫愛其孤孫，用底成立。與季氏參判公比屋湛樂，養育諸姪，無間己出。季妹早孀無子，買第隣近，爲之制產，俾不憂衣食。推之疏屬，周急恤貧如不及。教子姪必以義方，要以振家聲、酬國恩爲始終條理。

愛好人倫，靡所隔膜，而見其不韙處，輒面折之，不少容貸。以此多忤權貴，亦或有不悅者，公皆不恤也。然性度宏厚，濟以包荒，涖邑時客有偸公貨者，爲償其數，待之如舊。爲政誠心孚感，不猛而威行，不煩而事擧，吏懷民安，所在有聲績。歷帥諸營，節用而愛人，束嚴而御寬，以故營儲充羨，軍校頌德。夷考平生，洵熙世之良臣，非直爲戚畹之賢者也。

配韓山李氏，縣令奎煥女，性端淑有規度，王姑尹夫人、姑洪夫人鍾愛殊絶，擧家政以聽，娣姒妯娌罔不歡洽。孝靖公嘗言："吾子婦，女中孔明也。"每事必咨。清原公性嚴重，於婦人少許可，而如有疑難，亦就質焉。門戶貴顯，服役甚衆，而夫人不敢自恤，養舅姑奉君子，衣服飮食，皆親檢供具。

尹夫人卒於季氏參判公殷山任所，夫人以不克終孝爲至慟，饋奠下室，躬莅鼎俎，雖疾甚未嘗倩人。訓子俾不道貨利，不與人爭鬩，有過失輒不與之語。諄諄提誨者，皆聖賢格言、先祖遺敎，雖其天稟有過人者，而公之所以律身而刑家者，可驗於此矣。生後公一年，歿先公十年，墓祔。

擧二男二女：男長基厚，工曹判書；次基崙；女適同敦寧洪樂倫、洪秉寘。長房繼子宅善，前牧使。女沈應奎，府使。次房繼子宇善。牧使繼子益相，益相一男幼。

牧使君謂直弼於公有通家之誼，慕悅有素，猥托以狀德之文，不敢以癃病辭，第次如右，用告于太常氏。謹狀。

行狀

遺安處士李公行狀【丙申】

公諱輔天，字汝翼，姓李氏，系出英陵別子桂陽君忠昭公諱瑠。八傳而至敦寧府都正贈吏曹參判諱夢錫，於公爲曾祖。祖諱德英，觀察使，以廉直爲明陵名臣。考諱繼華，通德郎，有文行蜚世。配青松沈氏，處士漢章之女，副提學攸，其祖也，以肅宗甲午十二月九日擧公。

三歲而孤，八歲而服王考喪，守制如成人。二憂趙公泰采、歸樂李公晩成撫公頂，曰："有孫如此，吾友不死。"沈夫人有女士風，不以慈恤而簡義方，俾就學于從叔父翊贊公命華，翊贊公，農巖先生高弟也，公事之如父。贊善杞園魚公有鳳於翊贊公爲同門友，聞公賢以女妻之，公又就而卒業。往來父師間，服習農、淵兩先生之教，無異親炙焉。

公性於孝，養沈夫人，志物咸備。常云："爲親與爲己，一也，失身而求親養者，非孝也。"平居敬逾於愛，每事必稟，曰："吾幼而失怙，吾母母而兼父，不敢以偏愛而有所忽也。"酷好山水友朋，而恒戒遠遊，未嘗一日離焉。逮侍湯，不解帶，三載如一日。夫人有潔性，雖枕茵泡湢之具，必躬自澣濯，遞數日而新之，先繹其旨意而承將。及疾革，涕泣禱天，袒括之日，自力視具，纖悉周詳，親盥洗，奉持襚賵，克盡終事，未曾替使子弟。蓋推素日至性，要終始無違也。

嚴服闇之戒，終喪始入中門。時公年近不毁，氣息綿綴，而及葬猶食素，强仲父教，進虀醢而已。常寢處塊苫，不脫絰帶，對人無閒話，月朔輒展墓。塋砌莎土，躬自剪築，手植丘木，數其株而培壅焉。過姑姪之門不入。

晚年居英廟方喪，至因山前，不御肉食，居恒哀瘁如親喪。其前遇壬午五月，自某日以後，卽廢生人之事，語必嗚咽失聲，不接賓客者累月，其篤於君親如此。

間與尹竹菴得觀講究喪祭二禮，多所是正。至祀享，致齋必嚴，窮眡滌濯，內外治具。夙豫精蠲，下至臧獲兒少，俱恐畏莊栗，終晝洞洞，坐而待晨。祀畢而愀然竟日，有餘感焉。姻戚家或來觀法，曰："不如是，與不祭同。"一僕服公化，每祀時必澣衣之，潔地薪焉，餕餘之及，雖深夜，必盥手而跪承之，鄕里至今傳其事。

嘗嘅"宗法不立，族黨無所統率"，爲宗子宗婦制齊衰，使遠近族人咸服之。著譜乘、修宗禊，春秋會讌修睦。自袒免以往，其憂虞驩戚之事，必窮自擔夯，爲諸宗倡焉。晚而御家益嚴，子女非盥櫛不敢見，婢僕不聞嘻笑聲。晨興謁廟，退坐書室，欽欽若對越。

公仲弟校理公諱亮天自少以志行相刮摩，平生一室對案，怡怡如也。校理公旣登第，名望藹蔚，益以古道相期待，不欲隨俗俯仰。一日退公，公責言："某事當力爭，何惜碎頭上帽?”校理公引謝而已。後坐讒言流海島，直聲振朝廷。後數年校理公歿，公養孀嫂，恩禮俱摯，日入門輒拜，撫育孤子姪，過於己出。從女兪氏、尹氏婦至老每相謂:“吾兄弟生及笄，尙不知世父母非生我者。”

晩年常願依近松楸，及畢婚嫁，室廣州之石馬鄕。喜村名栗里，與淵明合，賦《斜川曲》，因述其事。遇鄕人以德，春秋暇日，招携游泳，每禮俗之會，申以孝弟力田、先公後私之義，聽者悅服。有爭訟持久不決者，賴公片言而息焉。有時阻饑，竈烟不起，擧農、淵兩賢白雲、雪岳事語家人，皆欣然不知有長頷顑。

鄕有溪堂，卽觀察公所倡，爲人士居業者也。勸鄕黨殖穀鳩書，修旬講儀約以行之。公意欲潛導髦士，用淑一方，而鄕俗貿貿，無可望其成材。惟授以《小學》，且製《五倫歌》敎童子，曰:“鄕村無書，但日誦五倫，亦可以做人。”人咸服其苦心指引。間嘗携李行祥、宋端、成德明三處士，修禊于書堂，推公主席。又會講于圃隱書院，姨兄南文淸公有容馳書頌講事，公謝以未能。尹竹庵勸公以著述，公亦謝之曰:“吾猶有未信及者。”蓋公學務敦本，專精內修，故不要近名者，皆此類也。

姊氏癃淹煢疚，願無離違，公不獲已僦居于城西故巷。於是知舊子弟請業者，稱述藉甚。公雅不欲以是自命，且洛下風氣已變，士大夫不務實學，惟追逐黨伐是事，公益無樂斯世。以正宗丁酉四月十五日卒，壽六十四。士友以“公不克享遐齡，用延草野一脉之傳，潛光抱道而未命於朝，宜加以殊稱”，及至葬，題其墓曰“遺安處士”，可見其至心愛慕也。六月葬于石馬鄕壬坐原，後九年乙巳，魚孺人下世，遷祔于兆南艮坐。

魚孺人貫咸從，夙服庭訓，婉嫕淑愼。及歸公，配德無違，內和自理，爲閨閤矜式。生一男二女：男在誠，參奉；女適府使朴趾源；郡守朴宗敬。參奉二男二女：正履，擢魁科爲校理；正觀，奉事；女適牧使閔元鏞、黃鍾萬。朴趾源二男二女：宗儀、宗采、承旨李鍾穆、牧使李謙秀。朴宗敬男，致壽。正履子，碩鏞。正觀系子，碩鍾。

公生稟英特，意氣伏一世，始若難受羈束，旣從杞園學，折節就繩約。婦家所供衣食稍涉華靡，則曰：“此宮禁之餘也。”不近口體，以故杞翁愛重公。聞讀《論語》，勉之以任重道遠，復遺農巖先生文集而曰：“是爲義理精粹、文章正宗，終身鑽研，得力儘多也。”公畢生誦法，優然典刑之可卽，然其所自爲學則常恐文勝而質亡，劬書施功，堅固慤實，語默動靜，檃括於尺度之中。浸灌理義，磨礱精潤，以求一箇是而氣質之用，馴致刊落焉。

自經辛壬士禍，調停之論作而忠逆混淆，世教交喪，公務張淸議，激揚士流，要在尊君德而辨邦誣。蓬蓽蕭然，而名彦滿座。或値朝論潰裂、邪說鴟張，輒不赴公車，校理公旣登第，遂廢擧焉。

公雅重友道，與止庵金公亮行、三山齋金公履安托契彌篤。止庵貞介寡合，而入都必先訪公，赴試闈，必與公同席，而一隊士類無不願交焉。三山齋嘗評并世群儒曰：“窮理自得，莫如任仲思氏；飭窮敦行，莫如李汝翼。”汝翼卽公也。每從士友輒候公起居，問所讀何書。止庵胤子履九氏亦言“吾先友李丈，今世之眞正學者，惜其不見知於世”云。

每值杞翁喪餘，雖遠不能與，而必齋沐食素，坐以待朝。且恨其遺集未行而訛謬爲多，商證而刊正焉。常慟悼師門心事之未暴曰：“此後人責也。”時寒泉、黎湖兩賢之門，名論方盛，公於兩賢，咸有契好，承學諸子又多公執友，往來推挽，公謝之曰：“吾師方阨窮於時，詎可舍之而他往乎?”兪公彥淳蚤歿，公惜其齎志未就，每存恤其家，輯其遺文事行，遺其子，子長妻以族女，家道以成。公有幼時外傅，傅歿而有孤孫，公教養甚摯。蓋師友之際，不以死生存亡殊其誼者，於公始見焉。

中表兄弟及子壻有負性帶氣、脫略繩墨者，必痛加矯揉，自底悅服。教育宗族之秀者，推重士友之賢者，俾有所造就。隱惡揚善，出於至誠，誨責後進，不少饒假，聽者悚汗而服膺無間言。

公鑑識絶人，洪啓禧時譽隆洽，士多附麗，公獨云：“彼欲以儒術緣飾權利，是隴斷之尤者。其必有覆墜之患乎!”宋德相爲權奸所賣將膺召，公曰：“大老之孫，失身乃爾，不徒辱先，儒學從此卑矣。”怛焉不寧者久之，未幾其言皆驗。

公儀標頎皙，神采嶷然。晩益莊和凝重，立言制行粹如也。凡事爲必一裁以義，如斬釘截鐵，商確經史，剖析名理，使人開發，亹亹忘倦。緼袍之中，光輝襲人。居恒不事鉛槧，而有作皆精切質慤，眞仁義之言也。

嘗述家訓以貽子孫，曰："爲士者種學績文，自可以拾取科第，若舍此而求必得之術，失身喪操，何以自齒於士族乎？嘗見世人僥倖祿利，無所不至，及其得之，廣置田園，高起屋榭，赫然動鄕里。及勢去人亡，曾無半畝一椽之遺者，卽得不以道而驕奢逸欲之所致也。"又曰："世間得喪成毁，千百變轉，無一可恃，惟一爲善，自天命體來，以之爲人，生安沒寧，無復餘事。"噫！斯言也所以爲遺安也。充類至義，可但爲公一家則哉？

不佞從士友，聞公之風夙矣，擬諸徐孺子、郭林宗之倫，而常恨知德者鮮矣。近又習熟公二孫，二孫皆禔躬勉學，克趾先美，是可以見木而知山也。校理君述公言行一通，屬不佞以狀德之文，竊惟晩生顓蒙，固靡足以闡顯幽潛，而曠世誦義，不敢終辭，謹撰次如右。而顧今聲利滔天，世趨日卑，士之能知有己者寥寥，縱欲見修身自重如公者，亦曷可得乎？何由起公於九京，揭儒林之表準哉？語云"擧世混濁，淸士乃見"，以是而求之，庶可以知公之爲公矣。

老洲吳先生行狀【丁酉】

先生姓吳氏，諱熙常，字士敬，學者卽所居而稱之曰"老洲先生"。系出海州，上世有諱仁裕，麗朝檢校軍器監監，寔爲鼻祖。自是蟬嫣，入本朝圭組相承，至貞武公諱定邦，丁昏朝金墉之變，廷議守經，幾及於禍。再傳諱翻選湖堂，官觀察使，贈左贊成，以文學政事爲仁廟朝名臣，於先生爲五世祖也。高祖諱斗寅，判書，贈領議政、忠貞公，仁顯后遜位，諫而死。曾祖諱泰周，海昌尉、文孝公，有至行好儒術。祖諱瑗，參判，典文衡，贈左贊成、文穆公，文章聞望伏一世。考諱載紹，禮曹判書、定獻公，仁厚樂善，世稱長德。妣贈貞敬夫人 韓山李氏，郡守奎恒女也。先生以定獻公伯氏判中樞府事、兼太學士文靖公諱載純仲子， 出爲定獻公嗣。文靖公配延安李氏，領議政文簡公天輔女，以英廟癸未五月十日酉時，擧先生于慶幸坊賜第。

生有異稟，沈靜愼密，德器夙就，自然近道。文靖公家法素嚴，子弟侍側，非有問，不敢對，日用服習不離典則。伯氏寧齋公諱允常，純德邃學爲世醇儒，先生得師天倫，已自離經辨志，卽親切審問，寧齋公許以克紹家學。稍長益肆力于六籍，携《中庸》出鍾巖別墅，堅固刻勵，務極其趣，質疑于寧齋公，反覆論辨，不明不措。及寧齋公歿，先生益自奮，曰："先兄教誨一脈惟在吾一身，詎敢自怠，以負先兄哉？"誦念玩繹，夜以繼晝，仍之失睡，至成貞疾。

寧齋公喪後，定獻公賣第，與文靖公同室，先生晨昏幹蠱，殆無斯須暇逸。且文靖公屢秉文衡、銓部，門闌赫喧，先生處僻靜，不與外事，韎韋象譯之類，尠有識其面者。文靖公兼內閣提學時， 正廟與諸閣臣曲宴于後苑， 宣召其子弟赴宴，雖韋布亦與焉。先生獨不進，曰："未仕而見於君者，無於禮，不顧禮而冒赴，是踰越防範。防範一壞，何所止屆？"上亦不强而曰："吳提學二子，有讀書守志者，有將踵武立朝者，豈非好命數耶?”

壬子文靖公下世，乙卯荐罹本生內艱，先生前後居憂，易戚備至，朝夕哭擗，隣曲感涕，咸慮其不勝喪。而猶不以哀廢工，劬經研禮，慥慥如也。己未隨侍定獻公于安東任所，時出而賞樓臺山水，謁陶山書院，尋退溪遺躅，南州人士久益誦慕。是冬朝廷命薦經傳、朱書專治人，冢宰徐公龍輔以先生及宋公穉圭、趙公鎭球膺命。

庚申拜翊衛司洗馬，陞侍直，先生曰:“吾非生進，亦非有除職之命，而銓家檢擬者，實由薦目，詎可冒薦目而進身乎?”呈狀丐免。上曰:“出身之初，明於辭受分數，豈不可喜? 且是誰之子，是誰之家? 初仕中更爲調用，特遂其志。”蓋文靖公受知特達，旣歿而猶思，故恩言及此。移長陵參奉，命換京司，拜敦寧府參奉，仍差東宮冊禮時執事，以本職未肅命爲辭。上許以處義不苟，仍命更除桂坊，四月拜副率。

季氏參判公以新恩入侍，上問先生出膺淹速，自是屢侍胄筵，因文獻規，剴切條暢，上每隔壁臨聽，亟稱其學識焉。先生始雖黽勉出脚，而久於職非素志也。尋遭天崩之慟，例陞掌樂院主簿，轉漢城府主簿卽遞。自是閒居十年，讀書養親，若將終身。

戊辰遭內艱，先生年已垂衰，而執禮彌嚴。及葬冒風雪董役，雖細事必親，不使人代幹。克襄而患傷寒，幾危而甦。

辛未除敦寧府主簿，時定獻公已入耆社，順親志勉就月餘，遭定獻公喪。定獻公別業在佛巖山下，旣葬奉几筵出寓，宗黨從者數家。乃聚其後進，各授一經，日講勸課焉。

甲戌選授黃海道都事不就。乙亥拜司禦，或諷其沖齡進講，不可陳義太高，先生歎曰：“所急在先入，過此時，則扞格之患生矣。”數次登對而遞。

戊寅冬右相南公公轍請抄選經明行修之士，別加旌招，先生與李公友信同被剡薦，付經筵、書筵兩銜，旋授司憲府持平。先生屏居廣州徵岳山中，卽文孝公丙舍也。上遣史官，別諭敦召，先生上章控辭。

己卯陞掌令，兼侍講院進善。時王世子將冠，援先朝故事，再降諭召，先生荐上辭本，又附奏以難進之義。屢除執義，馹召續下，先生上疏陳戒曰：“天心未豫，災沴疊見，閱月亢暵，星文告警，天人感應之際，雖不敢知，要之不虛生而必有召矣。災不是災，遇災而不知懼，是眞災耳。仄聽公車之間，寥寥乎無聞，卽此一事，憂甚於災。伏乞渙發德音，廣求讜言，措諸實用，仰答天威，不勝大幸也。”

庚辰又除執義，先生疏辭召命而曰：

> “從古論敎冑之術，莫詳於《保傅傳》。然要其歸，不出於早敎諭與選左右，而選左右又爲敎諭之本。蓋習與正人居，則講論誦讀之外，納誨嚴密，觀感親切，謹邪僻之防、安義理之習者，自不容已。故曰‘左右正則太子正而天下定也’。
>
> 　　臣竊伏草莽，懸心銅闈，凡所以養正之方、輔翼之具，未聞克遵先王之法、大慰臣民之望，何也？臣嘗忝叨桂坊，竊覸開講之日，二三宮僚逐隊而進，晏朝

旋退，凌遽草率，徒歸文具。外乎此則深宮幽獨，入對無路，間又停稟頻數，作輟靡常，而燕閒之所與游居者，不過紫袖黃門近習便嬖。此輩之所知所行，只是利慾機巧之私、諂諛迎合之態，其蠱心害性，有不可勝言也。

然沖年講學猶可謂姑從簡易，而今睿齡已過就傅，德業如日方升。苟於講讀之際，一循故常，無改前規而欲望其養溫文之質、究帝王之學，殆類却步而求前、炊沙而成飯，朱夫子所謂'明月之珠、夜光之璧，委之衢路之側'者，不幸近之。

伏願亟簡端方直諒法拂之士，列于胄筵僚屬，仍命另講條制，勿拘常規，俾問寢視饍之暇，恒臨外堂，雖非法講召對，頻許不時晉接，簡其禮貌，從容諮訪，得以朝夕親比，則尊賢愛士，情意流通，遜志問學，功效漸見矣。"

疏入例批慰勉。李賓客晚秀袖是疏入晝講，進讀一回，至紫袖黃門近習便嬖等語，左右聽者無不灑然變色。尋除掌樂院正，移執義，以前疏未見採施，欲露章自引，疏旣具，因遞職未果上。

辛巳孝懿王后昇遐，又遷奉健陵，幷差輓章製述官，先生自謂不嫺聲病，且援前賢已例辭免。綏嬪及孝明世子喪，控辭如初。春坊官以國恤卒哭前，書筵行廢來詢，先生對曰：

"開停之間，先輩議論雖有參差，竊以爲目下書筵之切急，有不可膠守故常。見今睿齡漸近志學，而輔養之具，萬萬不侔於祖宗盛際，如又拘於事例，幷與隻日之對而停閣，則其間六七朔好箇光陰虛過了。深宮燕閒之中，所親比者不過宦侍近習，而濟濟賓僚尸厥位而日與之疏，其爲可憂，不專在於誦讀之撤課而已。

禮義由讀書出，故《禮》有居喪讀禮之訓而至如《檀弓》大功廢業，註家以業謂身所習如學舞、學射、學琴瑟之類。朱子亦曰'居喪初無不讀書之文'，嘗請開經筵於壽皇山陵未卜之前。昔賢之急講學，有如是矣。誠以君德成就專係講學，有不可一日虛徐，而哀疚澹泊之中，善端發見愈益親切，于以御講，則攝其威儀，壹其思慮。所接者，賢士大夫，所講者，聖謨賢訓，非特易以見效於進學，兼亦有裨於盡禮。況朞制異於齊斬，沖年尤宜懋學，恐不可因哀停講，久致間斷也。"

林右相漢浩引先生議提奏，命行召對，尋除執義。

壬午春宮疹候平復，疏請闕賀之罪，仍言："在昔宣廟違豫之時，先正臣李珥以爲大病之餘，善端開發，敷陳筵席，藹然乎其言，有足以孚格宸心。迺今睿候復常，胄筵將開，其所以保養擴充於一念之善，繼續光明於時敏之學者，如泉達火燃，幾不可失而時不可緩也。"

癸未擢授承政院同副承旨，連除敦寧府都正、刑曹參議。丙戌大司諫吳翰源疏請招延在野儒賢，右相沈公象奎繼陳之，特授同副承旨，別諭敦召。先生附奏懇辭，上荐降敦諭，若曰："高尚其事，不事王侯，卽古列國之士，所以行於列國之君，非比今日君臣之謂也。"先生上疏申懇曰：

"在《易·蠱》之上九曰'不事王侯，高尚其事'，程子傳之曰：'賢人君子不遇於時而高潔自守，不累於世務也。古人有行之者，伊尹·太公望之始、曾子·子思之徒是也。'宇宙間自有此箇道理，與達則兼善天下者幷行而不悖，諒非專指隱淪果忘者流，則恐不可以列國之士當之也。

顧今世降而俗漓，賢遠而澤斬，爲士者弁髦經傳，擺脫法拂，只知有科宦利祿，而不復知民彝物則之重。由今之道，不變今之俗，將見三綱墜而九法斁矣。固知殿下斯敎出於一時之斷章取義，然王言一出，爲謨爲訓，將以世爲天下則，儻或後生新學不能深究聖意，錯認以爲高尚之事，莫宜行於今日朝廷，則逝益其炎劫犇蹶，知進而不知退，豈不悶哉？就使臣得至前席，極論時務，不過以崇正學端士趨爲第一急務，而臣僞冒竊寵，見棄君子，言出臣口，焉足聽聞？有懷無隱，尤增死罪。"

旋遞承旨，加設贊善以授。

時上率世子幸健陵，先生於庚辰已奠居于鷺湖，以近輦路，心不自安，往留月谷墳庵，俟駕過祗迎于院洞川。上遣承旨宣口諭，東宮亦遣宮官存問，先生口達曰："先正臣宋時烈告于肅廟曰：'惟願邸下毋昵匪人，毋聽莠言，愼其游處，節其飮食，親賢愛士，勤學好問，克成聖德，副我宗社生靈之望焉。'此豈非今日邸下所當勉者哉？顧臣身旣不出，言不可出，而愚衷所激，敬誦以聞。"

回鑾時大小朝宣諭如初，先生復擧前達餘意，申勉于小朝。還都後復遣史官別諭，仍命偕來，先生附奏曰："古人云'人臣事君，守身爲上，報恩次之'，臣嘗有味乎斯言，思欲持循而寡過。蓋臣許多欺誣之罪，已矣難贖，則惟於出處去就，不至放倒，粗守一己之廉義，不畔先儒之法門，卽所謂'將此心報佛恩'也。臣若怵迫嚴威，喪失所守，是大質已虧，將何所藉手而報恩哉?"荐降別諭，益復敦迫，先生以啓以疏，控辭甚力，上特令收回偕來。

丁亥歲首，東宮下令宮僚，法講召對，俱進《綱目》。先生聞之，上疏略曰：

"向來睿令，日三晉對，俱用《綱目》爲程。臣聞經理而史事，經純而史雜。故古人讀書之法，必先經後史，使理義之宏綱大目浹洽融貫，爲主於中而後輔之以史，則本末相資，理事一致，以之權衡乎古今人物之邪正、事變之得失、王霸·公私·善惡之辨，正見斯立，毫髮不差。而若緩經而急史，先後失序，則譬如無星之秤、無寸之尺，其將喚鐵爲金，認賊爲子，畢竟成就得功利窠臼，無所補於天德王道之學矣。故朱子嘗歎學者舍經而治史，爲心術之害，誠至訓也。

謹稽《國朝故事》，法講御經書，召對用史書，賓主輕重之分，斯可見矣。伏願殿下於東宮侍坐之際，從容誨諭以祖宗徽規，經經緯史，克盡繼述之道。是臣葵藿之望也。"

二月東宮代聽機務，上書陳勉初政。拜吏曹參議，尋遞拜刑曹參議。

己丑元孫定號爲王世孫，令曰"儒賢與他自別，勿拘常格，師傅以宋祭酒、吳贊善爲之"，拜世孫傅，是乃正二品職。先生尤爲難安，上書力辭。

庚寅又除吏議，五月王世子薨逝。禮郎來詢大殿服制，先生對曰："斯禮也，英宗大王深契古禮，定爲三年，特載《補編》之書，一洗千古之謬，可以永垂來世。凡我後賢後王固當據而行之，而至若先朝丙午期制，自有精義於其間，在今日正體之地，恐無容更議。"時儀曹已以《補編》之制入啓，而仍請僉議，大臣皆言其難行，儒臣亦不對。而先生曰："昭顯之喪，同春及諸名碩咸請行三年，尤翁亦嘗云：'昭顯之喪，仁祖從國制只服朞，而據經則實斬衰也。旣服昭顯以長子服，則於孝廟當服衆子服無疑。'推斯義也，今日服制，可以定矣。"凡國有大小禮節，每被詢問，而皆辭巽不對，所對者惟辛巳書筵開停及是歲服制而已，卽所以勉睿學、正邦禮，非可已而得已者也。

八月殯宮有鬱攸之災，上疏陳慰，兼辭諸銜，特遞吏議，尋除工曹參議。王世孫冊儲，別諭敦召，先生附奏疾病危綴之狀。

壬辰世孫始開書筵，領相南公公轍建請招延，仍請加設贊善以處之，又拜贊善，敦諭宣召，辭旨拳切。先生擎讀下淚，曰："使我如可以進身，則在世臣畢義之道，詎容以不進爲恭哉？旣不可冒進，而坐邀寵命，秖增辜恩負國之罪。"申控實病。又上疏曰：

"鄒聖有言，入則無法家拂士，出則無敵國外患者，國恒亡。顧今法拂掃地，私意滔天，名教斁絶，世道交喪，不待敵國外患，實有岌岌之象，而人心民命得有維繫，不至於土崩瓦解者，亶以一人元良有以基億萬年無疆之休耳。

朱子曰：'美質易得，至道難聞。'先正臣趙光祖亦嘗建言于朝曰：'古人尚有胎教，況有知覺之時乎？異質不可恃，才氣過人者，爲善固易矣，爲惡亦不難。'又曰：'古人欲使正人與太子處者，其欲長太子親賢愛士之心也。三代以下，不能輔養太子，故亂亡相繼，善治無見焉。'然則教諭不可不早，正人不可不擇。

今春宮衣尺漸長，恰爲教數之歲，而肇接講官，則視程子所謂'能食能言之時'，已失之晚矣。尙未聞愼簡僚屬如祖宗盛際之良規，如是而望其養成睿質，將就睿學，用基他日之至治，不亦難乎？

嗚呼！宗社大計莫有急於教儲嗣而誠不容玩愒也。切願殿下深惟貽燕宏謨，爰命輔弼掌銓之臣，精白對揚，講員則掄選而委任責成，進對則頻數而勿拘常格，講讀之外，雖燕居游嬉，必多在外堂，浸漬習慣於法度之中而毋昵于匪人，則養正作成之功，亶其在玆。臣攢手蘄祝，不勝其懇懇也。"仍乞遞職名，遂解工議。

先生於教胄一事，常有滿腔熱血，前後章奏，不憚屢瀆，曰："顧瞻有位，無一人以此存心者，吾欲使少得喚醒，而其奈聽我藐藐何哉？"每對宮僚，語及輔導疏略，往往嗚咽，傍觀爲之感歎。

先生受氣甚弱，而保生有道，晚益康强。比年患寒嗽，至癸巳而劇。雖彌月暴泄，氣息不續，而猶不停巾櫛。侍者請止之，先生曰："不如是，心界散亂。"子弟請屛思慮，先生笑曰："豈以我爲怛化耶？少無顧戀，而大限未臻，先斷醫藥，亦非順受之道，故任汝輩所爲耳。"自此疾日臻，而神氣安閒如素日。十月甲辰酉時告終，享年七十一。

訃聞上教曰："此儒賢雖未嘗一番造朝，平日朝家禮遇果何如也？今聞長逝，極爲驚愴。喪需從優輸送。"成服日世孫遣宮官致弔，知舊門人加痲者四十餘人，太學及所管祠院諸生咸致弔祭。十二月癸丑，葬于廣州聲串面梨湖里壬坐之原。

先生儀範端凝，肩背竦直，精神涵蘊，擧止舒泰，疏眉美髭髯，眼光煒然有英氣。天分極高，淸瑩昭朗，慈諒易直，蚤襲文靖公身敎，已知有眞用心處。繩墨自律，細大必飭，久乃雍容和豫，人無不愛敬。雖累世貴顯，生長京輦，而雅懷林下藏修之願，一就省闈，以親命也。遂委身於學，矢願以古聖賢自期。其用功也，循序致精，沈潛闡繹，務主自得，而謹守憲章，深戒穿鑿而刱新、涉獵而騖外。由博反約，馴致純粹，而淵識慧解，觸處洞然。窮性命之奧，硏造化之幾，辨晣乎表裏精粗，貫通乎本末終始，兢兢省察於日用動靜而知行不倚於一偏。

常曰："知到十分，自然行將去，欲住不得，知而不能行，終是知有多少未盡。"又曰："於知見其大，於行見其重，庶免偏過一邊則一邊受病之弊。”又曰:“居敬、窮理、力行卽學問旨訣,而居敬主涵養,却與知行分動靜而言也。初學者各有分段工夫,當交致其力,而及其熟也,三者融爲一致,乃可謂成德。”

又曰:“若秪欲依本分作好人則已,不然,便於大本有見,方可以明誠兩盡。”常曰:“聖人之言,潔淨精微,當隨其地頭,活絡看出。彼支離纏繞於箋註者,反晦本旨,學者須玩心高明,方有進步處。”仍歎爲名理之學者,尙氣務勝,分割門戶,各主先入,莫相踰越,乃參考彼此同異,會極乎紫陽成訓。

其論理氣曰:“大要不出於一原分殊、動靜體用數語。夫一原者,理之一而氣亦一也;分殊者,氣之分而理亦分也。自一原而語其分殊,則天地萬物俱屬分殊,自分殊而語其一原,則天地萬物各有一原。一原者,靜而體也,而從其流行處觀之,靜亦動也。分殊者,動而用也,而從其主宰處觀之,動亦靜也。”

又曰:“陰陽是一氣之動靜而太極之爲體乎中而不遺者,亦一理之本然也。如元亨利貞雖爲四時,而元未始非貞之氣,利未始非亨之氣而元亨爲動,利貞爲靜,靜之氣卽動之氣,動之氣卽靜之氣。理之在是而流行者,雖面貌情狀隨其氣而不同,沖漠無眹,動而非動,靜而非靜,在陽而不爲陽局,在陰而不爲陰局。故乾之利貞,爲健中之順,坤之元亨,爲順中之健,而其動靜相涵之妙則畢竟是一理而已矣。”

又曰:“今人只知於理下得本然字,未知氣亦有本然,本然處便是神也。然理則一定而不移，神則萬變而不測。卽其本然一原而看得不離，卽其萬變一定而看得不雜也。然理與氣離則二，雜則一。故所謂不離不雜，只是形容非一非二難形之妙，則毋論主理與主氣，亦必就不離而看不雜，就不雜而看不離，方見其互須相形之義也。"

又曰："理無本末，故性眞而無妄；氣有本末，故心有眞有妄。然直就神理妙合處，看其本體，則幾乎泯然無別矣。若徒知性善而不知氣亦本善，　是道器離而心性爲二致也。故論形氣，雖有偏正淸濁之分，神則無偏正無淸濁。但比理有情意造作，不似他純一無妄。故理資乎神，神配乎理，爲氣之本而爲形之主也。然去其中，又揀別出理爲氣本、性爲心宰之義，方有所準則而不墮於異端之見也。

又曰："宇宙間充塞彌漫者，固莫非氣，而物物之中，皆有正定有常不易之體，綱紀造化，流行古今，天地所以不翻，萬事無有不定，直此之由。此所以亭亭當當直上直下之正理，貫徹三極，爲不宰之宰也。"

又曰："黃勉齋形氣神理之論，最爲精確，蓋有形斯有氣，有氣斯有神，有神斯有理。如人之耳目手足，形也，視聽屈伸，氣也，能視聽能屈伸者，神也，視聽而有明聰之則，屈伸而有恭重之德者，性也。"

又曰："性無別說，不過是《大學》之至善、《中庸》之中和。就此精察，積久而有得，則其名義意思方可犁然于心也。"

論心與氣質曰："心之爲體，聚五行之精英，至神至妙，自爲一身之最貴，故能以之具理應事。其所以爲堯舜參天地者，豈但以性善而已哉？實亦由於此心之虛靈洞徹，無分數無優劣而不隔於此理之善也。蓋毋論統性與主氣，心之本來體段則自如是耳。故朱子所謂精英者，亦就氣中揀別出本體，以示其靈足以妙此理而不可與百體等焉，則名言雖殊，其實一也。若謂與氣質槩論，是天君降同百體，其可乎？"

又曰："心之部位屬火而居一身之中，其光明方正之體，非他臟可比，足以爲神明之舍，藏不測之用。然以此謂之心則可，謂之心體則不可。這裏自有靈昭活化妙理宰物者，卽是神之所爲而心之本體在斯矣。有以氣質當心體者，是只知有五臟血肉之心而無見於氣之本一也。或又病此而有謂'方寸之內，着氣質不得'者，是矯枉過直而殊不察乎心是五臟之一，均有此氣質，而特不干本體也。"

又曰："氣質不是別爲一氣，卽湛一之查滓而遍體之內外，特異乎形質之一定不易，其起滅無常，如雲霧之捲舒，方其未發而退聽也，一似無有，及其已發而用事，汩亂其方寸，如雲之蔽日，而若氣機一息，斂用還體，則又依舊是太淸也。儻使氣質有一定之種子，則如何得變化乎？"

又曰："先儒每論心、氣質之分，輒以精粗爲言，以氣之精爽屬心者，誠不可易，而不如以本末爲言，以氣之本屬心，此可見其爲一氣而有本末之分也。本則一而已矣，不齊者，末也，擧本末則可以包精粗。

其論人物五常曰："今人太高看五常，謂物不能具有五常，殊不知五常因人立名，而畢竟是五行之理也。析之爲五，是五常；約之爲二，是健順；又約之爲一，是太極。有則俱有，無則俱無。若謂物之於五常，或有或無，是分裂太極也。"

又曰："以氣之通塞粹駁而有偏全善惡，偏全善惡，一也。以人物偏全謂之稟賦之本然，則人之善惡亦自歸於本然，此說之行，大有妨於性善之論也。蓋氣質以善惡言，分殊以偏全言，苟知發後善惡之無傷於本然之善，則可以知發處偏全之無傷於一原之全也。故從發用而語其分殊，則人物非特心之不同，性亦不同，從本體而語其一原，則非特性同，心亦未嘗不同，何則？心是神而性是理，一眞一靈，混混融融，元不相離。動靜生成無間於天人，不二於人物，而天人之分，形之有無也，人物之殊，氣之通塞也。

又曰："分殊對一原，則雖屬已發，其氣之循理者，亦不害爲本然。如犬之守、牛之順，爲當然之則而旣無彼此大小之別，則守與順決非異理而亦一全體太極也。故分而爲萬，不害其本一，混而爲一，不害其有萬，萬焉而不爲多，一焉而不爲少也。然則一原、本然，同一地頭；分殊、氣質，亦同一地頭，而分殊未嘗無一原，氣質未嘗無本然也。"

蓋先生早自見道，洞徹大原，故其爲說，玲瓏穿穴，橫竪周匝，川流敦化隨處融脫，絶滲漏而極會通者如此，此所謂天授神解，獨專其能者乎！逮夫年卲學成，眞見卓立，則由由自樂。嘗訓門人曰："眼前路逕坦然明白，由吾言求之，庶乎其不差。"

素嚴於義利之辨，曰："理欲，公私之所由分，當一刀兩段，無所滯吝。若少涉計較，則已陷膠漆盆中。”深斥柔善之害事，曰：“見善不能勇遷，有過不能遄改，反不若剛惡之易於變化而從善也。”

惟其信道篤而持守固，故進退語默，或恐有違於天則而不肯一毫自貶。常要理會壁立氣象而曰：“若發言制行，不足見憚，是亦鄕愿已矣。鄕愿之害，甚於異端。”又曰：“學者或不耐譏嘲，有和光混世底意，則畢竟墮落坑坎而不能自拔也，須要不用安排眼前，只看得尋是一路乃可爾。”

燕居恂恂，辭簡而禮恭，見人爲過高之論、苟難之行者，皆甚不韙。一念敬畏，默養吾誠，雖在憂慽事務澒洞滾急之中，提撕警覺，須臾罔忽，庶幾行健不息。

嘗愛延平默坐澄心之語，或瞑目靜坐，以驗心與理一之妙。

雅言“爲學當先經後禮，而禮之用，尤切於常行”，每擧橫渠禮教而爲訓。常病禮書繁縟，沿革不同，準以《家禮》而參酌古禮，得聖人制作之意而克符時措之宜。修擧四時正祭，量豐約著儀式，爲永遠之圖。子女嫁娶，冠必三加，昏必親迎，曰：“成人之道、正家之始，詎可從俗苟簡？”答人問禮，折衷常變，考據詳核，若尙度數而泥古、用私智而役文者，皆所不取也。

先生雅抱君民之志，憂世恤民，出自血忱。常云：“治道當先立規模，理財用人卽平天下規模，而我朝數百載，一是苟焉。理財則均田、戶布，用人則鄕貢、科擧之制，如猝難革，鄕貢與科擧錯行，重貢而輕科，漸磨新人之耳目而正其趨舍，縱不得從頭理會，以定一代之制，惟此庶幾。”

嘗歷論科擧之弊曰：“擧世奔蹶，若河決而海移，眼前只見得此重而不知性命之爲何物、名行之爲何事。如此輩人將焉用哉？古者培養而用人，今焉戕賊而用之！”仍言：“孝悌力田，幾乎王道。力田則民產制矣，孝悌則民行興矣，而初非卓絶超異之事，只是本分所當爲，其規模氣象濃厚宏大。漢初以二者取人，專是敦實務本，三代後無如此良制。”又以柳磻溪《隨錄》綱領正大，條貫精密，斟量損益，儼然一王之制，而未試於當世爲恨。其蔚有範圍，慘淡排鋪，可以化今與傳後者，槩可知也。

嘗謂“我東諸賢莫不有父師之義”，尊慕靡間，而於栗谷、農巖尤切曠感，誦繹微言，若與之朝暮遇，其襟韻之灑落、文理之密察，自有默契者存焉。

始陶庵李先生裒稡栗谷遺集及所纂輯群書，名之曰“栗谷全書”，活字印本，久而將盡。是時諸士友爰圖剞劂而壽傳，李公采以陶翁孫尸厥事，有李度中者倡言“當倣《宋子大全》例，改稱李子全書”，貽書李公而勸之。李公廣謀士友，先生復書曰：

> “是書編摩，出於文正老先生，改集爲全書，恐非以集卑而全書尊也，蓋取倣於《二程全書》，而《二程全書》卽不過記實之稱。繙刻先輩見成之本，不犯後人手勢，事面得矣。
>
> 况栗翁之爲栗翁，固不在區區稱謂之間，雖以子稱，在栗翁分上，加毫末不得，雖不以子稱，在後學尊

師之道，亦非有殺了也。尊師衛道，自有名實本末之殊，體其道、契其心，實也本也；尊其人、慕其聲，名也末也。苟不講於先後輕重之分，其不駸駸至於末之勝本、名之蔑實者尠矣。

矧今賢澤漸遠，習俗靡靡，質亡而僞滋，顧栗翁之道不熄者幾希。有志此事者，交修胥訓，聚精會神於敦本務實之地，維持一脈可矣，烏可先從彌文，看得太重，不思所以矯偏補弊哉？”

度中得書大恚，作長書辨，驅勒抉摘，肆意醜詆，又自創五條說，謂出於先生，架虛鑿空，靡所不至，而所謂第一條卽傳襲鋿、澱、樱、振之凶論也。先生夷然曰：“息謗莫如無辨，流言止於知者，吾汙不至上下爭辨矣。”

時老成諸論皆主愼重，而先生非直愼重而已，兼憂聖賢堂陛之不嚴也。於是度中自知窮遁，持先生益急，嗾人投書，必欲陷害。先生惟守無辨之戒，或有問者略擧顚末，而亦平心易氣，忿懥不見于色辭，戒子弟毋出惡言。及其手脚自露，黨類告絶，先生受誣，不期辨而自辨矣。

嘗謂“農巖發微闡奧，功存繼開，當與栗谷幷享夫子之庭”，及士林發從祀之論，請製疏于先生，先生始辭而終副。農巖全體大用，至此而始著，是爲斯文之公案也。

先生孝友天植，事親洞洞翼翼，惟養志是務，文靖公每有事輒議。本生母夫人自哭長胤，數寢疾，先生與季氏環侍左右，諷誦詩書，或縱談今昔，所以舒憂娛哀者，靡極不至。妣李夫人常阽床笫，先生祁寒盛暑，不交睫不解帶，刀圭秤水，罔或替人，枕簟匙箸，咸服其勞。李夫人常歎曰：“非吾兒，吾豈延壽至今乎？”

永感後，日必早起謁廟。遇喪餘，澡濯換新衣，屏客齋居，愀然如有所思，承祭號慕若在袒括。課歲展墓，哭輒盡哀，至七耋猶不闕。手種松檟，誠力俱竭，蔥鬱成林，綿延數里。生朝不許設壽酌，周甲日宿文靖公墓廬，悲痛不自勝。每語父兄時事，必低聲致敬，往往悲咽。與季氏相須如一體，恒勖以崇德趾美。暨其廢視，不堪分炙之憂，至愆寢食。及哭其喪，神采瘦削，思至則輒釀涕。

教育庶弟，制產業共有無，至愛孚感，推諸睦婣，恩義周洽，稱量緩急，曲加賙恤，凡有喪病，咸以先生爲歸，待以擧火者十數家。己巳歲大饑，念窮族瀕於溝壑，勸宗黨之處營邑者出俸金，計口而分，賴以全活。忠貞公後孫尠少，間有陵替不振，宗子且孤貧，爲營義莊，鳩財買田，區畫纖悉，將爲永世尊宗收族之規焉。

御家有度，嚴內外之防，未曾以便服入內，男女稍長，不令接席并肩，曰“别嫌明微，乃有家之先務”，誨飭子弟，先行檢而後文藝，崇節儉而薄榮名。有過則輒莊色而莅之，俾自知改，若游戲不端，雖孩提必呵責。奉身甚約，布葛秖取蔽體，饔飧無過數豆，室不施屏障，用弊帷御冬，几案箱篚皆尙樸素。子弟將備歲製，先生取布帛，親自監裁，雖純緣之微，不使入燕市一物，仍戒後昆，永爲家法。

簡交遊，出門絶罕，然於師友有熱心活意，止庵、霽軒、近齋、中洲四賢則尊事之，與擴齋閔公致福契好彌篤，曰："自喪伯氏，惟於閔元履資益最多。以余所知，其有實見於此理本體者，惟元履一人，以其年壽不永，不克論著。"悼惜不已。常云："朋友列於五倫，五倫待是有立，而聖遠教弛，友道寖衰，降至今日，殆其亡矣。"援王深父所謂"人有四肢，所以成身，一體不備則謂之廢疾，人倫缺焉，何以爲世"者而戒之。

與人交，久而愈敬，不苟爲然諾，聞有一善，雖疏賤欲折節而下之。故舊若顯達，不與之參尋，至困阨憂戚，亦必盡情。有時携同志于蕭寺林亭，舒暢襟懷，縱談名理，飄然有凌霞之想。雅好山水，深得仁智之趣，冥搜八路群勝，遇會心處，輒有不瞬之賞，是所云"妙用顯行隨處充滿"者也。

自以喬木世胄，休戚與共，憂愛一念炳然如丹。每聞袞職闕遺，輒歷日不怡，飢饉札瘥，國步綴旒，則或繞壁明發，恒戒子姪曰："士生衰末，當不忘伏節死義之心。"

至若習俗日汙，華夷之防不嚴，義理寖晦，淑慝之別不章，則辨之早而守之確，思欲警世而開惑焉。明睿所推，察於世務，凡做事原始要終，詳密牢固，絶無齟齬罅漏，於得失利害，罔不審勢知幾，有龜蔡之先見。

恒以牽情骨肉，遲廻郊牧，邑邑不自得，晚年準擬卜居上流，而竟未果焉。每稱徐孺子窮自耕稼，非其力不食，問以天下事則不對，曰："吾實有愧古人矣。"嘗誦三淵語"春日野田中，叱牛窮耕"，是爲務實而贊歎不已，可見其素性也。

雅尚謙挹，不欲以師道自居，雖有請學者，惡標榜以謝之。晚歲擔荷轉重，有不得辭者，則無問遠近，接引不倦，而亦不許贄見，曰：“貴在實心相與，何必以虛禮先之？”隨才高下，獎進誘掖。常教學者以先辨名實，曰：“須要於爲己爲人之分，斬釘截鐵，庶不迷於入道，否者直是尋流逐影耳。”

買小屋以處之，名其齋曰“觀善”，肄業於其中，亦有挈家相就者，爲之謀生，俾專居業。所管書院，立學規，皆令月講，或親莅教席，或行鄕飮酒禮以風勵之。

弱冠喜爲文章，得作家軌範，旋覺其無益身心，絶不事閒漫著述。然體裁簡潔，辭理懇到，有遺稿十七卷，又有《讀書隨記》一卷、《雜識》二卷藏于家。

先生素不立號，晩治草堂而居之，題其額曰“敦艮”，是爲止道之至善而先生所以安身立命者也。陽明勝則德性用，故發諸日用云爲者，靡往不隣於明通公溥，以是而求之，則庶乎知先生之爲先生也。

配淑夫人安東權氏，牧使贈判書濟應之女，文純公尙夏玄孫也。仁惠端淑，與君子相敬如賓，克理閫政，宗姻咸服其賢。壽七十二，先先生一歲而卒，祔先生墓左。擧三男二女。男：長致成，前牧使，出爲寧齋公後；次殀；次致翼，今景慕宮令。二女婿：縣令閔致祿、正言金輔根。長房：男弘善，生員；女適李鍾愚。次房男敬善。

嗚呼！先生以間世英睿之資，承累葉文獻之盛，傳習家庭，篤信好學，深求道體，用志不分，遂擔夯脊梁，任重致遠，從少至老，造次顚沛，無一息間斷而必以求仁爲本，見得仁體端的。故直造眞蘊，居安資深，有涵育發用之美而無內外隱顯之殊。所以體天地生物之心而持養擴充者，一出於誠。詳和之氣，布濩四體；信順之德，孚感衆人。表裏無間，體用兼該，忠厚惻怛之中，自有剛果直方之氣，雖威利怵疚，而不能奪，死生交變，而不能移焉。

爲政于家而倫理極正，恩義極篤，可以推六順而化一國，不以樂天知命而忘與人同憂。然時有所難進，道有所難行，卷懷藏密，沒身山澤，終作熙世之遺逸，俾其鋪舒皇王之志不少槩見，當與千古志士同其賫恨者也。

然道之不行，以其不明也。惟唐虞精一之傳，待孔孟而明，惟鄒魯繼開之功，待程朱而明。若夫洛建訓釋闡發之旨，亦有所留蘊，以待夫百世，而義理無窮，聞見有局，多少舋罅從補苴而生，甚則入附出汙，手分現化，將聖哲之訓，驅率縛束，用徇己意，以致倒上下混丹漆，至有以朱子而攻朱子者，道術爲天下裂而斯文之否塞極矣。

宇宙間道理，不容不一番整頓，而先生適當其機，自知天責有歸，專精鑽研，虛心寬意，不立己見，因文順義，堅瑕自攻。始焉積久憤悱者，終底怡渙脫落，闡形氣神理之義，盡動靜體用之妙，以明造化生成之無二本、道器分合之無二事。

且世儒主氣之論，眞妄無別，流傳訛誤，將爲異端之資斧而理爲氣主之旨晦矣。先生發揮理字，刳心洞髓，俾洛建以來剔發此理苦血扶植之眞詮正諦，於是焉復明，其功可謂盛矣。

見諸佔畢記述、士友講難者，罔非妙道精義之發，而韶音令辭，自露天機，玉尺金衡毫釐靡差，卽其綜萬理、析群言者，可以承先啓後以定于一。而晚益斂約，遵晦愈密，默而成之，存乎德行，庶幾博約之會，功與願滿，造詣所極，卓然爲四百年吾道之結局，若是者洵命世之眞儒。天之降先生于今日者，將以通氣數之局，豈苟然哉？若遇後世堯夫，信斯言之非溢也。

直弼亦曾奉敎於先生矣，有曰："近世靡文滋甚，儒先贊美之辭，全無斟酌，一以過尊爲主，不如是，不足以尊其人，轉相因襲，遂成一副虛套，斯事實關斯文興替。"常所服膺而不敢失者也。先生胤子以直弼辱先生知遇，托以狀德之文，自念見識謏淺，筆力拙劣，靡足以善觀善言，何能微顯闡幽，圖不朽於永世哉？謹就見聞攸及而素所悅服者，撰次如右，而兢兢乎屬辭比事，仰體先生憂患世敎之苦衷，用竢知言之君子云爾。

梅山集

卷四十六

行狀

行狀

司憲府掌令、贈吏曹參判任公行狀【庚子】

公諱徵夏，字聖能，姓任氏，號西齋。系出豐川，高麗御史大夫澍其初祖也。入本朝，珪組蟬聯，至諱鼐臣，江原道觀察使，爲乙巳名賢。是生諱琦，龍蛇之役，倡義討倭賊，特除大興縣監。生諱義之，値昏朝，官止司藝，贈吏曹參判，寔公高祖也。曾祖諱喚，生員，贈左參贊，有至行，尤菴宋文正公表其墓。祖諱弘望，文科，知中樞，風節德業，爲明陵名臣，渼湖金文敬公銘其碣。考諱泂，執義，盡言不諱，扶植名義，爲士類所推重。妣延安李氏，義著女，忠定公貴其高祖也。以肅宗十三年丁卯五月十四日擧公。

公骨格淸秀，資識慧悟，知樞公喜曰"兒有鳳翔千仞氣象"，錫小字以"鳳"。纔學語，便解文字。知樞公畫聖賢事蹟，命諸子孫各拈取，公獨慕雪窖圖。長者問故，對曰："取其二十年雪窖，不易其操。"其志節卓犖，已自髫齔如此。十餘歲，應童蒙講于春官，對文義朗澈，一座稱奇，自是聲名藉甚。稍長，課試膠庠，輒居上游。

癸巳，中司馬兩試。甲午，擢文科，連貫三場，或居魁元，世稱以栗谷後所刱有云。乙未，分隷槐院。丁酉，攝記注，陪扈溫幸，賡和靈沼亭御製，爲諸僚所推奬焉。

戊戌，爲便養拜金井道察訪。値歲大侵，道伯送空名告身，俾作賑資，公以郵官與守宰差殊不受，捐廩廩分賑屬驛，無一夫捐瘠。因金公有慶濫騎馹馬，相較圖遞，金公悔謝而公不肯解。李忠愍公健命知其不可强，辟公爲司錄，物議稱屈。公曰“事君不憚燥濕，爲官何分善惡？淸顯亦非素願”，卽出供職。

庚子，肅廟賓天，差國葬都監郎廳，作《自傷》詩，用述哀慕。自是無意進取，陞禮曹佐郎，故不赴殿講坐罷。辛丑，敍拜司憲府持平，兼春秋館記事官，差纂修郎廳。仍遭外艱，癸卯，又丁內艱。

乙巳，除侍講院司書，移司諫院正言，陳疏辨知樞公受誣。先是己巳，仁顯聖母遜位，知樞公從子贈持平敞守闕號哭，辛巳，聖母昇遐，巫蠱獄發，又上章請討復告廟，因凶黨構陷被竄，旋蒙賜宥，肅廟奬以慷慨。始行遣，知樞公因辭章引咎，曰：“家姪敞妄言編配，臣卽馬援之罪人。”庚子，凶黨倡“母以子貴”之說，變易義理，執義公挺身力排，以遏邪說。凶黨必欲甘心，李眞儉攙及壬午疏事，以叔證姪，脅持傾軋。執義公對疏伸辨，上優批開釋。後鄭啓章首請持平公拿鞫，而襲眞儉語，持平公竟不免。英宗初元，洞雪群枉，持平公亦蒙伸白，而啓章之搒逼知樞公者，至是悉暴顚末。上優批促召，違牌坐罷。後除兵曹正郎，旋移侍講院司書，疏伸前懇，特命啓章遠配。

時上將展謁懿陵，因轉省明陵，而議者謂三年中禮不可入廟展陵，且無已例。公上疏請展謁明陵，曰："今日事，與甲寅之於寧陵、庚[1]子之於崇陵稍有間焉。大臣之不敢奉承聖意者，但據三年不祭之經禮，而不知禮之本於人情也。"又援甲子崇陵行祭時尤翁獻議，而曰："'「墟墓之間，未施哀於民而民哀。」凡民尙然，況聖人之孝乎？墟墓自與宗廟有間，故雖去喪久之，尙以凶禮處之。'推斯義也，今日殿下不可以凶服在躬有所拘礙也。陵寢主哀，宗廟主敬，三年內，宗廟斷不可行，而陵寢則或可行之。況殿下於宗廟移奉時，已行望廟禮，其所以排群議而斷行者，豈非以所重有在故歟？純用吉服，猶且爲之，陵寢當以凶禮處之，而獨不可爲乎？"竟被大僚所格。

陞司憲府掌令。時上憂士類持論太峻，欲行蕩平之治，迎合者左右顧望，凡係討復大義，輒欲汨董。公見義理晦塞，朝象婞婀，歎曰："蕩平之禍，終必誤國而後已。夫討復出於義理之公，蕩平出於利害之私，利之所在，莫不爭趨，則爲國家計者，惟利是趨，馴致犯分淩節。且鏡、虎之黨，包藏禍心，手脚已露於泰耈之'冒嫌'二字，再轉而爲鳳輝，三轉而爲世良，四轉而爲一鏡，五轉而爲尙儉，六轉而爲虎龍，七轉而爲敎文，八轉而爲天海，九轉而爲遇臣。蓋自建儲，此輩爲謀益急，靡所不至，鏡、儉伏法之後，譸出罔極之凶言，煽動遠近，必欲售其計乃已，詎可以蕩平而革腸改

1 庚：底本에는 "甲".《西齋集·請明陵行幸疏》 및《承政院日記》英祖 2年 1月 25日 기사에 근거하여 수정.

心乎？百姓易惑難曉，苟見吾君如此，將謂‘彼眞無罪，故朝廷無懲討之擧’，口語心疑，禍亂之階，其基於此。”

及拜是職，則曰“是吾効命之地”，將欲劈破源頭，洞明義理，爲感悟宸衷，挽回世道之計，先上章以開聽受之路，曰：“今日可言者，有大於討復者乎？使臣今日出一言，亦惟曰討復，明日出一言，亦惟曰討復。惟此討復一事，許久横着，未易了當，天心之不豫，由於此，民志之不定，由於此，上下四方千頭萬緒之頹塌壞亂莫可收拾，莫不由於此。今日可言，捨此而豈有他哉？臣自聞殿下必稱蕩平，固已憂疑，及見勉副大臣而後，益知天下事自此去矣。”

既承批，乃陳六條疏：

其一曰：恢聖志以立大本。臣聞志者，萬事之的也，的之不立，中不中何論？凡人有志，亦莫不貴剛大而賤卑下。況人君代天理物，其責愈重，尤不宜妄自菲薄。況當一亂之後，任一治之責者，豈可循常蹈舊，東塗西抹而止哉？

嗚呼！惟天厄我東方，禮樂征伐，不得自天子出，亦已久矣。惟天不忘我祖宗，乃生我殿下，將降大任，乃先拂亂其心志，以增益其所不能，式克至于今日。殿下以不世出之資，當大有爲之時，其心非不孜孜願治，而臨御二年，未見樹立之卓然，規模氣象，視前無異。《書》曰“愼厥終，惟其始”，其始如此，其終可知。臣竊妄度今日之止於如此者，實由於聖志之不廣，而聖志之所以不廣，亦有由焉。

蓋自辛丑以來，群兇之縛束我殿下無餘地矣。凶言悖說，有不忍聞，末乃以賊虎爲元勳，逼殿下莅其盟，煌煌鐵券，歷歷銅盤，臣僚環立，鬼神森列。此時殿下跼蹐在座，何以爲心？此時則殿下固不得自由矣。及至今日，誰禁而不能奮發耶？無乃猶有所沮縮而然耶？臣則以爲殿下宜無所沮縮也，何者？

惟我先王既有疾患，又無嗣續，宗社神人之托，捨殿下其誰也？此時殿下雖欲爲泰伯、仲雍，其可得乎？惟我慈聖暨我先王所以體聖考遺意，早定大計者，亦惟爲宗社也。當時四大臣所以力贊大計，殺身不悔者，亦惟爲宗社也。殿下所以不得終守己志者，亦惟爲宗社也。從古以來，以次嫡承大統者，未有若殿下之光明正大者。此可以百世不惑，又何沮縮之有？

臣竊聞殿下嘗以"孤竹清風"四字，用示微意。嗚呼！"孤竹清風"，豈殿下之所可道者哉？由是觀之，殿下之氣已餒矣，其志安得以廣之哉？其志不廣，故處分不嚴；處分不嚴，故義理不明；義理不明，故民志不定；民志不定，故天心不豫。於是乎天之所以付畀我殿下、責望我殿下者，將無以答之，豈不大可惜哉？

今殿下久處潛邸，無一介士大夫相與往來，所與習者，非宦官姬妾，則掖隸宮屬也。其志安得以自廣？由是其明察於細務，其仁近於婦人，糊塗彌縫，終無磊落做去者。苟不能奮發大志，拔去宿臼，則臣恐殿下之國事，終無可爲之勢也。

其二曰：嚴宮禁以絶奸萌。臣聞內言不出于外，外言不入于內，蓋古聖人齊家之大法也。不幸庚子以來，大防漸弛，私徑隨開。始則賄賂相通，其害猶少，終乃威福擅行，其勢難遏，以至逆儉用事，而殿下一身，幾不能保。此則殿下之所親經歷而大懲創者也。惟其懲創既深，則宦官之害，非今日之所當憂也。然臣有區區私憂者有二焉。

儉獄既不窮竟，黨與無所致討，則安知殿下左右不有尙儉輩幾人耶？向者鄭宇寬招中有所歷擧，而其時凶黨撲殺宇寬，以滅其口，僞作死後之招，粧成誣告之案，中外雖多疑惑，端緖無由的知。及至廷玉直招而後，徽、商締結謀逆之狀，畢露無餘，宇寬所告外面事，既如是分明，則其內間諸宦事，亦不可謂全然無實。然此非外人所可知，惟殿下自知之矣。今臣亦豈以宇寬所告諸宦，謂皆一一如尙儉哉？其或然或不然之間，一經按覈然後，無罪者可以安其心，有罪者可以正其法。如金夢祥者實非儉黨，果如聖敎，則一經按覈，自可淸脫，在渠亦非幸耶？其他諸宦，俱是夢祥之類，則殿下又何不幷擧而獨拈出夢祥一人也？此其中必有可疑者，而殿下一例掩覆，不許按覈，元惡雖誅，餘孼尙存，則禍根不除，滋蔓可慮。此臣之所憂者一也。

抑臣聞小人近之則不遜，遠之則怨，處之蓋難矣。臣以意度之，殿下久處潛邸，或不得不與此輩有所親昵。況當禍變之際，其忠於殿下者，必不無其人，此則理勢之固然。果有若是者，殿下別有賜與，厚其廩食則可也。若因仍假借，示以私好，則其流之害，不可勝言。此臣之所憂者二也。

其三曰：行天討以定國是。臣聞惟天好生，不能去秋殺，王者體天行道，亦一無私而已。"可怒在彼，已何與焉"，舜之誅四凶是已。夫四凶者，在堯之時，已負其罪，而堯不能討之，至舜而討之，舜何嘗以堯之不能，有所嫌礙哉？今殿下若以耇、輝爲非逆則已，既知其爲逆，而惟以先王之所不討，我則討之，爲嫌而不敢討，則是何大異於大舜之爲也？或者聖明猶未能眞知，故有所疑惑而不決者耶？臣請溯源而悉陳之。

殿下其以爲兇黨之禍心，基於何時也？實基於丁酉獨對事也。惟彼兇黨，得罪於名義，不容於聖考，指天畫地，以俟一日。及有此事，大生疑怒，脅迫之言，左右迭出，至於趾完而極矣。其後眞儉以"銀貨用於何處"之說，恐動我先王；泰耇以"不可冒嫌出見"等語，悲間我先王。此實兇黨之宿計，而殿下之禍根也。及至名位已定，宗社有托，則此輩知其勢不可兩立矣，其計安得不急，其言何所不有也？先王若無疾患，又有嗣續之望，而彼四臣者有私於殿下，急急定策，則是四臣者有二心，果如兇黨之所言矣。殿下惟當以逆治之而已，何伸冤之有，何褒忠之有？今乃不然，四臣眞爲忠，而構殺四臣者，眞爲逆也。殿下既知其然，則亦惟當以逆治之而已。更有何許多曲折，費却多少辭說也？

夫討逆之大經大法，不過曰“殲厥巨魁，脅從罔治”而已。今殿下以好生之德，懲既往之事，不欲恣行殺戮，則亦宜誅其巨魁者而已。諸臣必欲嚴討復者，亦豈欲人人而盡誅之哉？ 然而殿下先疑諸臣之急於報復，至於殺戮，乃强作別件義理，或曰“反側自安”，或曰“無我負人”，或曰“以寬濟猛”，或曰“王道蕩平”，多般周遮，曠日持久。由是義理不明，民志不定。殿下試觀自古義理不明，民志不定，而能久有國家者，有之否乎？臣以爲天討行然後，國是可定，國是定然後，可以有辭於天下萬世。

臣竊觀近日以來，風色大異，君上安於姑息，臣下狃於遷就。只有一大臣苦心血誠，欲爲君父討亂賊，力盡誠竭，終必去其位而後已，彼大臣綽綽有古大臣風矣。所可惜者，殿下以一時之私意，掩千古之大義，務在必勝而後已。夫人君居巍巍之位，操赫赫之威，何憂乎不勝？

今日臺諫謄傳古紙，積成卷軸，書之不勝，聽之可猒。殿下若嫌其煩且久，而必欲亟停，則何不與大臣諸宰三司之臣，一番會議，分其首從，各以其罪罪之，一如向日臺臣所請也？ 此事本非許大難事，只是嗣服初數日間事耳。當初若速了此事，不使横着至今，臣知今日已見大綱正而萬目擧，國事必不如是頹塌，人心必不如是渙散，殿下又何患乎民憂國計之置之度外也？

往歲是殿下元年也。自古有爲之主，莫不以初載先定其大規模。今殿下空過了好機會，以至于今泄泄伈伈，無所變動。殿下試思之，若是而何以爲國乎?

其四曰：破俗論以行實政。臣竊觀史牒，自古國家將衰，必有一種題目壞了其國事者，若晉之淸談、唐之黨論、宋之和議是已。臣嘗物色乎當今而有所深憂者，今之病人國家者，其惟俗論乎。

惟此俗論，形色無定，名實多眩，未易覷破而說道。大抵爲政，則不顧事理而徒循規例，用人，則不問賢否而只守資格，使之評人，則上下兩截，委曲爲說，使之爭是非，則似然而或不然，靡有一定，此所謂俗論者也。

惟此俗論，在其身，則有益而無害，在世道，則其害甚於晉之淸談、唐之黨論、宋之和議。惟其有益無害，故人多效之，俗尙已成，雖有知其爲世道害者，雖欲斥之，實無以得其可斥者。是以一時之權，自然盡歸於此，立根已固，未易拔去，若不先打破，則雖堯、舜在上，皐、夔在下，亦無可奈何矣。

其破之之策，無他焉。惟君上先以大聖人自期，無爲流俗所染，號令擧措，出於常慮之外，俾有以大警動大振作。又得眞正有學識者，置之百僚之上，弛張黜陟，不拘細節，無復拘牽於古事之末，徘徊於兩端之間。然後有志者方能行其志，有才者方能布其才，規模於是乎可立，實政於是乎可行。

其五曰：抑侈冗以敷國用。諺曰“十手力作，不如減一口”，此言雖鄙，亦自有理。蓋足財之道，不在多聚，惟在節用，斯實千古不易之論也。方今國儲罄竭，經用不繼，有司之臣，以是爲憂，搜財括利之方，靡不畢擧，錐刀必爭，錙銖無遺，而終不見國用稍裕者，何也？得之之方[2]，不如用之之節也。

今日之不得節用者，蓋不出乎"侈"與"冗"二字也。所謂侈者，臣竊以所聞參諸所見，而求其所以如此者，我國自古亦豈無一二人以窮奢極侈名者？然而當時未聞有以奢侈成風，至於國用不敷矣。近時則上自卿宰，下至士庶，未聞有窮奢極侈如古之以是得名者，猶且如是者，何也？古者一二人雖窮奢極侈，不足以耗一國之財，今則人人皆踰其分，故足以耗一國之財耳。臣自反於己，亦多有之，他人又可知矣。

所謂冗者，臣不可[3]枚擧而歷數，請先言一事之爲第一弊根者。夫財者，地之所出也。地之所出自如，而今之每患不足者，何也？應入之數，不得盡入於公家故也。臣偶閱各道租案，今年實結，比前大縮，實結之中，又除出宮房及書院免稅，若是者不可勝數。總而言之，實入不過十分之一二，若是而可以爲國乎？

其六曰：擇守令以保窮民。生民之困窮，未有甚於此時者也。議者以爲民之窮，實由於法之弊，於是有更張之議。臣以爲非法之不好，實由於法之不行也。

2 方：《西齋集·陳六條疏》 및《承政院日記》英祖 2年 2月 15日 기사에는 "多".
3 可：《西齋集·陳六條疏》 및《承政院日記》英祖 2年 2月 15日 기사에는 "暇".

法之所以不行者何也？守令不得其人故也。臣久居鄕里，閱觀隣近守令之爲政者。其稍能解事者，巧作名目以濟己私之爲務，何暇念及於爲民？若其愚拙者，又矇然坐睡，漫不知何事，政委下吏，一任其漁利。二者均爲病民者也。每朝廷令下，拙者雖欲奉行，莫知其頭緖，其能者故爲延拖，以免民謗。若是則雖有良法美政，將安所施？

疏奏，見者吐舌。上批以"'一治一亂'、'禮樂征伐'等語，未得其當"，又下備忘，有"務勝新奇"之教。公卽詣臺引避，略曰：

臣新入言地，追先父未究之志，感聖明不棄之恩，欲以一言少效其責。今日卽君臣交接之初也。竊自以爲聖明在上，何事不可言，何言不可盡。

第一條中"一治一亂"之說，只是泛論時運而已，何殿下看得太深耶？自有天地以來，言治世者，宜無過於帝堯之時，而特以有洪水之害，故孟子乃擬之於一亂，此何損於堯之盛德也？先王本來盛德固無容議，而當時群凶，矯誣濁亂，擅行殺戮，言其害，則甚於洪水，論其時，則蓋亦百六之運也。先王未及撥亂反之正，而乃以丕丕責遺之我殿下，臣之以一治勉我聖上，不亦宜乎？夫"亂"之一字，古今人臣之戒其君者，莫不用之，使臣進言於先王，亦安得諱此字？此實從前兇黨之所藉口，而殿下助之耶？

且"禮樂征伐"云云，臣亦有說焉。殿下其以辛丑以後事，謂皆出於先王之本意耶？ 或不允而爲允，或無發落而有發落， 直以出於渠輩之口者， 依俙作上敎一“唯”字一“依”字，都無難事，於是刑人殺人，都不關於人主之事。此則國舅累言之，其時史官亦追論之，非臣之臆度而刱說也。 況最初備忘之出於尙儉之手， 中外所共知，尙儉雖卽誅死，安知其後不有他尙儉耶？

嗚呼！ 當時事可勝言哉？ 顚覆聖考之成憲，屠戮聖考之遺臣，崇用謀危殿下之賊，頒布誣辱殿下之文。若以此等事，謂皆出於先王之本意，則其貽累於先王，當如何哉？ 然而殿下未免爲兇黨餘論所撓奪，以諱疾爲第一義理，欲以鉗人之口。一時之口，雖可鉗，百世之史冊，其將如之何哉？

且殿下每以吾心泰然爲主，此臣之所未敢知也。當其時殿下於自己之禍福，雖能泰然，其於宗社之存亡，亦能泰然而無所動念乎？ 事關宗社，則殿下宜不得辭其責耳。爲宗社討亂賊，非殿下之私事，又何泰然不泰然之可論乎？

今殿下以爲處分旣定， 是與非不可謂不定。 以臣觀之，殿下自臨御以來，何嘗有一二大處分，可以大懲畏兇黨，大鎭服人心者耶？殿下每以首誅鏡、虎兩賊，謂之天討已行。 而若泰耉之說出一“嫌”字爲殿下禍根者與鳳輝之危動已定之儲位幷誣我慈聖者、其餘締結逆儉主張陰謀者、左右觀望坐視成敗者， 尙不得各以其罪罪之。若是而可謂處分已定乎？ 處分如是模糊，則是非又安得大明？

且殿下又何必是非云乎哉？四大臣爲逆也，則耆、輝爲忠；四大臣爲忠也，則耆、輝爲逆，一忠一逆，自有定形，不可易也。殿下旣以四大臣爲忠，而褒之如不及，則是知耆、輝之眞爲逆也。旣知其爲逆，而不以逆治之，欲以區區言辭分辨而定其案，看作黨論中尋常之是非，此可以絶後世之疑惑乎？

批曰："治亂之說，終有所不稱量，而游辭周遮，不其苟且乎？"正言洪鳳祚請出仕，上嚴批特遞公職。承旨李倚天覆逆，上曰："扶奬乖激之人，其所容護，一至此哉？任自爲之。"李公力言："徵夏疏避，深得淸朝諫諍之體。"命改"任自爲之"四字。於是兇黨換面迭出，投疏構捏，或誣以語逼先王，或請以禁言太后時事，旨意陰險。上曰："徵夏本意，專出無隱。非徵夏誣之，實渠輩誣之。"嚴斥言者，幷竄絶塞。然終亦命竄公于順安。相臣鄭公澔、李公觀命及政院、三司相繼論救，閔公鎭遠伸救尤力，仍以與其袖箚同一義理，引咎請罪，而幷不納。

丁未七月，進退士類，凶黨復進。掌令李挺膺首發啓請，姑先絶島圍籬，遂移大靜縣，兩司繼發一律之論。時群凶必憑藉先王，欲售網打計，以公爲孤注，鄭、閔諸公及李公倚天幷被行遣，而持公益急。

戊申正月，光佐率六卿、三司請對，恐動迫脅，靡所不至，夜深始允臺請。兇黨又請直送監刑官，卽壬寅剏行於李忠愍者也。上不許。

二月，被逮，呼寫志事本末，贈子時九，曰：

庚子冬間，先君子復入臺地，無所却顧，論李森論祭奠，人莫不危之。而先君子益思所以追報肅考，誓一死于國，不肖諫而不聽，不肖計無所出。

時不肖新通臺望，常從容白曰："大人老矣。子雖不肖，亦已通籍于侍從，願以身代之。"大人笑曰："義理各自不同。吾已出脚于臺地，旣出而復自退，人將謂何？且非吾素志也。若以從前時人之薄待，有自異色，吾乃小丈夫也。吾自盡吾心而已，爾其自靖，無自輕也。父子同入其中，非義理也。"不肖累爭而不許。於是不肖揚言于儕友，曰"父子迭相出入于臺閣，甚不安"，遂自屛于鄕。

當時請自代者，蓋欲自當其禍，而欲使吾父不入于危地也。雖其誠薄不見聽從，及遭巨創，每思先君子若不以其年考終，其能免於世禍乎？若然則請自代而不可得，獨使其父罹世禍，其心當如何哉？

嗚呼！先君子必欲追報寧考，不有其身，而不肖旣以自代累請而不已者，豈徒繼躓爲仕宦而已哉？蓋將以吾父之志爲志，知有國而不知有身，死無所辭，然後可矣。何忍以先君子之以天年終爲解，而不思所以踐其自代之言乎？此吾所以至此而無悔者也。

遂夷然就途。

三月，詣理，或勸以屈志紓禍者，公笑而不應。凶徒按獄，咆哮督迫，公色不少沮，口呼供辭，曰：

自矢于心，事君盡道，不顧一身之禍福，實平生所蓄者。故及爲臺諫，乃首陳一疏，欲爲先王洗積久之誣，爲當宁嚴討復之義。若其第一件事，不過泛論治亂，以明主上爲責之重而已。從古說興亡論治亂者，豈可勝數哉？誰知"治亂"兩箇字終爲聖世殺諫臣之資耶？

凡文字有主客輕重之分矣。身疏中旣曰"當一亂之後，任一治之責者，尤豈可"云云，今此句語，其主與重，在上段耶？在下段耶？不過以一治之責，望我殿下，故偶然幷擧其對句，此則讀《孟子》口熟之故也。此何有深意於其間而然哉？及夫聖上拈出此一句，詔之以"不稱量"，則矣身避辭，不得不略論其時黨人矯誣濁亂之狀，以爲一亂之證，此正孟子以洪水故擬一亂於大堯之世。矣身此語，亦何損於如大堯之先王之德哉？

夫氣數所關，變易無常，一代之中，亦有一治一亂之可論者。惟我先王新卽位，首誅重遇，使己巳餘黨不敢售其計，此時則當屬之一治矣。及夫聖疾漸加，而妖婢凶宦用事於中，逆鏡、賊虎合謀於外，一反聖考之處分，大殺聖考之遺臣，至使我殿下幾不保於危疑之際，此則不得不屬之於一亂矣。若使先王聖體康復，寶算綿長，則濟其亂而爲治，只在一轉移之間。若此則誰敢不以一治歸之哉？

嗚呼！上天不仁，不假聖壽，使先王不及自爲，而乃以一治之責遺之於我殿下。惟我殿下若大奮發大洗滌，用挽回世道，則後之議者，當以一治歸之。若姑息苟且，委靡不振，一如其時而止，則亦不過歸一亂之世。其時則將亂將治之幾也，矣身安得不以一治勉我殿下哉？此矣身所以爲一治之說，而不自覺其陷於死罪也。

一"亂"字也，而歸屬處各自不同。今有人爲言曰"昏亂"、"淫亂"，則此從君德上言之也，此果逼於君上矣。若有人論說往事而曰"小人濁亂朝廷"，曰"譖言眩亂君聽"，則若此者亦可謂"爲其所濁亂所眩亂，當爲何如主"云，而亦可以誣上斷之耶？矣身疏語，只論臣下濁亂之狀而已，本非從君德上說去，則"誣辱先王"四字，豈非千不近萬不似者乎？而今之爲言者，乃曰"直歸之于昏亂之主"云，聖上所謂"非徵夏誣之，實渠輩誣之"云者，其可謂不易之公案。

又恐"一亂"一句語甚孤單，不足以證成死罪，則乃復拈出"撥亂"二字，以爲輔翼。夫必欲殺之，一箇"亂"字足矣，何必爲兩箇"亂"字而後足耶？"撥亂反正"一句語，世多有用之者，凡事之不好底，改爲好底者，皆用此文字矣。李巨源用之於辛壬變更之後，則世無疵之者，矣身用之於責勉我殿下之語，則必欲置之極刑。嗚呼！同一非先王本意，而用之於肅廟，則不罪而寵之；用之於先王，則罪至於死。識者固已疑聖世之刑政矣。今此"撥亂"一句語亦同也，而彼此論罪，何其懸殊也？

蓋最初備忘，出於尙儉之手，中間威福，或不出於君上，卽中外所共知，而矣身疏出後，聖上始爲分明下教于筵中。於是渠輩之頭顱已破，而百世之公案可定矣，黨人安得不嫉矣身如仇讎？而猶不敢以此一節請鞫矣身者，蓋恐矣身三寸舌之猶在故耳。直欲以一“亂”字，模糊殺得，以箝制一時之口耳。況殺得矣身，然後兩大臣方可以次第殺得，故先從易處下手耳。

似此爲計，路人亦知，豈聖明有所未盡燭者？蓋黨人前後脅制之言，足以誤殿下故耳。其言曰“如此如此，則後世將疑殿下忽於爲先王之道”，曰“如此如此，然後殿下爲先王之道至矣盡矣”。由是聖明不得不有所撓奪，寧遂殺一不辜，以謝衆口耳。矣身死，而殿下爲先王之道，由是益光，則是矣身之死，有益於國家而無憾於天地。然矣身竊恐殿下爲先王之道，在乎討當時群兇之矯誣先王者，不在乎强殺爲先王辨誣之矣身也。

矣身之罪則有焉。身爲臺諫，不能明目張膽，亟討群兇之矯誣先王者，以慰我先王陟降之靈，此則矣身之罪也。以此罪之，矣身敢不含笑就刑？若以誣辱先王爲罪，則雖斷其舌刳其腹碎其骨，當風而颺之，矣身萬萬不服其罪矣。矣身一死則決矣，以刃與梃，非所敢擇，而但其所不服者，惟誣先王之目耳。矣身不知專歸罪於臣下，欲置先王於無過之地者，爲誣先王耶？欲自逃其罪，不顧貽累於先王者，爲誣先王耶？如矣身疏賤者，雖不足道，如彼國舅者，獨何心腸，欲誣先王，而爲前後疏若是班班耶？以此推之，矣身之言，可謂爲先王辨誣，不可謂誣先王也。

死者不可復生，殺人之事，本自不輕。況殺諫臣，尤非頃刻容易之事，古今天下，寧有不經一問而徑爲結案者乎？矣身不得已爲此拒逆者，非敢爲死中求生之計，亦冀聖朝愼刑之道無闕而矣身願忠之志可畢也。古人有尸諫者，矣身卽一未冷之尸也。“人之將死，其言也善。”惟我聖上勿以罪人之言而忽之，則矣身雖死，無所憾矣。

兇徒亦相顧曰：“果難矣，果難矣。”

時凶黨與已巳餘孼表裏和應，紹述鏡、虎凶言擧兵叛，賴社稷之靈，自底勦滅，而宗國之危，凜如一髮。聖志專出包荒時議，亦務含默，有語及先王之有疾患被矯誣者，輒罪之。以故兇徒靡所懲畏，醞釀至此，而公之必欲痛闢源頭，夬定是非，用折其奸萌者，於是焉大驗矣。人咸服公前知之誠，而群凶亦往往私自稱屈，曰：“臺啓措語，殊沒着落。直以泛言‘亂’字，勒定誣辱先王之罪，何能服人心？李義淵之無罪，猶爲一鏡之互對，峻攻任某，乃欲爲疏下人相對。”柳儼卽發一律之啓者，而亦云“吾於先朝頻以假官昵侍，已稔知群下之掩蔽行事、宦侍之濁亂矯旨。任某之意，直出於辨誣，何嘗有罪？但不無彼此腔子，故吾曾汲汲請討。今則逆變乃爾，任某之言中矣，追悔其論罪”云。亦可見人心之公，公則一也。

時儒、夢諸賊咸伏法，兇徒必欲對擧報復。光佐率其黨，或請勿拘日次開鞫，或請自鞫廳直奉結案，或劾論避坐之禁堂，或駁罷停啓之臺臣，競相逞凶，甘心而乃已。閔文忠公宥還入對，又以袖箚事引咎，仍極口伸辨，上不納。

庚戌六月，申公思喆、朴公師益以金吾堂上引入，不參府鞫，上激怒以爲"容護私黨，不有君命"特罷，卽因臺啓移鞫，又命親鞫。李文簡公宜顯進諫以事體不當，處分顚倒，上激怒叱退，雷霆震疊。而公雍容整暇，辭氣如常，侍衛諸臣，莫不贊歎。竟以七月二十四日，卒于囹圄。被繫三年，前後受刑三十餘度，而臨終神氣安閑，凡繫初終諸節，留囑侍卒，得不失禮。戊申賊供有"觀上之治任某，以知向景廟誠否"者，故上深惡其說，以致瘐死。且有言"先見之明，可以蒙宥"者，公笑曰："此吾所以不免也。" 九月，祔葬于牙山南面獨亭里先塋坐壬之原，遵遺命也。

丙申，正宗登極，因公胤子時八鳴冤，不待覆啓，特命復官。純廟己巳，公嗣孫忠白以壽爵當例贈，大臣建白以忠節卓異，特命加贈公吏曹參判，兼帶如例。

是爲公始終屈伸之案也。

配光山金氏，戶曹判書鎭龜之女，沙溪文元公其五世祖也。生長法門，壼範咸備。自公被逮，每夜沐浴露禱，仍沒身食蔬，毁瘠成疾，以癸酉三月二十八日終，祔公墓。擧三男二女，男長時九出繼尸知樞公祀，次時八贈參判，次時五，女適徐俊一、洪相鳳。時九六男孝白、悌白、忠白蔭同樞、信白、珩白、後白，女適李羲敬。時八繼子忠白，女左議政金履素、金履庽、李羲春，庶子增白、衍白，庶女申綸。時五繼子珩白，女趙國鉉。徐壻子行順、行敏、行直，洪壻繼子疇燮。

公性於孝，惟親志是順，服勤左右，不許人替勞。家貧，力具甘旨，未或告乏，居憂毁瘠幾不全。後喪在前喪中，公考據經禮，參酌情文，處變事而不失其正。

友悌篤摯，雖患難孔棘，而爲伯氏謀生，必先於己。伯氏嘗欲分析莊土，公固辭盡歸之祭田。從叔闔室遘癘，五喪相繼，公冒危難躬庀終事，悉力自辦，本家欲以田民償債，公不受焉。

忠愛根天，嘗廬墓聞鏡、儉諸賊凶圖危急，憂灼廢寢食。傍人言："公非當國者，禍福何與於局外，而何自苦如此?"公涕泣曰："吾家世受國恩，漆室之憂，固倍萬餘人。況吾先子爲兇黨所仇嫉，事將不測，而吾王終始曲保，凡我一毛一髮，罔非聖恩攸曁，吾何敢暫忘? 不幸吾王有疾，群兇締結宦妾，矯誣濁亂，無所不爲，翻覆斯文之義理，屠戮肅廟之舊臣。終至於謀危貳極，鎖閉問寢之門，封還慈教，不奉討逆之命。儲位不安，則宗社將爲墟矣，吾屬將安歸乎? 吾雖不能被髮入山，誓不與此賊共戴一天。且吾王仁聖，孝友因心，遵聖考勿撓之訓，雪慶濟斯文之讒，明《春秋》無貳之義，斥尊崇私親之說。推是以往，熙皥之治，何所不可，而近日事咸出於兇徒之擁蔽欺誣。此猶浮雲點翳，固何損於太淸哉? 爲今日臣子者，尤不勝痛迫。"

乙巳初元，上迸出群兇，登庸舊臣，國是始定，大義粗伸，而兇徒率多倖逭，人心漸至陷溺。公嘗太息，曰："人君初政，固不可以刑殺導之。然欺誣先王，則上不可以不討，謀害當宁，則下不可以不討，而今諱疾一款，爲時大禁。凡天下萬事，苟不能溯源而極明，尠不歸於黯黮苟且，其奈凶徒之藉口、後世之疑惑何哉?”

蓋公素所蓄積而雅言者如此, 而恒願爲國家一死。故及丙午而極言竭論, 不顧時諱, 終至於殺身靡悔。禍急, 書囑諸子曰:“吾自期不甚草草, 而至於是, 爲國之誠, 不能效其萬一。汝等他日盡心報國, 以繼我志。”其丹衷炳烺, 至百死而不渝者, 可見於此矣。

公姿性絶異, 慈諒而剛毅, 峻整而溫潤。觀其貌, 端好可愛, 聽其言, 謙卑自牧, 而至若喜方惡圓, 特立不倚, 言議之嚴正, 秉執之明確, 毅然膚不撓而目不逃, 有萬夫不可奪之節。

發爲文辭, 贍博精敏, 通暢縝密, 長編巨什, 操筆立就, 辭理俱臻, 切事情而不失軌範, 長諷刺而亦極華麗。至若科體賦策, 殆近世絶調, 讎怨者亦多取法。公婦兄北軒金公, 於文章尠肯可, 而獨許公以可畏, 贈盤龍硯爲序以推讓焉。然公恥以文人自居, 不喜爲無用之作, 所著詩文若干卷藏于家。

嗚呼! 公本之忠信, 濟以氣節, 文可以黼黻皇猷, 才可以潤澤生靈, 學識言議亦可以謀王體斷國論, 又値聖明在上。而竟被群兇所媒孽, 殞身於犴狴, 豈非命耶?

乙巳以後, 聖化維新, 而兇黨失志, 傍伺狺狺, 憂虞澒洞。患得失者又倡蕩平之論於其間, 鼓一世而從之, 汨亂是非, 混沌忠逆, 牛、李幷進於太和, 紹、祐調停於建中, 對待互擧, 勒定國是, 上而熒惑天聽, 下而疑眩人心, 將爲世敎無窮之禍。士大夫相顧脅息, 未敢發一口。公所以寫盡滿腔熱血，要以批患折亂，知宗國之有安危，不知一身之有禍福，卽所云“殺其身，有益於君，則爲之”者也。推其志，可以感天地格鬼神，而乃反抉摘字句，糢糊成案，聖主知其無罪而不能宥，士類服其危忠而不敢救，適足以快兇徒之心。彼請劍尙方，埋輪當路，而獲免於身者，其亦幸歟！何古今人幸不幸乃爾哉？直欲籲天而無從者也。

公沒後二十六年，而復有乙亥之變，辛壬餘孽，凶謀畢露，天討遂大行。公之言至是益驗，而構殺公者，多以國賊伏誅，斯可見天定之勝人也。且兩朝昭褒之典，如揭日星，抑鬱而不得伸於當時者，將明白而永見暴於後世，惟公化碧之冤，亦可以無憾矣。

始公之被禍，黎湖朴文敬公弼周曰：“兇徒構殺任某而曰‘任某隨其利害，贊之薄之’，爲人臣者，敢發此言耶？全露情狀，雖欲掩人目，得乎？”

賢士大夫爭致挽誄，夙夜齋閔文忠公翼洙曰：“吾儕行將駢戮於賊徒之手，而夫子乃獨先死於吾君之前，斯可謂榮矣。然而主人之人戮於賊，固其勢然也。以剛正之士而死於仁聖之世，古未嘗聞也。緘辭數句，流涙千行。非直爲二十載交好，奈何此三百年宗祊？”盃山洪公鳳祚曰：“生而盡言，死而靡悔。君子所惜，小人所快。子能如是，余復何悼？余所悼者，亶爲世道。”金公祖澤曰：“人孰無死？而死或關於世道之汚隆。死誰不悲？而悲或係於所死之如何。公之死，未知悲耶？否耶？不悲者，人情之外，悲之者，不但爲公之一身而已。”是豈皆阿好於公而云爾哉？

光恩金公嘗評公曰："吾壻不徒詞章絶倫，忠信剛直，恒有伏節死義之志，如金秤之錘、木幹之心。"世皆追服其鑑衡焉。

直弼自童年讀公疏，激昂決烈，凜凜有生氣，自令人嗚咽流涕。公之玄孫憲晦抱公胤子時八所著家傳，要直弼狀德。辭非其人，而其懇苦切，終不忍牢讓，書之如右。至構禍源委，繁而不殺者，用是爲辛壬義理之結局，不直愍公冤而傳信于一世而已。後有篤論之君子，當知直弼之言非溢也。

贈持平慷慨翁任公行狀【癸卯】

公諱敞，字晦而。任氏系出豐川，以高麗御史大夫諱澍爲初祖。入本朝世襲圭組，至諱鼒臣，江原道觀察使，爲乙巳名賢。生諱琦，龍蛇之亂，倡義討賊，特拜大興縣監，贈左承旨，卽公高祖也。曾祖諱羲之，司藝，値昏朝官不顯。祖諱㬇，生員，贈左參贊，尤菴宋先生表其墓。考諱弘挺，有至行，親癠割肌進血，亦被宋先生所稱述。妣密陽朴氏，承謙女也。

孝宗三年壬辰十月六日生，自幼志氣骯髒，好奇節。己巳，聞仁顯王后遜位，悲憤欲死，徒步入漢師，守闕號哭，見者莫不義之。及辛巳聖母昇遐，巫蠱事發，上賜禧嬪張氏死，秉成者爲他日自全之計，極力伸救。明年，公欲抗疏竭論，擧家挽止不能得。季父知樞公携酒會子姪于蕭寺，含杯而語公曰："今日之别，安知不爲千古之訣乎?"仍泣下。蓋設言以示死生契闊，冀其感回。而公無少自沮，勇往不顧，上章陳討復之義。其略曰：

不幸今者，詛呪之變彰露，凶穢之物狼藉，窮凶極惡之輩，相與就服，噫嘻慘矣。我聖母今日之賓天，非天使之也，乃人爲之也。凡今日母事之臣，所當切齒腐心，必欲討復而後已。今之爲言者，乃曰："是王世子所生之地，不宜爲國母復讎也。"《鄒書》不云乎? 舜爲天子，瞽瞍殺人，則皐陶執之。瞽瞍卽天子之父，人乃匹夫也，皐陶猶且執之。今以禧嬪弑中宮，其罪犯比之於瞽瞍之殺人何如也?

臣謹按《魯論》，曰："陳恒弑其君，孔子沐浴請討。"陳恒，齊國之大夫也，君亦齊國之君也，孔子以隣國致仕之人，必爲之沐浴者，豈不以以臣弑君人倫之大變故也? 爲今日之臣子，見國母之被弑，其所沐浴之緩急，比之於孔子何如也?

噫! 以中宮爲正母，以禧嬪爲私親，則遭此罔極之變，尤有所罔極者，獨我世子之情勢慘然也。爲今日殿下之道，罪其罪法其法，而十分慰諭，以安王世子罔極之情勢；爲今日臣子之道，亦當奉承聖敎，以伸討復之大義，繼以慰安世子之說，至誠陳戒，則君臣上下，各得其宜。今也不然，必曰"禧嬪不治，然後可以慰安世子之心"，有若以世子之心恝然正母之被弑而偏護私親者然。其跡雖似獻忠於世子，而其實未免爲歸世子於不是之地也，可不痛哉？獨幸夫聖上義理分明，處分夬斷，卒至罪其罪而事其事，則臣於此不勝感激而涕泣。

且臣以國母被弑之冤，不得不歸冤於殿下，殿下亦以爲然否乎？噫！自己巳至丙子，自丙子至于今日，前後禍根，無非一串貫來，則要一時之專局，幸國家之不幸者，如此之輩，決非士君子之用心，而何殿下信之深而用之專也？此己巳之禍所以作也。至於丙子之變，謂之長遠慮，必欲掩護者，大臣，而大臣之言納之者，誰也？旣於己巳而副其謀，又於丙子而掩其罪，故其奸謀凶計，少無懲戢，畢竟使至聖之元妃，不保其天年，則古人所謂“我雖不殺，由我而死”者，殿下於今日事豈無是心哉？

臣於殿下告殯殿之文，可見其至誠感悔之聖心，而到今因山已過，歲事又遷，未聞有告廟頒示之擧。噫！禧嬪之弑中宮，何等大變，而不爲之告祖宗而頒臣民乎？此義理之不可不告者，一也。

雖於閭巷之間，有相戹之變，凡按獄之臣，不敢自專，必爲之上聞者，蓋殺人之罪重，代死之法嚴故也。何今日國母之被弑，反不如匹夫之見殺，而未爲之大其事重其典，使元妃在天之靈，終不釋冤於冥冥，則此豈殿下之道所可忍爲，而惡在其至誠感悔之意也？此義理之不可不告者，二也。

至於己巳之黜陟，殿下亦已告之，而今日之大變而不告，則事理之顚錯何如也？ 甲戌之陞降，殿下亦已告之，而今日之大義而不告，則義理之輕重何如也？此義理之不可不告者，三也。

而況人心之陷溺，莫今日若也，則蠱弑之大變，不可不明也。義理之晦塞，莫此時若也，則討復之大義，不可不明也。此利害之不可不告者，四也。

且詛呪之變，變之暗昧者也。故地愈遠，則聞之者愈失其眞；歲愈久，則疑之者愈信其僞。目今嶺南儒生柳沇者，聞之誤而至於疑，疑之甚而至於投疏，則臣未知八域之內，如柳沇之聞之誤者凡幾人，疑之甚者亦幾人。數月之內，猶尙如此，況於數年之後乎？今日臣言大義堂堂，在所不已，而年久之後，閭巷[4]之輩，接跡而起曰"蠱弑之變，果若顯著，則何不於其時明其變而告于廟也？ 討復之義，果若正大，則何不於其時明其義而頒于民也"，則殿下將何辭而折其說乎？臣恐日後無窮之禍，每基於此也。此利害之不可不告者，五也。

凡人君爲國之道，不以人而棄其言，不以時而廢其事。今殿下若以腐儒之言不足用，後時之事不可行則已。若以其人雖微，其言則不可不用，必用之，其時雖後，其事則不可不行，必行之，當今日觀國之時，四方之瞻聆者，孰無是非之天，而莫不釋然以解，則亦豈非正國是

4 閭巷：《肅宗實錄》28年 3月 17日에는 "如沇".

曉人心之一大助也？此利害之不可不告者，六也。

然則今日告廟，揆以義理，有何不可告之義理乎？度以利害，有何不可告之利害乎？殿下舍此許多義理許多利害，而有何別樣善處之道乎？

但告廟之後，例有陳賀頒赦之擧，而此則不然。喪國母於蠱弑之變，誅禧嬪於討復之義者，皆出於國家之不幸，此豈君臣上下所可慶幸者歟？而況賀之一節，於世子亦有難處之端，豈可以小小之節，以致儲君之難處乎？無賀則無赦，理所固然，何莫非隨事變通，處置得宜之道也？伏惟聖明裁處焉。

臣以世祿餘蹤，見國母前後之變，至誠感慨，恥不與朴泰輔同死於當日，而悶默退縮，以至于今。頃於因山之日，裹足入城，欲言不言，私自心語曰："自己巳至今日，終無一言而死，則是不免爲欺一心於平生，負國母於地下。"愚忠所激，終不自抑，未滿數日，旋又跋涉，時則殿下與東宮幸新陵之日也。封章欲進之際，至有一家難處之端，竟未攄臆，痛哭歸來。而私自慰解，區區期望者，蓋今日之國是不可不明，今日之人心不可不曉，其所關係，若是不輕，則上自公卿，下至韋布，豈可無一人言者？噫！自古國家有事，則必有人。向於己巳，泰輔有之，而至於今日，無有乎爾，則臣之所以一至再至三至而不自止者，此也。雖被萬戮，敢不一言？

然今日此言，擧世不言，而臣獨言之，則愛臣者謂之愚，斥臣者謂之狂。臣未知殿下深居九重，豈知今日之人心乎？今日人心，有若莫測之禍，迫在朝夕，惴惴懍懍，擧一世徒懷保身之計，無一人爲國母直言正論。此臣所以如愚如狂，爲此不得已之擧而後，吾責塞矣。至於言之用不用，在殿下，臣亦何望哉？

政院不捧納，再閱月上徹，命還給。校理李坦稱以怪疏請罪，竄南荒。

癸未，公之子斗夏擊錚籲冤，因秋曹回啓命放，政院覆逆，批勿煩。正言洪景濂疏請還收，語極危險。上批曰："三昨任敵放釋之後，政院之再啓煩瀆，已涉不快。今於爾疏目之以凶人，竄配之不足，而必欲誅殛之，是何意思，抑何道理耶？當出就私第之日，任敵徒跣陪隨，逮兇逆伏法之後，疏請告廟，蓋慷慨之士也。雖語多狂妄，一時被譴，而究其本意，則非深惡之事也。噫！凶悖如柳沆、無將如重經者，肆然置諸稟秩，而喉司之臣，不以爲怪，獨於任敵不究本情之如何，相繼紛紜。義理之不明，未有甚於今日，良可痛也。"五月，又下備忘記嚴責，自是兇徒眈眈然如視私讎，必欲甘心。

及景廟壬寅七月，府啓請絶島定配，依啓。癸卯二月，掌令鄭啓章獨啓請亟正邦刑，以爲前呈未徹之疏，有別樣凶言。蓋再呈日奉納承宣，以前呈時還給之人，措辭啓稟，不翅明白，原無一字增刪之云，而兇徒急於羅織，抉摘不得，故構捏如此。二十一日，依啓。

時公俟勘於金吾，從姪掌令公徵夏往候，公方陽陽若無事，曰："吾恨不能死於己巳，今而後死，庶不負初心。"又曰："人得寒疾，五日不汗則死。吾之死，不猶愈於此乎?"

沈檀以判義禁請對言："某賊之罪，實三手噶矢，四箭根柢。比諸健命，不無輕重，而健命伏法，不待結案，何獨於敵有所持難? 年已七十二，加刑必致徑斃，依趙嗣基例，直爲正刑。"依允，卽六月四日也。其前已受二次刑，而顔色不變，終無貳辭，故乃用此法外之律，任其屠戮如尹公志述。都人士女，莫不嗚咽，如悲親戚。

英廟乙巳，士類彙征，義理稍伸。持平李公倚天疏訟公冤，曰："今去聖考之世不遠，而人心之陷溺如是，邪說之充塞如是，任敵所以必欲告廟頒示者，正以慮有今日之事。當時若從其言，今日世道，未必如是之沈沈，臣所以益悲敵之不幸，而重爲世道恨也。"特命伸雪，贈司憲府持平，繼有賜侑之典，辭極懇惻。

始公之被謫也，知樞公因辭疏而致不自安之意，曰："臣姪敵得罪編配，臣卽馬援之罪人。"及啓章首發一律之啓，而援知樞公疏語，作爲殺公之資斧，雖已伸雪，而惟此構誣一款，尙黜昧未暴。及公從姪掌令公疏陳其實狀，命竄啓章。正廟嘗愍惻公冤死，臨筵訪其後孫，筵臣對以無後云。

是爲公終始屈伸之大略也。

配安東權氏，憬女。擧二男一女，男斗夏、翼夏，女適安瑞宗。庶子箕夏、星夏、奎夏。墓于牙山心方谷巽向之原。自號慷慨翁者，仰述肅廟褒奬語也。

"嗚呼！鉤弋無罪而死，漢武此擧，古人猶善其斷。況我聖祖當國家大變故，不以私恩廢公法，廓揮乾斷，雷厲風飛，使宮闈淸神人快，而卒亦無傷於止慈之德，大聖人作爲，固度越百王。”是爲陶菴先生之贊頌肅廟處分者也。陶菴且云：“苟非北溪李公特立不搖，將順其美，則疇能奉行天討，樹倫紀於後世哉？”李公，體國大臣也。置身於禍福利害之外者，固也。如公者，韋布之賤而草莽之臣也。宜其身世兩忘，影響昧昧。而氣義攸激，信心直行，不顧一世風色，不念百口性命，惟知有母后，至百死而靡悔。

歷選載籍，爲母后死者，惟有陽谷、定齋兩賢。而兩賢則力諫於遜位之際，公則抗言於禮陟之後，而其時勢危疑，禍機醞釀，比已巳不翅倍蓰，則公之所就，又加難矣。或有以公之出位而死，爲不合於義，則昔朱夫子贊魏掞之，曰：“有係治亂安危之機，而宰相不能正，臺諫、侍從不敢言者，亦無不抗章而諫。”夫豈不義而朱子言之哉？

且陳東、歐陽澈之死，爲天下所哀傷，而其所論列，不過好惡之正而已，詎若公之爲國母復雪乎？以布衣死則均，而公之死爲大。如公者，其“過涉滅頂凶无咎”者歟。其“特立獨行而適於義”者歟。公死後有高士於鞶囊有染血，人問其故，答曰：“此是義士任敞之血。”其爲人所悅服者如此。

黃巴之變，公季父知樞公尹東京，涕泣不食，曰：“身縻外官，縱莫能碎首天陛，用扶坤極之傾，亦何可晏然在職？又有張嬪僭位之舉，則亦何忍奉箋稱賀？”卽日投紱歸，聖母復位，始出而仕。其胤執義公泂，亦泣叫閶闔，及庚子，力排凶徒“母以子貴”之說。而掌令公以執義公之子，疏陳辛壬義理，極言竭論，竟殉於忠。無愧爲公之叔姪兄弟，名義風節，竦動千古。苟非正直剛大之氣，咸萃公一門，亦何以與此哉？以公危忠至冤，宜蒙神佑，而後嗣殄絶，所謂天道，是耶非耶？

掌令公後孫憲晦嘗從余遊，要其發潛闡幽，圖不朽於永遠。余辭非其人，然素慕公風烈，亦以托名爲榮，撰次爲狀，用俟知言之君子。

黃皐愼公行狀【乙巳】

公諱守彝，字君敍，學者稱黃皐先生。愼氏貫于居昌，以高麗左僕射修爲初祖。累傳至諱仁道，入本朝爲戶曹判書。生諱以衷，右贊成。生諱幾，戶曹參判。又五傳至諱權，有邃學隱德，寔公五代祖也。高祖諱復亨，曾祖諱讜，皆參奉。祖諱景盹，考諱桴。妣南平文氏，通政頌其考也。孝友仁厚，咸稱女士。以肅宗戊辰七月十五日，擧公于安義之上川村。

時鄕人夢有白龍蟠庭之瑞，生而淸秀，慧悟絶倫。嘗患痘瀕危，聞巫祝行禱，責之，曰："死生有命，何事妖誕？"巫乃慙退。

及就外傅，日用言行，必要遵《小學》，咸稱"小學童子"。作二木佩，刻云"喚醒子"、"動違鏡"，懸諸衣帶，相戛有聲，常自警省。婦翁李公光益好學，爲一鄕望，而雅重公，待以師友，嶺、湖諸儒皆折輩行而交之，聲聞藉甚。有狂妄喜驅辱人者，獨敬公曰“大德君子”。

及拜陶菴李先生于寒泉，居數月，始執贄請學，曰：“某聞先生名甚盛，意謂處地好故然爾。今來熟察先生之言行，乃知名不如實。先生，望孔子而上者，毋忘守彝隨後，頻頻回顧也。”先生期望綦重，托以心朋。公辭不敢當，進詩，曰：“千里相從世外天，喜看晴月照寒泉。寒泉混混月長在，水月襟懷覺得先。”陶翁和之，曰：“白首高歌歲暮天，空山朝夕食清泉。朋來千里歡如舊，同善何論覺後先？”

時陶翁行鄉飮酒禮，會者數百人，陶翁獨推公爲賓。嘗侍講于三席，有言爲學甚難，公曰：“學問豈是難事？有志則皆可能。”講罷，又有云：“爲學果易乎？”公曰：“奚易也？”陶翁問：“前言易，後言難，何哉？”公曰：“始學者例以學問爲高遠難行，爲先進者若言其難，則是阻其向善之心。所以云易。若其用工，則必須此心常存，無一息間斷，然後可以凝道，非一蹴可詣。所以云難也。答老少自不容不異。”陶翁曰：“吾已會語意有在也。”

每往復辨論，被師門奬詡。喪陶翁服心制，又修語錄，同門人安公宗茂贊歎，曰“吾丈文字，可謂見得親切、說得分明，如復見盛德光輝，爲先師喜而不寐”云。

公性於孝，晨起盥洗，就父母之所，察溫冷定枕席，然後退而劬業。親癠，每夕祈天，請以身代，嘗糞甛苦，斫指進血。及喪，歠粥終制，省親之外，不離几筵。繼遭內艱，執禮如前喪，居廬塋域。

道伯以公篤學盡孝聞于朝，特命賜米。公累呈文縣官而還納，縣官不許。公終始力辭，仍屛居林泉，潛修靜養。方伯守令罔不造門，道臣繡衣相繼剡薦，不止十數。己巳，除童蒙敎官，不就。後又注擬於宮僚者屢焉。丁亥，季胤認明入翰苑，推侍從恩陞公通政階，拜僉知中樞。

戊子，認明出宰慈仁縣，公就養，患痢而革，猶整衣冠見醫，禮際如常。臨終歌《忠信篤敬曲》一闋，卽公所製也。歌罷，歎曰："斯乃人之所自好於己者，而人不肯爲，詎不可惜乎？"無一言及家私，訓認明以事君治民之道，言訖整席，恬然而逝，卽十月八日也。享年八十一。時士林相弔，曰："斯文喪矣。"父老會哭，曰："大老亡矣。"一路守宰及紟紳奠酹者，不可勝數。葬于黃山洞北麓甲坐。士林齊議，享公于龜淵書院。三南道論繼發，將以陶菴、櫟泉及公躋配于星川書院，而因朝禁未果。

公氣粹而資厚，儀端而器宏，喜愠不形于色，惰慢不設于體，溫潤和平之中，自有嚴厲正直之氣。於理必究其源，於事必要其當，戒懼之心，恒存乎隱微，誠敬之功，不間於斯須。每日必晨謁家廟，退處書室，竟晷危坐，循環群書，如誦己言，而尤用力於《庸》、《學》，雅誦"一息尙存，此志不容少懈"之句。其所操存，兢兢若執玉奉盈，而亦未嘗拘迫，隨遇而安，雍容暇豫，庶幾《孟子》所云"無甚異於人"者也。

每見學者擎跽曲拳，修飾邊幅，歎曰："此是伊蒲塞樣子也。"蓋其爲學規模，樸實頭用功，而亦平易坦蕩，不馳騖於高遠，不拘攣於零碎。而日用常行，自視欿然，每懷靡足。家室之間、衽席之際，儆戒貞篤，閨庭整肅，如治朝焉。

友愛隆篤，父母將分産業，於公稍多，公請均分二姊，父母嘉其志許之。後兩姊家業貧匱，公迎養于家，與共有無。教子孫少有過失，警策嚴峻，而循循善誘，俾自悔悛。御臧獲先恩後威，曲恤其饑寒，涵囿於教化匡郭。

接人和厚忠信，與老少貧賤言，勉其各盡其分。於宗族恩義彌篤，吉凶患難，戮力救濟，擧范文正公家訓訓子孫宗族。推及于鄉隣，周卹問遺，無所欠闕。以故世傳産業，漸致艱窘，往往蔬糲不繼，而處之晏如也。常以恭恪謙退爲度，不入公門，不與鄉會，恬約自守，不爲苟同，而亦恂恂處衆，不露圭角。以故一鄉上下，咸得其歡心。尤愛向道之人，披心道素，亹亹不猒。

施教也，開達其所長，矯揉其所偏。壹遵讀書次第，嚴立程課，誨誘諄切，必使之體驗身心，曰："研經而止於記誦，則讀亦何益？且善讀書爲難，不思索者，失之泛忽；專思索者，失之穿鑿。必須虛心平氣，不參以私意，然後可得其正義。"又曰："古之學者，專於爲己，故眞用心於內。今之學者，高談性命，無得於己，何異於能言之鸚鵡？"又曰："往哲教人，引而不發，俾學者反求自得。而吾則不然，恐其引而不發，則泛率者初不生反求之心，不有啓發，則昏愚者初不出憤悱之念。冀或開其心目，嘘其善端，懇到詳說，靡不用極，而退而省私，罕見其效，古人所謂'學而可受不可傳'者，非虛語也。"是皆得於造道成德之實者也。

戊申之亂，嶠南人士被兇賊維賢所詿誤，希亮擧兵叛，一路靡然從賊。公以事出同鄉，憤不欲生，諭之以逆順之辨，俾免爲賊邊人，人到于今賴之，斯爲公功化之盛者。陶菴虛心稱以大儒，櫟泉命駕托以道義，幷時之名卿碩儒，莫不聞風傾蓋，致敬盡禮。公之爲公，槪見於此矣。

公平生不喜著述，未曾作閑言語，有零稿藏於家。

公配慶州李氏，光益女，生先公二年，年二十四而歿，墓于沙蘿山。繼配昌寧曺氏，漢鳴女，生後公六年，年八十二而歿，墓在直長山下。

公有四男二女。男德明，元配出，道明、認明持平、義明，女李光胤、全應爗。長房系子性恒。仲房男性天、性中。持平男性純、性全、性眞承旨、性存。季房男性恒、性忠、性宏。性恒系子必祐。性天男必觀、必履、必復執義、必鼎、必升。性中男必煥、必禧。性純系子必懿。性全男必亨、必祐。承旨男必懿、系子必寧。性存男必聖、必寧、必炳、必穆、必琦。性忠男必喆。性宏男必永。

噫！公生長衆楚之中，不被風氣所囿，能自擇師，得其依歸，所樹立卓爾，豈不誠豪傑之士哉？且其質行醇德，可以儀刑而孚格，幾無不可對人言，豈若世儒循名而忘實者哉？凡四百四病，惟俗難醫，世間病痛，都是俗腸俗見，除得淨盡，始可以擔負得大事。故曰“須要有廉隅墻壁”，公實有焉。所以爲泉門之高弟、南服之高士也。

公孫必祐、曾孫在正·在誠抱遺事請狀公德。不佞竊謂使公而處孔門四教，當居忠信，忠信爲本，所以先立其大者也。以故表章其德懿，用附於“從先進”之義云爾。

漢城府左尹洪公行狀【己酉】

公諱光一，字伯承，號華西。我洪出自唐朝，籍于南陽，以高麗太師諱殷悅爲初祖。歷累世至忠平公諱灌、忠正公諱子藩，以忠節繼顯。入本朝有諱深，漢城尹，贈領議政。世襲簪組，至高祖諱純一。曾祖贈司僕寺正諱頤行。祖生員贈左承旨諱錫泰，事載《尊周錄》，與再從兄晩洲公錫箕齊名。考贈參判諱命元，世以文行氣節稱。三代之贈，以公貴也。妣贈貞夫人慶州金氏，諱瑞之女，壺範甚懿，有女士風。以英宗十四年戊午十月二十四日，擧公于報恩東閑里第。生稟穎悟，纔學語，受讀經史，了其大義。

八歲，課伊洛群書。十九，以童蒙中生員，屢登講筵，講《車攻》詩及《太極圖說》，上稱其講論切實。丙申，殿講登第，隷槐院入堂后。成均館典籍、刑曹佐郎、社稷署令、宗簿寺主簿、兵曹正郎、司憲府監察·持平·掌令、吏曹佐郎、司僕·奉常寺正、通禮院右通禮、司諫院正言、歙谷縣令、江原都事、參禮察訪、鏡城判官，卽內外踐歷也。

丙子，以生員回榜陞通政階，除敦寧府都正。丁丑，以八耋陞嘉善，拜同知中樞府事、漢城府左尹。辛巳，除同敦寧。壬午正月十九日，享年八十有五，而考終于正寢。訃聞，致賻祭如例。閏三月二十日，葬于黃澗桃谷庚坐。

配貞夫人永山金氏，來華女，贊成宗敬其先祖也。生先公三年，歿先公三十三年，墓祔。擧三男，俱夭，取族子在靖爲嗣。在靖三男直瑞生員、國瑞、箕瑞，三女適宋壽仁、姜魯東、成義眞。直瑞男宗建、宗遇、宗近、宗運、宗珏、宗喆。餘幼。

公天賦恬靜，守身如處子，不知有終南捷逕，人有問者，笑曰："得喪有命。"莅歙谷，邑小事簡，日誦《近思錄》，月聚一鄉髦士，講《小大學》，歲歉賑貸如不及。以繡啓罷歸，邑民爲之遮路。拜憲職，或勸見銓官，公曰："臺通公議耳，吾又何謝?"及謫全州，每月朔朝，布衣麻鞋，入本府衙門外，遵陳忠肅古義也。

在鏡城興學如歙谷時，又行鄉約，兼四州敎養之任，課試條例，略如明道上元之爲。進農務經綸二十一條，檢視田野，賞罰勤慢，致力溝塗，除船稅之濫，革吏逋之弊。社民津戶，無不便之，咸頌蜀郡之化、淮陽之淸。

以掌令入對，又陳北邑海民各等進上之弊，上特命蕩減，仍敎曰："爾甚老，幾不識面。"又敎曰："此臺諫善書矣。"大臣曰："亦善文矣。"上曰："非但善文，亦善經學矣。"

純廟辛酉，又拜臺憲，疏陳程、朱所論立志讀書之方及洋學橫流之禍，仍請令諸路旁求經學之士，敎誘後進，用正風俗。及拜正言，疏陳輔養東宮之道，謂："師傅之官，不可不愼簡；山林之賢，不可不延聘；臣僚家子弟，不可不選入。"是爲公立朝言議之大略也。

公性於孝。五歲，能救護親癠，及長，生事葬祭，壹遵《朱文公家禮》，上溯《儀禮》，斟酌古今，用成家範。雖在大耋，喪餘、俗節，躬行不替，整頓戶牖，灑掃庭除。敎戒子孫，恩遇婢僕，推及於隣里鄕黨，莫不感服。嘗見道上乞兒，招與共寢，曰："此亦人子，可不善遇？"禁小兒捕雀，曰："君子親親而仁民，仁民而愛物。"此雖小節，亦可以見仁心也。

識解超越，自幼好學，以遠大自期。每晨謁家廟，危坐一室，鑽繹群籍，遇會心處，輒揭壁常目。日課《論語》、《近思錄》二書，咸有規程。晚年專門《大易》，著《觀象篇》。論學篤信洛建，而參以我東諸賢之書，剖析異同，開廣見聞，旁搜諸子百家以致其博。然又嘗謂"敬者，聖學之所以成始成終者也"，故用工尤在於《小學》。禔躬以禮，肩背竦直，而不見矜持之色。燕居獨處，不設散容，倉卒急遽，不放辭氣。志倦體疲，則閉目靜坐，觀昭曠之原，而驗未發之象。規模弘大而縝密，氣象和粹而肅穆，忠信篤敬，謙謙卑牧，樂易多恕，覿德者皆神怡心醉焉。

嘗曰："爲學有活法、死法，但能拘束而已，則意味迫促。"又曰："天地間，一箇是而已。上而日月星辰風雨霜露，順其軌而是；下而洪纖流峙飛潛動植，遂其性而是；中而父子君臣夫婦長幼，正其倫而是。天地之間，只有一是字，不容有一非字。"又曰："人之所貴者，以其久視久聞也。使吾生於鴻濛之世，則其所見不過巢木燧火結繩之事而已。今幸生於開闢六萬餘年之後，上自羲、農、黃帝，下洎漢、唐、宋、明之事，吾無不歷觀焉；遠自堯、舜、孔、孟，近及周、程、張、朱之訓，吾無異親聞焉。自鴻荒以降，通計所見之事，則能視六萬餘年之事，通計所聞之言，則能聞六萬餘年之言，雖謂之享六萬餘年之壽，可也。然見其事聞其言知其心，然後方可謂之眞壽。若能知聖人相傳之心法，則雖後今日萬歲，可推而知，聖人之心，卽天地之心也。”此數言者，亦足以見其深造自得，而非出於蹈襲也。

遠近學者多歸之，公諄諄善誘，開示路逕，而必本之以朱夫子答魏應仲及長子受之書，曰：“爲人坏墣，盡在是矣。”遇父老，則談桑麻；見子弟，則說孝悌，以至園翁、溪叟、僧尼、道士，罔不各得其懽心。幅巾芒鞋，登臨逍遙，有時意到，朗誦《楚騷》及《出師表》，音韻淸爽，氣格悲壯。

文詞到老益醇，雖汗漫大篇，操筆立就。詩本漢、魏、盛唐，而晩好濂、洛風雅，冲淡蕭散，無膚淺藻競之意。有遺稿三十卷藏于家。又善於墨妙，而未曾以此自多，雖赫蹏短牘施諸卑幼者，未或潦草，亦可驗心畫之正也。

噫！湖西一路，賴諸老先生倡道，彬彬有西河之遺俗，而風氣衰颯，賢澤寖湮，微言大義，或幾乎絶矣。公能不由師承，深契獨詣，沈潛闡繹，老而彌篤，蔚然爲湖左名儒，詎但做知退不知進之賢大夫哉？享九耋之齡，致三達之尊，天之報施，豈苟然哉？

直弼夙服公行治，常贊爲吾宗之耿光，而以莫遂觀德之願，爲平生恨。公孫直瑞齎遺事，屬以狀德之文。癃朽垂死，倚閣鉛槧久矣，直瑞累懇不休，誠溢于辭。竊感其至意，力疾而敍之如右，用備百世之考信焉。

進士蘇公行狀【己酉】

公諱洙渠，字伯淵，自號湛樂軒，晉州人。系出高麗上護軍諱希哲，簪組奕世。至少尹諱遷，學於圃隱鄭先生，先生立慬，不復仕。屢傳至月洲諱斗山，從遊兩宋先生，有文武全材，闡魁科，歷颺內外，薦拜監司、兵使，以文章風節，顯名當世，是爲公五代祖也。高祖諱相說，曾祖諱大呂，祖諱成集，世有醇德。考諱始運，從木山李公基敬學，禔躬以禮，爲一鄕模楷。妣坡平尹氏，心得女，以英廟甲午三月十八日擧公。

稟質穎異，八歲，解屬文，出語必驚人。稍長，博學强記，肆力爲詞章，聲譽藉甚，而不以是自多焉。旣冠，師事中洲李文敬公，又拜心齋宋文敬公，自是專精朱子書，推行於日用彝倫。亦爲門戶計，兼治功令業，七魁大小發解。淵泉洪公奭周知公賢，秉銓擬齋郎，吏以無薦沮之。及登道剡，屢擬齋郎、將作望，俱未蒙點。庚子，中生員試。

辛丑閏三月二十一日卒，享年六十八。京師士大夫咸悼惜，曰："湖南第一人亡矣。"五月，葬于益山郡東炭谷壬坐。

公性於孝，事親盡志物之養，居恒不離側，承顔盡歡，和氣融泄。前後居憂，情文具備，衰絰飮食，罔或逾節，尤嚴於內外之防。晨謁家廟，朔望行參，增置祭田，盡誠追遠。先公每當親忌，倣鄭松江古義，自朔日斷飮。公克遵家法，諱日雖在晦間，未嘗放過。喪祭一從同春家禮，而參用家傳舊儀。常悶傍祖陽谷公後嗣垂絶，遺稿無傳，幷月洲集爰謀開印，事力幾就，可驗公爲先之苦衷也。

與二弟交勖以道義，雖至情怡怡，少有過差，警責不饒，必使悛而後已，諸弟告公之過，輒改悟不少吝。析箸之後，慮其不贍，先施賑給。夫婦相對，禮敬如賓，閨門之間，斬斬如也。自哭胤子，日暮未嘗入內，以孀婦在室也。整理家務，汛掃庭宇，區畫巨細，咸有條理。性又醇厚，箠楚不施於臧獲，叱咤不加於犬馬。愛育孤孫，而不弛其教命，負笈從學于不佞，誠力所曁，有令人孚格。

自奉儉約，冬不帛夏不苧，瓦盂草蔬，一日再食。而賓友供饋，務極豐腆，義所當爲，罔或吝惜。外氏窮窶，尸祀者無以爲力，公爲之資給田宅，每忌日爲助祭需。婦兄具公漢豐嘗有小莊近公居，具公歿，每年取息，資其二女之嫁，用其餘置具公祭田。養族姊于家中，其女子出嫁者，每月送錢備糧，公受藏以待族姊之還，悉出其有以贈。

平居靜坐凝神，儼然若思，對人揚言，氣宇軒昂。聞人之善，必箚記姓名，終身不忘，聞人之惡，蹙然不安。凡人物臧否、時政得失，絶不掛口。老愈好學，杜門却掃，對案呻佔，矻矻於經傳、性理之書，傍通陰陽、百家、醫藥、星曆。鄉黨人士及前後知郡，有所疑難，必取決於公，公引古證今，剖析如流。郡中多古家名族，各立門戶，喜同惡異，而於公則實心悅服。公卿之聞風者，皆虛己禮下，升庠之日，或有屈駕而造公者，致書亦極尊敬。以至騷人、墨客、山僧、野老，咸誦公之名，願識其面。

公寬裕有容，然其好惡之正，如辨白黑，僧尼巫祝，不近門閭。常言若不出，而語及丙、丁事，往往聲色俱厲，扼腕奮臂。有誦翁方綱學術而張皇其筆法者，必峻斥，曰："縱令略有可觀，其身化夷狄，其屬卽犬羊，誦法孔、朱者，顧乃舍之而尊其學耶?"公女宋氏婦嘗戴額掩，公大嗔，曰："是物恰似紅兜制，汝以名門主鬯之婦，何可戴此?"禁家人衣西洋布，曰："滅倫亂常，未有如洋賊者。寧凍死耳，不可以此賊手中物近身也。"其所養所守，豈非法家之拂士、南服之偉人哉?

配綾城具氏，度鎭其考也。博涉書史，閫範咸備，生先公三年，歿後公二年，墓祔。男亨逑，女適郡守宋錫老。孫輝冕、輝昇。輝冕男敬逵。輝昇女幼。

輝冕蚤受一經，克趾先美，托余以狀德之文，用圖不朽。余癃病垂死，倚閣筆硯久矣。公愛我殊絶，水樓山墅，促膝披心，不覺冬夜夏日之爲永。竊感公嚴於《春秋》尊攘之義、陰陽淑慝之辨者，出於天性，而學問之功，亦不可誣。是不可以不書，力疾而撰次如右，用俟知德之君子云爾。

梅山集

卷四十七

行狀

行狀

贈持平趙公行狀【己酉】

公諱完珪，漢陽人。本朝佐命功臣、領議政、漢山府院君、忠武公諱英茂之孫，南原府節制使諱琠之子也。以志節才學，負望當世，蚤中司馬，爲朴醉琴、成梅竹兩賢所推重。

端廟沖年嗣位，人心危疑，時大臣皇甫忠定公仁、金忠翼公宗瑞、鄭忠莊公苯皆折輩行而友公，共奬王室。公一日訪金忠翼，忠翼與諸公方議國事，謀及于公。時鐵如意在床，公一語而絶一節，蓋忠憤所激也。癸酉，三相公皆被禍，公安置邊郡。甲戌，承後命處絞，八月十九日也。公弟完珠、從弟完敬，亦同時死。

正宗辛亥，築壇于莊陵象設之下，祀忠臣三十二人，名曰配食壇。祭文若曰："禮貴與享，義取配庭。餘三十人，炳烺日星。嫌遠葛祠，就近茅屋。相將顧歆，每年寒食。一體君臣，上閣下壇。萬歲千秋，長護玉欄。與癸酉、丙子、丁丑死事平安道觀察使趙遂良等二百三十六人從祀[1]之神，尙其饗之。"公卽二百三十六人中一人也。

1 祀：底本에는 "死".《弘齋全書·莊陵配食壇祝文》에 근거하여 수정.

己未，賜侑忠武公，御製文有曰：“賢孫立慬，家聲是式。”醉琴軒朴公後孫基正識曰：“忠武公孫進士完珪殉節於端廟甲戌，與金節齋諸賢同就其芳，眞有是祖有是孫也。”

翼廟代理，京儒金履赫等上言，請贈秩易名，下該曹稟處，禮曹判書徐俊輔回達曰：“趙完珪被謫邊郡，竟受後命，其弟其子其從兄弟，俱爲竄逐，同時幷命，其實蹟卓節，俱載於《新續莊陵誌》。趙氏一門，節義咸萃，千載之下，不勝欽歎慨涕。趙完珪雖入於朝士壇，同參享祀，而未及貤贈，可謂昭代之欠典。多士呼籲，可見秉彝之同心，趙完珪先施贈職之典。”令贈司憲府持平，卽戊子十月二十日也。

公墓失傳，配李氏墓在廣州退村水洞。有二子曰範、篩，俱以梅竹軒成先生門人，延禍父師，幷謫星州，範蒙宥還楊州，篩僉中樞，仍居星州。範男允璲。篩男允璋、允琁。滄、濟、淑、沆、瀚，允璲出。穡、稼，允璋出。稕司評，允琁出。滄子汝霖。沆子一霖。瀚子天霖。穡子定國、安國。稼子忠國司直、匡國進士。稕子淑、淇參奉。餘不盡記。

公以旂常之名閥，負公輔之盛望，文章風節，傾倒一世。見國勢綴旒，矢心扶護，忘身之爲韋布，與幷時忠賢駢首就戮，若子若弟，同被奇禍。乃其家庭敎詔，忠義成性，視鼎鑊其如歸，蹈百死而不顧，一門六人，所樹立乃爾，於乎懿哉！

語云：“赴君難，忠；死王事，義也。死忠與義，亦復何求？”公實有焉。彼賣國販君，瞞天讕人，自以爲得計者，視公何如哉？公貞心勁節，只知有君父，不知有身家，死後之配食榮贈，何有於公哉？

公後孫基元從余遊，累請狀德之文，余曰："公致命遂志，卽無所爲而爲者，詎欲與殉國諸賢爭名於竹帛哉？然則泯然無迹，是爲至德，亦何以狀？"基元曰："唯唯否否。世代寢邈，文獻無徵，常恐湮滅而無稱。"余已耄荒，口噤筆朽，而語及莊陵事，猶有未死之苦心，獻欷煩酲，不能自已，遂力疾而敍之，用備永世之考信焉。

贈左承旨鳳岡鄭公行狀【己酉】

公諱有禎，字亨伯，鳳岡其號也。海州之鄭，出自高麗侍中諱肅。入本朝有諱易，左贊成、贈領議政、貞度公，自是珪組奕世，名德相望。至桂陽公諱希儉，値燕山朝，與伯氏盧菴公遯世不仕，贈吏曹判書，是爲公五世祖。曾祖大司諫、贈禮曹判書諱愼。祖贈左贊成、忠毅公諱文孚，以文武全才，壬辰有靖社勳，昏朝有扶倫節。考成均生員、贈執義諱大榮，妣全州李氏，益城君享齡女。

萬曆辛亥，擧公于漢師之壽進[2]坊第。纔學語，穎悟絶倫。執義公嘗擧數事以試之，公應對靡錯，執義公大奇之。稟性慈詳，見奴僕重被鞭扑，必委曲救解。且器量沈深，談笑不妄，見者期以遠到。

稍長，便知讀書，覽輒成誦。七歲，賦扇曰："生風蔽

2 進：底本에는 "眞".《新增東國輿地勝覽·京都下》에 근거하여 수정.

風，風伯失其造化。”贊成公愛賞不已曰：“此兒才調，非吾所及。”未及舞象，作梅月堂畫像贊曰：“於乎悅卿，伯夷其流。棄形全義，遯世无憂。梅芬山月，鶴舞天風。遺像淸高，可起頑童。”文詞之夙就，見識之卓絶，已如此。與群從兄弟同學，依往哲敎人之規，設數三條約，俾遵導率。

仁廟乙丑，贊成公以詩案被禍。公隨執義公移寓晉州，甫弱冠，絶意進取，杜門闇修，永謝公車之業，專心爲己之學。取《論語》“入則孝，出則弟，謹而信，汎愛衆而親仁，行有餘力，則以學文”二十三字，書揭座右。四子五經，周流講貫，尤肆力於洛閩諸書，鑽研名理，體驗身心，夙宵孜矻，殆廢寢食。寤寐周、程、邵三子，時或夢見，蓋積誠尊慕，默有所感通而然也。

事親，愉婉承順，少無違忤，侍側未嘗怒詈臧獲，有疾必手調秤水，不解衣帶。母夫人嘗呼語諸孫曰：“汝輩事父母，能如汝父之事我乎？事父母如汝父，可謂孝矣。”致喪承祭，情禮兩至。

篤友三弟，同被連床，和氣藹蔚。及執義公歿，年皆耆艾，猶不忍許其析箸，數百餘口，同宮而爨，娣姒雍睦，罔有葢底方圓，子姓分職，毋敢私蓄貨財。田宅絲穀之務，一付諸弟，使之經紀，而己無與焉。或値歉荒，菽水屢匱，而克保湛翕，沒齒不衰。

治家，正倫篤義，規度峻嚴。常曰：“惟禮可以檢制身心。自古有家國者，多忽乎此而馴致敗亂相尋，可不戒哉？”彌愼內外之別，勉勅子弟，守閫門古義，雖在幼稚，不使同席而坐。別製六訓，用課男子；手書《小學》，用敎女子。是以閨門斬斬，肅若朝典，累世承述，以家法見稱者，自公始也。

律己，務主嚴敬。端居一室，衣冠必正，左右圖書，位置必整。造次食息，恒持戰兢，尋常步履，不設惰慢。恬澹固窮，不以外物嬰情，家人或語及財利，必責之曰："少壯而不能窒慾，血氣旣衰，可能守在得之戒否？"

終日言談，惟在古今人行治，絶不爲閑漫戲笑。至若朝廷得失、官政是非，尤謹括囊之戒，而理義關頭，則亦未嘗放過。是以値黨論攜貳，姻婭友生，或多風靡，而公則毅然不撓，惟尋得一箇是，俾子孫弗迷於趨向。

素性狷潔，見惡若浼，小奚有淫邪者，斥不任使，鄕人回曲者，不假辭色。然至於接物，則寬弘泛愛，不存畦畛，賢愚皆服其誠信。

居家，以含忍爲德。嘗言："孔子曰：'出門如見大賓，使民如承大祭，己所不欲，勿施於人。'吾雖不足以當之，所願則事斯語也。故畢生服膺，在'敬'、'恕'二字。"

甲寅八月二十日，考終于鳳岡精舍，享年六十四。方屬纊，氣息已微，而神氣愈淸。諸子泣問後事，公徐曰"我無後事可言"，少無怛化意。葬于州西青巖里電帶山子坐之原，從先兆也。後以孫相[3]說追典贈通政大夫、承政院左承旨、兼經筵參贊官。

配坡平尹氏，忠義衛應錫女，壼範貞靜。于歸時母舅鄭

3 相：《辛丑聖上卽位增廣別試司馬榜目》에는 "尙".

桐溪先生戒之曰:"汝舅家家法嚴正, 善事尊章, 毋違夫子。"是以佐公四十餘年, 恪勤不怠, 有女士風。以某年月日生, 某年月日卒, 祔公墓左。

育三男三女。男長梓贈大司憲, 次樾[4]、楫進士。女適進士權斗陽、崔昌基、權以鍾。 孫相夔、相益、相說進士壽同知、趙聖期·柳渭新·生員河世應妻, 長房出; 相元、相玉, 仲房出; 相吉、相虎、生員相垕, 季房出。敎亨、斅亨, 權壻出; 崔壻无育; 漢徵、洛徵, 次權出。內外孫曾, 無慮屢百人。

噫! 觀人內行, 必先孝友, 而人於兄弟每患有不盡分處。故漢之薛包, 僅止於自取荒頓, 唐[5]之繆彤, 猶至於閉門自撾, 友之爲德, 尤難於孝。公能推孝而友, 兄弟四人, 怡怡乎一室之中, 沒世孺樂, 終無間言。苟非本之學問, 眞知而力踐, 曷能獨厚於天顯之懿哉?

尤齋先生聞而亟稱曰: "此古人所難, 而今乃創見, 甚可尙也。" 李公如愚, 則篤慕風義, 千里命駕者, 數矣。當世名碩, 贊述乃爾, 是公實德攸致也。

顯廟乙巳, 朝廷褒贊成公北關之績, 贈官享祠, 又下錄用之敎。 畏齋李文忠、老峯閔文忠兩公, 知公爲贊成公冢嗣, 有意薦引, 屢要相見, 且以書先施。而公竟不一造, 以書替謝, 道其難出之意。是公介石不渝之操也。

4 樾 : 《丙午式年司馬榜目》에는 "樧".

5 唐 : 繆彤은 後漢의 인물인바, "漢"의 오류인 듯함.

永矢薖軸，學積行修，而不惟不求人知，惟恐見知於人，嘗著《無名公傳》，以寓其志。蓋乙丑之變，家禍孔酷；丙子之亂，國耻難雪，以至於涒灘之歲，則天下事有不忍言者矣，是爲公晦身潛養之本意也歟。當其遯跡也，婆娑邱壑，或歌詠遣懷，而未嘗示人。後來收拾斷爛，編藏于家。

嗚呼！公承古家詩禮之敎，夙抱忠孝大節，使其出而需世，則施措注擬，必將有可觀者。而自靖不出，息兒巖穴，阨窮終身而不之悔焉，尤可悲也。然得於中者，積之旣厚，則彪於外者，久當愈顯，如公者詎終於泯沒哉？

公之後孫鳳元，托不佞以狀德之文。不佞夙聞公風節，不敢以癃病辭，撰次如右，用備永世之考信焉。

海雲亭洪公行狀【己酉】

海雲亭處三陟府之南，擅滇岳全勝，爲洪氏十數世攸芋，亭固可稱，而亦以人而顯也。亭主諱啓夏，字士沃，南陽人。鼻祖諱殷悅。至版圖判書諱思禮，麗季謫眞珠郡，仍家焉，於公爲十二代祖。有諱淳海、諱景業、諱尙淵、諱重濂，卽公高、曾、祖、禰也。妣江陵金氏，通德郎始敦女，以明陵甲午九月一日擧公。

公生有至性，遊戲不違親敎，動止儼若成人，見者咸異之。母病革，將進指血，爲祖考所覺不果。及葬仍廬墓，値祖考喪，以父居憂，子不可居外，徑歸事親，壹遵《小學》。

逮丁外艱，廬墓啜粥三年，晨昏廟謁，畢其生，擧緬亦廬墓三月。

事祖妣、繼妣盡孝。祖妣病革，醫技告窮，公號泣夜禱，氣窒而入，戶外有聲，視之，虎也。低首振股，若報喜者然，祖妣病忽愈，人謂孝感所致。

弟益夏患痘幾殊，公扶抱禱祝，經歲不懈，弟賴以生。而求異宮，公嘆曰："我無繆彤之德，安能止汝之析居？從俗，古人所不免也。"然接屋共被，無異同宮。弟及弟婦，幷歿於癘，公躬護其殯，罔或出避。撫育孤姪若己出，撤屋藏器，待其長成，築舍居之，如弟之初。施敎先於己子，以才之優也。庀兩妹喪，幷用家財，不煩夫家費力。族人遠配，當贖而貧不能，公賣田而與之贖，一方頌其仁。

家故饒，以行善故貧。然終不自悔，屢空而晏如也。儉歲守宰憫其賢而將餓死，厚周以米，輒留數日食，盡分諸鄕隣。嘗阻飢數日，遠客有至者，謝無以饋，客出橐米數升，求與共飯。公笑曰："家不食有日，君我可獨飽耶？"客亦笑曰"吾固試君也"，罄橐與之。公命盡炊稀粥，渾啗朝夕，仁及比隣，而客亦不異供，其介而通如此。

老而鰥卜妾，久乃知其前夫亦姓洪也，卽出之。隣族有誣公不測者，一鄕發公正之憤，甚於己讎，毁其屋逐之，公力止之不得。其人來拜，待之如常，曰："渠直誤耳，恩可絶乎？"

正宗甲辰十一月二日卒，享年七十一。葬于屈山辛坐。有二配，江陵崔氏，燦奎女，葬宮房農葛里酉坐；江陵金氏，同樞聲重女，葬孟坊壬坐，與公墓皆同郡也。

有二子，仁博，元配出；仁協，繼配出。仁洽、仁悟、崔啓穆妻，側出。九睦、元睦，仁博二子也。

公天資近道，惇行醇德，暗契古人。泣血終喪，似高柴；禱天得感，似許孜；不畏救弟，似庾袞；掩戶自責，析居厚産，似繆肜；教養弟子，不絶一息，似鄧攸；捐己財爲宗族交遊贍急，似侯華陰；不言人長短得失，責有過撻不悛，似陸子美；居家質行，似萬石君石奮；割愛放妾，似李充[6]。蓋公以一身而集群賢之行若斯。以故嶺南號鄒魯之鄕，而皆自以爲洪公不可及，或推以關東夫子，或延爲鄕禮飮射之賓。如公者無媿爲孝友全德之君子也。

公歿既久，而自鄕人士至竈婢、耘夫、田叟、蕘叟，莫不頌公賢。始士林擧公實行聞于朝，至正廟乙巳旌其閭曰“孝子之門”，又俎豆于慕賢祠。

余，宗人也，雅服其行治，而常恨生晩不克覿德。公後孫志燮屬余以狀德之文者已積歲年，而癃病垂死，罔克涉筆。又送從弟贊燮申懇不休，仍恐風燭奄及，終孤至意，遂力疾而書之如右，用備永世之考信焉。

6 充：底本에는“克”.《自著·海雲亭洪公墓表》및《後漢書·獨行列傳》에 근거하여 수정.

三希齋柳公行狀【庚戌】

公諱韝，字仲運。柳氏系出文化，以高麗大丞諱車達爲鼻祖。由是世著名德，爲海東華胄。入本朝有參判諱思瑗，策宣武勳，封文興君。孫諱仁培，侍直不仕，寔公六世祖也。曾祖諱天錫，進士，祖諱泰相，通德郎。考諱德由，縣監，聘水原金氏興祚女，以英宗丁丑十二月二十五日擧公于京第。有美質，目光射人，耳白於面，人咸異之。

四歲，就學，縣監公教以跪，公平生不箕踞。六歲，隨縣監公井邑任所，出見倡優戱曰"此非人所當見也"，自是不復觀非禮之色。稍長，讀《尙書》，至"朞三百"註，覃思默推，忘寢食者二日，盡曉其數。素貧屢空，肄業塾舍，距家五里，每日忍饑往來，以至耳目無覩聞鼻中出血者月餘，而不使二親知也。十八，丁外艱，情文備摯。

健陵癸卯，中司馬，出入太學。公志氣骯髒，於秉成者，雖相迫，不見；於惡人，雖久要，必絶。以故與時鑿枘，累擧不中第。正廟愛公詞華，每應製入對，視遇如家人，晝則賜饌，朝夕賜飯。己未臘月，又擢泮製，特賜洞庭橘及藥魚曰："供汝老母。"仍教曰："汝行當大闡。"庚申，上昇遐，公斷念進取，銓曹再擬齋郎，未蒙點。

癸亥，母夫人疾革，公割指進血，延一日之命，及喪毁瘠幾滅性。李度中倡栗谷先生稱子之議，老洲吳文元公要仍舊毋改，往復中語及尼尹父子事。海西儒生發通館學，尊稱兩尹爲先正，攻文元諸公甚力，至發施罰之論，不從者，用秦王嚇魏之謀。公時處黌，倡言排之曰“扶鑞之宣擧、背師之尹拯，稱以先正，詆斥儒賢者，可罰也”，乃偏罰一邊齋儒，士論快之。

己巳，雲坪宋公削逸，齋儒欲鳴鼓。公曰“不可。是尤菴先生之孫也。尤翁之神，享在聖廡，攻其孫於賢祖之前，心有所未安”，遂不參。

庚午，嶺伯尹光顔、英陽縣監曺錫倫毁朱子祠，裂尤翁影幀，公與齋儒捲堂。上命本道覈實，諭諸生入。公不可曰“士子平日不能見信於君父，致有行查之命，且查啓未入之前，乃多士待勘之中，寧可以入耶”，更啓所懷。上曰“行查本是朝家事體，以此捲堂而去，過矣”，亟命回啓，而曉諭勸入。公與洪秉鼎數人獨不從，至尹、曺屛裔，然後乃入。

甲戌，午人欲伸蔡相濟恭，稱以萬人疏，不待太學謹悉而伏閤。公倡諸生鳴鼓首倡者，聞于政院曰：“此疏不經館中謹悉，勿受也。”以故事遂寢。

乙亥，午人使嶺儒潛通太學受謹悉，公知之，與西齋生盡罰通下儒生。其徒曰：“蔡公之罪何如而子敢乃爾？”公正色酬答不少挫。館隸羅拜於前曰：“一線義理，賴公不泯。”

然公雅操謹飭，太學有事，非關繫義理者，必察影辨幾，先事而避，事訖然後入，入則靜坐劬書，不肯隨衆紛紜入是非叢中，識者韙之。

憲宗癸卯，以回榜除僉知中樞、五衛將。

乙巳六月十四日，卒于高陽白石之正寢，春秋八十九。葬于同郡沙里大面長川負壬之原，從先兆也。配蓮城李氏，考進士聖簡。一男會豐，以篤孝稱，爲世父后，先公卒。五女適吳始欽、李文福、宋欽俊、李敦元、李佖。會豐男汲、泌、沆、濂、潲，女適沈能駉、尹栩、成定鎬、宋秉魯。公命沆尸祀。餘不記。

公集皇明諸史，合爲一編，倣《綱目》例，用寓尊攘褒貶之義。又集程、朱、退、栗諸先生闢佛之言，名曰"斥邪正論"，并及西洋邪說，劈破源委。八耋後，手抄《朱子大全》、《退》·《栗全書》，常目閱覽，抄東國史，迄于英宗，而致詳於辛壬士禍焉。好讀三禮，聚宋、明諸儒《周禮》註說，爲上下編。畫渾天圖，考星辰之變、分野之別；畫坤輿圖，考山川道里、海島風氣。又有詩文散稿若干卷。

公髫齡，縣監公教以《小學》、《孟子》書曰："人家子弟，幼時入頭，必以經傳，則縱不識意味，禮義忠孝之說，慣於耳目，與年俱長，則鮮有誤入者。"故公之所學，本之六經，如誦己言。

常云："士不融貫於禮，則觸處窒礙。雖業公車戰詞藝，必以洛、建及國朝先正之書爲終身家計，然後參之史家諸子。"文主馬遷、昌黎而旁及西涯、陽明，詩祖少陵、青蓮而近法石洲、農巖。兵學、律呂、醫藥、卜筮衆技之屬，皆能茶飯解說。又冥搜國內山水之選，以開廣耳目，恢拓胸襟。晚而喜《易》，必主《本義》，以千周爲度，及期頤不少弛。

其見於庸行者，冬不爐夏不扇，向日月不敢便旋。少吸煙茶，中身究極其害，絶不近口。常夙興夜寐，不敢偃仰暇逸。事親奉先，殫厥心力，在親側嬉笑怡悅，無愁戚之容。

素惡飮博，見人有爲者，茫茫然若將浼己，曰：“世間豈無可爲事，而乃爲此耶？”四時省親墓，必號哭過哀，如南軒、松江之爲，篤老如一日。

及喪配有勸卜姓者，辭曰：“子婦足以供衣食，豈宜因自奉便宜，啓亂家之漸乎？”事丘嫂務盡恭敬，吉凶爲禮，稱家有無。圭竇中憂及王室，繞壁不寐，或謂：“匹夫憂在八口，何暇及王室耶？”公曰：“士當先天下之憂，寧可一日而忘諸？且匹庶憂樂，係國家安危也。”

嘗論湖、洛名理之參差曰：“朱子說‘性相近’之義曰：‘天命之性，通天下一性，何相近之有？言相近者，指氣質也，《孟子》所謂「犬牛人性之殊」者，亦指此也。’朱子斯訓，約而盡，奚爲紛然相持，迄不爛漫也？”其於性命大原見得眞切如此。

嘗占龜策，遇賁之初九，曰：“吾終身未曾到達官門，飮一呷水，禮圍不近接有勢者，亦未曾借人車馬，此所謂‘賁其趾，舍車而徒’也。”雖平生久要，貴顯則無相關涉。惟與臺山金公邁淳、邱隅金公基敍、居觀齋沈公文永契好肫摯，得諸觀善者爲多云。

古人云：“時隱者，時當隱而隱，身隱者，以隱爲事，不論時世。”亦有身雖隱而心實未嘗隱，亦有身心俱隱，民無得以稱焉。若夫東方朔，爲朝市大隱，然猶未免逃名之累，未離乎隱之跡也。公藏名庠序五十年，不皦不昧，處順循理，與物無私，髦士覿其德，泮僕習其化。是所謂“隨所處而足，隨所至而安，隨所寓而樂”，無所事乎肥遯，而占其幽貞，斯乃身心俱隱，而泯然無跡者也。

不佞服公風誼甚熟，公亦不鄙，許爲知己。白石距鄙巷幾半百里，公年迫九旬，徒步款扉，存問死生，源源相樂。沆齋公遺事，謁不佞以狀德之文。噫！轉眄之頃，墓草已五宿矣。感舊哽咽，詎忍以癃病辭？抑公行治可書者，難以更僕數，而神魄遁喪，罔極殫述，微顯闡幽，用俟後世之子雲、堯夫云爾。

壺隱崔公行狀【庚戌】

公諱尙岌，字平甫。崔氏望海州者，自麗朝文憲公諱沖始顯，至文淸公諱滋、忠憲公諱有渰益昌大。忠憲之曾孫曰書雲副正諱鄘，光廟丁丑，以昭陵外祖，及於禍。其子諱崙，亡入小白山，與聞錦城之謀，及錦城被禍，晦跡以沒。崙生諱厚根，厚根生諱澄，放浪山水，咸有金東峯高致。

高祖諱應亮，宣傳官，仁廟丙子，以墨衰扈駕錄勳，自點用事，不復仕，亦以孝聞。曾祖諱英彦，釜山鎭節制使。祖諱致河，都摠都事。考諱弘瑞，訓鍊僉正。妣密陽孫氏，郡守湜女。僉正公蚤卒無嗣，取宣傳公長子英益曾孫爲后，卽公是已。英益亦業武，官訓鍊主簿，己巳之禍失其職，退居抱川。子鎭泰，孫仁瑞僉樞。僉樞聘公州李氏海冑女，以肅廟庚子七月二十二日，擧公于京第。有美質，學語知讀書切問，稍長，好禮，能展謁祠墓。

十一歲，入后僉正公。其日晨起辭所生先墓，墓距家稍遠。有大虎當墓側，公略無懼意，省畢下家。家人責之，公曰："心存省墓，未暇畏虎。"就外傅受《小學》，每日鷄鳴而起，盥潄問寢而肄業。王母惟疾是憂，輒解之，曰："爲學而成疾，則聖人豈爲書以垂訓耶？"然亦少寬，以順其意焉。

既勝冠，知舊多勸武，且將有門蔭通薦之議，公不肯，卷入壺瓶山下，自號壺隱，息影塞兌，專意向上。與諸弟同處一壑，事親盡誠，御家崇禮，祀享一依《文公家禮》。壬申，丁內艱，哀毀踰制，啜粥三年。癸未，遭外艱，感異夢得吉兆以葬之。四時必祭，祭必深衣大帶，晨必謁廟，出入必告，卲齡猶不廢，尤謹守法。以牛酒有邦禁，斷不自奉，祭必代用他物。

平生蔬糲僅充，不以滋味自養，曰："少家貧，於吾親甘旨不繼，今何敢自厚其身也？"諸姪貧不能嫁娶者，皆備資裝，俾不失時。姊金氏婦蚤卒無育，爲之置田，用資芬苾，既立嗣，以其田予之。

閨門之內常肅如也，無嘻嘻之吝，交朋友忠信篤敬，樂道人之善。鄉人欲薦其行義，公辭却之，於是士益信重。與有心齋李公和甫爲麗澤友，講究經旨，涵養省察。嘗謂"七情之發，怒最難制，須是以理勝之"，因取陳白沙忍箴揭諸左右。

嘗有梟鵂入室，公曰："噫！天降咎徵以警我也。"因箴以自省，曰："我不孝不弟而和氣失歟？自欺其身而邪氣間歟？子欺其父而乖氣生歟？婦欺其夫而陰氣勝歟？不省吾身而招妖孽歟？心不正見不明而事不敬歟？嗜欲無節害人利己而致不祥歟？”以此七事，夙夜反求，有則改之，無則加勉。

恒言：“吾終身得力，在《論語》一部，若其講學，則得諸夜氣之淸明者爲多。”又曰：“人所同然者，虛靈之本體也。晨興盥櫛整衣冠，讀聖賢書，便是明此心之要道也。”暇日設射觀德，或登臨賦志，陶然自樂。然每論時務，必曰：“今俗尙浮華，當用夏之忠。”識者以爲知言。

正宗辛亥十月十八日卒，年七十二。朋友皆咨嗟慟惜，曰：“能使人不敢出非辟之言者，崔某也。”金公履鏞稱之，曰：“平甫窮居爲學，而名聞隨之，猶玉蘊而山輝、珠藏而澤媚也。”葬于抱川治北佳幕洞坐戌之原。

配原州李氏，府使世興其考也。仁孝勤儉，媲德無違，祀享手具羞，不任婢僕，待宗族隣里，咸有恩義。生先公四年，歿後公七年，祔公墓左。生三男二女。男胤愼、胤恒、胤性，進士申百祿、士人李漢章其女婿也。孫男宗完、女尹濯，胤愼出也；宗亨、宗吉、宗哲、宗周、宗喬，胤恒出也；宗漢、宗濂、李載煥·李栢秀·徐大淳妻，胤性出也；兢模、赫模、李箕逵·韓永秀妻，申堉出也；崔命厚·沈公宅妻，李堉出也。謁余以狀德之文者，宗亨男命憲也，亦以文學傳家。

公天稟近道，早志爲己之學，言必稱仁義，行必本孝弟，見善從之，聞過則改。不由師承，獨求諸《小學》、四子等書，其學以誠敬格致爲節度，以己百己千爲究竟法。以故眞積力久，路逕不差，觀於其遺編可見矣。公素不喜著述，有《誠身》、《敬身》、《自警》、《改過》等若干篇，拳拳於變化氣質之方、奉先刑家之道，而於孝弟之行、改過之勇，尤致意焉。

程子言"自灑掃應對上，可到聖人事"，朱子曰"學者雖不可安於小成而不求造道之極致，亦不可騖於虛遠而不察切己之實病"，公其有見於此者歟。使其獲親有道，充闡志業，則其所造就，詎止於斯哉？然其視便儇皎厲，好高自大，撑眉努眼，務自主張，突過先儒上頭，而身心性情之發、日用彝倫之間，顧不猒衆心者，相去不亦遠乎？

惕齋李相公嘗識公學問行治，欲撰述誌狀，爲不朽圖，而未果。今命憲屬之不佞，忱誠孚感，有不可以癃病辭，就其家狀遺事，删繁粹要，用竢立言之君子。

輔德尹公行狀【壬子】

左諭善信菴尹公，以醇德邃學，爲純廟賓師。有三胤，仲曰諱久東，克趾先美，守約終身，爲士林矜式，於戲懿哉！

公字稚恒。其先仕麗朝，三世封海平府院君，子孫因籍焉。入我朝知足菴諱忭，官軍資監正，以靜菴趙文正門徒坐黨錮，後贈領議政、海澄府院君。是生諱根壽，文章學問，爲穆陵宗臣，嘗入中朝，辨朱、陸邪正，策光國、扈聖兩勳，官至貳相，海平府院君，贈領議政，謚文貞，於公爲七世祖也。

高祖諱端，司圃署別提，曾祖諱聖冕，贈吏曹參議，祖諱源，贈吏曹參判，皆隱德不仕。信菴公諱得孚，聘龍仁李氏正郎普萬女，英宗甲戌正月九日，擧公于仁川寓舍。自在童丱，凝重如成人，嬉戲多出人意表。

丁巳，遭內艱，己未，又丁信菴公憂，哀戚踰制。服闋，不樂赴擧，以伯氏命强赴辛酉式圍，擢丙科。壬戌，連拜注書、成均館典籍、兵曹正郎、司諫院正言、弘文館校理兼《正宗實錄》記事官。

癸亥，復拜校理，上章論趙德隣之罪，略曰："德隣之凶疏逆節，一世之所知也。其曰'兄不兄弟不弟'者，耆、輝之所不敢道也；其曰'掩涕登阼，遂專聽斷'者，亦鏡、夢之同一心腸也。其他誣聖射天之罪，無非凶慘，渠雖梟獍，何忍北面事之而至此極也？臺臣所謂'先唱於光、億，嚆矢於麟、亮'者，卽其斷案，諸賊伏法，渠獨漏網。今臺疏峻發已多日，尙靳兪音，臣竊惑焉。伏願殿下亟賜處分，以伸公議焉。"旋陞獻納。

乙丑，除京畿都事。丙寅，陞司諫、司憲府執義。丁卯，除司成，復拜執義。時三司請罪金鍾秀，公辭，曰："昔先子觸忤權門，擧朝聲討，闔門將湛，親戚知舊，株連是懼，絶不通問。金公無一日之雅，而爲之登對救護，常所感恩。今於聲討之章，誠不忍挺身參列。"遂屢日違牌，時論多之。尋拜書狀官，蓋朝議疑公引避，欲因此試觀其去就。公辭疾不赴，在伯氏連山任所，有修撰召命，辭不赴。

戊辰、庚午，出入三司，轉侍講院文學、掌樂·宗簿正、通禮院通禮、御營郎廳。辛未，除順興府使，壬申，辭遞。癸酉、甲戌，連除弼善、文學、司書，或兼館職。

乙亥，出牧濟州。濟州水陸二千里，力疾赴任，爲治，教而後罰，吏輩年少者，命以暇日讀書，講製課試能否。丙子，漂船數十隻來泊州境。先是漂人之留境者，供饋饌需及越海糧資，必豫斂於附近民戶，啓請後以沿海邑儲置米，劃償於民，每戶所償不過一二斗，而往來程路殆數百里。故民寧失不肯受，仍作官用，其來已久，而許多月接濟之費，合爲八百餘石。公特設拱被庫，以此殖利供用，更不得收斂於民。東吏撫民，恩威并行，捐廩減俸，鰥寡有賴，進上封裹，雖祁寒盛暑，必終日冠帶無散容，朔望賀禮，必趁鷄鳴盥櫛，整衣冠以待之者，終始一揆。耽羅人稱公行治爲近世第一。

丁丑，入爲工曹參議，遷承政院同副承旨，俄陞右副。己卯，以大司諫，出監定原縣。新經兵火，城池頹廢，縣學荒圮，居民流丐者，十而八九，虞勑錢還捧不敢歸。公悉燒其券而曉諭之，於是遠近咸歸，稍復其舊。勑錢凡數萬兩，往復巡營，設計興利，以充其數，城堞、將臺、學舍皆增修改觀，數載治化大行。

故事知縣初赴任，必納公狀於兵虞候，後世法廢，虞候雖華閥世族，知縣不肯下禮。時西北人適爲虞候，而公盛服謁見，執禮惟謹。或曰："何自卑如此？"曰："爲其官上下耳，門地非所論也。"

沈相公象奎按箕藩，褒其聲績，灣尹見闕，將請於朝，以公塡代，而惜廟堂之徑薦他人也。李相公存秀判吏曹，薦擬輔德而蒙點，大臣謂莅任無幾，迎送爲弊，特請還仍。箇滿，大臣又以弊局蘇救不可付之生手，筵稟加年，從民望也。公決意遞歸，至被對吏。

癸未，復拜輔德。八月二十日卒，壽七十。葬于長湍長縣內板浮里新基負癸之原。

元配全州李氏，考正言明濟，繼配南陽洪氏，考宗郁，有女士行。男綱烈、女適監察徐健輔·趙憲植，元配出也。綱烈蚤歿。珽烈、琮烈，繼配出也。綱烈男致學亦殀，女洪永周、宋知仁，庶出男致斅。徐婿男敬淳今直長、綺淳、泰淳。

公忠厚簡默，外柔內剛，雖當倉卒，無疾言遽色，非疾病，必整冠危坐。教子姪嚴立規度，少有過失，雖已冠，輒施楚撻。對後生諭之以孝悌，申之以問學。婦女切戒侈靡，族黨咸盡敦睦，婢僕恩威幷施。義利之辨、淑慝之分，必一刀兩段，無所依違。苟不固知言明理，亦何以與此哉？

酒戶甚寬，少時携書山房，有一衲與隣接士人多發悖慢語，公乘醉杖之，幾死僅甦。信菴公聞而切責之，公自是不復飮。晩與昆弟分門，僑居於白門之內宗姪之第，庭無間言，數十年如一日。

釋褐以後，冬不燃炕，臥處床榻，饘粥屢空，人不見戚嗟之容。無名之餽，雖絲毫，必却之。立朝數十年，於一切芬華勢利泊如也，不尋終南之徑，不附青雲之士。嘗曰：“昏夜乞哀，圖占進取，吾所不忍。”耽煩守靜，蕭然若寒士，亦不以淸刻爲高。對人接物，溫厚誠敬，人之從公遊者，如飮醇醪。

居官，利澤浹人，奸猾自戢，凡所施爲，必以損上益下爲務，故所至有去後思。在定邑，衙客造一裘以送于子舍，直不過十金。公呵之，曰："吾家世淸儉，此物胡爲乎哉?"子弟聞而識之。自此身不近毛具，被服襤褸，俾官僮捫蝨。李相公存秀常稱斯事，曰："同符於子路之不恥。"

有來求科費者，公依其所求，潛致其家。或曰："旣副其願，何不令渠知之?"公曰："渠所謂科費者，不過瞞其父兄，圖占曲逕之資耳。吾在父兄之列，豈可聽其所爲耶?"

典二邑，自奉不改平昔，享先接賓，極其豐腆，屛遠聲妓，不接耳目，有畏人知之淸，爲吏民所孚感而不忍欺焉。居家實行，立朝風采，有如此者。平生以乞墦爲羞，踰墻爲賤者，尤卓犖可記。要其所存所守，非直傳家庭之詩禮，是所謂"擧世溷濁，淸士可見"者歟。

金公載瓚、李公存秀高其行，　將甄拔大用而未及焉。然豈不曰"大行不加，窮居不損"云爾歟?近齋胤子朴公宗輿謂不佞曰："斯世亦有不怕餓死者，尹學士某是已。"不佞曰："死生之於人大矣，而此公之獨不怕死，以守身爲大，爵祿不入心，貧賤不能移者也。若是者無愧爲身全名完之君子也。"

不佞與公家有朱陳之誼，慕悅有素，珽烈以家傳見示，謁狀德之文，詎可以癃病辭?力疾泚筆，用述世系、爵里、行治、生卒之梗槪如右，而不敢爲媿辭溢語，用傷公遵晦之素志。九原可作，則公必莞爾而笑也。

贈童蒙教官朴公行狀【壬子】

俗離爲湖西群山之宗，蜿蟺扶輿，磅礴而鬱積，至淸州而當靈淑之氣盛而不過，往往多賢哲徽躅。有若貞節公華齋朴先生，遯于淸之木瓜山，至諱昌模，隱居行義於其間，卽所云“魁奇忠信材德之民”，於乎休哉！

公字德厚。其先出自羅祖，至諱彦昌，以王子封沙伐大君，沙伐卽尙州故號，而後孫仍籍焉。圭組相襲，名德間出，而商山府院君諱侶最顯於麗朝。入本朝有諱良生，吏曹判書。五傳至諱光輔，隱德不仕，與弟華齋公幷名。高祖諱時龜，號薇峯，以學行稱。曾祖諱尙泰，祖諱師天，考諱肇新，世篤純孝，綽楔相望。妣金海金氏，楫海其考也。以英廟二十九年癸酉擧公。

三歲而孤，靡所教督，自知爲學。事偏親有至性，菽水不給，而志物之養，靡或有闕。母夫人有疾而劇，公齋浴拜天，祈以身代，又斫指血以進，獲延數日。又患蛔甚急，醫云“當用山鷄”，而無可求，忽有飛雉入庭，執而供之，病遂已，人稱孝感攸致。

及丁憂，哀毁幾滅性，孺泣嬰哭，哀動傍人，弔者感歎，曰：“吾黨中事親盡孝者，朴某一人而已。”將筮幽宅，不問堪輿家，親自揲蓍，用定吉凶。有虎忽來，以足攫地，有若指點然，公曰"穴必在是"，遂行襄禮。三年居廬，不食菜果，服吉路逢軟肉，呑聲飮泣，曰："先慈之所嗜也。"

庚辰二月四日，考終于正寢，享年六十八。翌月，祔葬于道城先兆枕酉之原，遵公遺志也。

公天資近道，居恒簡默，而接人渾是和氣，臨事不作皺眉，燕居不設散容。怨尤不存于心，臧否不出於口，而聞人善行，心好若已有。先塋之在遠近者，罔不躬往展省，置田供香火，竪石備墓儀。先墓位次有歲久無徵者，公寤寐傷歎，不敢暫忘。夢公仲父詔，曰："先墓誌石，藏在巾笥，何憂之甚也？"公覺而異之，搜檢舊篋，果得山圖，曉然無疑，其至誠感通者如此。

公以早失所怙未及受衰爲至痛，於先公下世之周甲日，始行追服，食素枕苫如始喪，日三上塚，哭必盡哀，以終三年。平居必早起盥櫛，正衣冠，先謁家廟，仍及親塋，不以寒暑而廢，墓前當膝處成臼焉。祭羞稱家有無，而務極蠲潔。雅言"奉親祭先，不可使人爲之"，躬莅鼎俎，親視饎爨，思其所嗜，竭力措辦。用蔽陽子布衣帶承祭，曰："君子有終身之喪，忌日之謂也。"

公晦身草萊，而憂愛根天。聞元子誕生，先隣里設酒饌，邀鄕父老歡樂，曰："邦慶飾喜，詎後於人？"此乃橫渠之意也。待宗族無親疏，各盡恩愛，常以禮義廉耻孝悌忠信等語，諄諄警誨，亦嘗慕韋家古事，成花樹會。檢身節用，量入爲出，處順循理，必要安分，雖値窘乏，罔或苟貸。於人兢兢乎傷廉害義，而若見反道悖德者，則不少饒假。愼擇交遊，觀善切偲，教子孫以義方，御臧獲以寬，曰："奴僕者，祖先所遺，是亦人子，可不善遇?"

公於經史靡所不覽，而酷好《聖學輯要》，篤信栗谷如神明。嘗考五聖十圖，畫聖學道[7]三幅，用寓欽慕。又以"大丈夫行身處事，當如青天白日"十三字，書諸壁上，用資觀省，曰："君子存心，當如止水，徹底其淸。" 雅誦"朝聞道夕死"章，服膺而有得焉。嘗聚村秀才子於道成村嚴木亭，討論經學，或試詞藝，有沂、雩詠歸之趣，過者指點而興慕焉。

常慥慥於移風易俗，取藍田、石潭鄉約，附以己意，擬行於一方而未就，惜哉！所著名理，述而不作，亦可驗其造就也。詩亦敦樸有理致，非梔蠟藻繪者之比，而散佚不收。晩年沒韻賦詩百餘句，用成一帙。且著戒子書，活國壽民之道、生養死祭日用常行之方，靡不槪及，詎但爲公一家則哉？公之所貴，卽殷之所尙，渾金璞玉，彌潛而彌眞，若以文辭而求公，則豈非淺之知公乎？

公配安東金氏，通德郎東喆之女，上洛府院君方慶其先祖也。生三男，長熙敬，次熙甲、熙潤，各有男女而皆幼。

公生於法拂之家，躬行孝悌。追服一事，雖不見于禮，而情之所至，禮亦隨焉，遷就於情禮之間而不失其正者歟。孝始愛敬之方、終極哀慕之道，厥亦多緖，其心一焉。故曰"於《蓼莪》見孝子之思養，於《四月》見孝子之思祭"，斯所以爲萬善百行之本也。

7 道 : 문맥상 "圖"의 誤字인 듯함.

鄕人士誦慕不已，聞于朝，己亥，贈公童蒙教官。君子曰："是靡足以稱公德也。"然外至者何與於公哉？公取以忍爲德之義，扁其室曰"忍窩"，學者稱忍窩處士。

公之孫聲遠，從吾遊，屬以狀德之文。公與吾先子生同年，卒之月日又同，愴我感慕，有靡敢以耄瘵辭。且服聲遠苦誠，力疾泚筆，敍次如右，用俟知德之君子云爾。

安谷李公行狀

公姓李氏，諱重明，字子文。其先，慶州人也。有諱周佐，高麗尙書，著勳勞封于牙山，子孫仍貫焉。至門下侍中諱邕，號釣隱，入本朝遯于牙，與圃、牧諸賢齊名。有孫諱原生，司憲府掌令、贈大司憲。生諱宗誠，縣監。三傳至諱陟，文科，府使，寔爲公五世祖。繕工監僉正諱壽鵬、獻陵參奉諱仁佐、諱俊、軍資監正諱嗣金，卽公高、曾、祖、禰也。監正公有二配，坡平尹氏生員偞女、尙州金氏鴻女。金氏擧三男，而公其季也。

生稟異質，聰慧絶倫。受業於盆谷李公承璧，李公期許綦重，同學群童，强令掩卷，則獨向深僻處，沈潛誦繹。髫齡文辭驟進，以騈儷魁東堂試，掌試者以童蒙降第二，自是華譽大播。辛卯，中司馬。

公雅慕名節，志氣骯髒。及見皇明屋社，乾坤已毁，激昂感慨，如不欲生，語到皇朝，輒嗚咽流涕。顯宗丁未，大明人陳得、林寅觀等漂海到耽羅，言永曆皇帝方保有一隅，克紹崇禎之統，廟議押送燕中，公不勝痛惋。

後值悶旱求言，公居泮齋，應旨抗章，請建皇廟，曰：“壬辰，島夷入寇，蹂躪我列郡，魚肉我赤子，灰我宗廟，辱我陵寢。而幸賴神宗皇帝動天下之兵，竭天下之財，勤八年之征討，復三韓之疆域。興我滅國，血我宗祧者，秋毫皆帝力也。蒼梧駕遠，赤縣土崩，日暮炎海，波沒龍舟，而園陵灰燼，香火凄涼，嗟我神宗如在之靈，尙何所依歸也？陟降之靈，其眷戀于東也審矣。伏願殿下思吾東再造之洪恩，推先王服事之至誠，擇淨界而建廟，俾禴祀而長存，則不惟擧國之人，皆有所悅服，宣祖大王在天之靈，必悅文孫之繼志，先朝臣民入地之魄，亦喜吾君之有後。”

上下其事，議者托言天子之尊不可祀於偏邦，又以祭儀爲難，遂格不行。上嘉其志，特拜顯陵參奉。庚戌，疏陳胥吏之弊，批以嘉尙。又進列邑時弊八條。辛亥，陞廣興倉奉事。

壬子五月二十一日，考終于正寢，去其生乙巳八月九日，爲五十八歲。墓于木川馬望山壬坐。

配金堤趙氏，僉樞涵女，擧一男一女，男長新，女適朴楡根。繼配春川朴氏，晙之女，亦擧一男一女，男長植，女適尹之衍。長新二子潤實、潤五，二女兪舜元、金聲肅。長植二子潤龍、潤元，女李壽麟。齊相、齊機，潤五出，齊機出後潤龍。餘不盡載。

公稟性貞直，器度寬弘，窮居蓬蓽，而常存心於世教民生。每見乾溢成災，輒繞壁明發，或蹶然而作，圖所以消弭之方，屢封章論事，不嫌其出位。公程文各體俱臻其妙，講製恒居上游，屢蒙天褒，而竟厄於公車，罔闡先憂後樂之志，惜哉！

公幼而好學，詩書百家，靡不鑽研，尤精於象數，兼通五禮，士友多就正焉。發爲詞章，擧多思漢之什，可以備風泉之亂。後承收輯斷爛而印行于世，卽存十一於百千者也。然丁未一疏，可以有辭於天下萬世，亦焉用多爲哉？

尤齋宋文正先生奬公疏，曰："此世此言，出於此人，不可無嘉尙之典。"又云："朝議不一，故卒不行，然上意以爲是，故官其人。愚嘗謂早晩有成。"寒水齋權先生曰"華陽之事，非吾義起。先師於《三學士傳》末曰'進士李重明上疏乞立神宗廟'，以時議之不可行，心常慨然。至於在島時告訣，以萬曆、崇禎兩皇帝廟事，有所屬托"云。嗚呼！及甲申大報壇、萬東廟之成，卽公一言有以啓之，而公爲皇朝滿腔熱血，於是焉見就，何必於吾身親見哉？

古禮，能禦大災捍大患則祀之，昔聖王之施於人者猶然，況我東之於皇朝乎？或有以藩國之爲私恩立廟爲僭。然皇祀未殄，則固爲非禮也，今則九廟之不血已久，顧何害於義起乎？且《大明集禮》，親王亦祭仁祖，而樂歌壹遵太廟，靡所降殺，則臣子之祭君父、子孫之祭祖先，其義一也。

大報之壇，卽遵祭天之禮，而爲其慮患，則壇與廟等耳，苟知其無他，直廟焉可也。斯義也，農巖金文簡公說得眞正，自契公建廟之論也。至若萬東之廟，又有言陪臣無祭天子之禮。夫皇朝旣視我以內服，且神州陸沈，腥臊幷御，而戴大明日月者，猶有吾邦，吾邦之群黎百姓，皆大明遺民耳。以遺民祭舊君，如滑州之於堯、靜江之於舜、會稽之於禹、楚人之於昭王，皆懷德而報祀，揆以神理人情，豈非不可以已者乎？詎可謂無稽哉？若壇若廟，皆權輿於公之一言，則無愧爲皇明忠臣。於乎休哉！

正宗丁巳，命編《尊周錄》，而特載公名。純廟丙寅，享公于天安安谷鄉社，安谷卽公攸芋而因之爲號者也。華泉李公采題其顔，曰"龍溪書社"，寔芝村李文簡公遺意也。

淵泉洪相國奭周爲作公贊，曰："《陽秋》一部，日星吾東。孰其闡之？大老之功。大老特書，曰'有李生'。暨三學士，併樹厥聲。瞻彼北苑，載屹靈[8]壇。公與有榮，赫赫琅玕。"嗚呼！《烝民》首章之義，可驗其彌久不泐也。

公歿餘二百年，尙闕狀德之文，公從玄孫心永，始述遺事，公玄孫周錫，送其孫仁模，請述公行治。不佞誦服公風節夙矣，及讀公疏，彌不勝曠感，不敢辭以癃朽，遂力疾奮筆，敍次如右，用俟知德之君子云爾。

疇巖李公行狀

公諱義秉，字在心。初諱商濬，字士衡，號疇巖。系出璿

8 靈：《淵泉集·天安六賢贊》에는 "雲".

源，世宗別子廣坪大君章懿公諱璵爲始祖。是生永順君恭昭公諱溥，賢有名。其曾孫諱漢，始離籍爲郡守，贈判書。三傳而至郡守、贈領議政諱郁，有兩胤，僉樞、贈吏曹判書諱厚載，右議政、完南府院君、忠貞公諱厚源。判書公生司憲府掌令、贈右贊成諱迥，即公五代祖也。高祖郡守、贈領議政諱重輝。曾祖領議政、惠定公諱濡，以才猷德望，爲明陵藎臣，配享景宗廟庭。祖縣監、贈吏曹判書諱顯應。考吏曹判書文貞公諱最中。妣咸安趙氏，開城留守、贈左贊成榮福其考也。

英宗辛未七月七日，公生于漢師之壽進坊寓所。天分穎悟，七歲，已知讀書，不待策勵，而自底就將。十五，從學于素心申公，申公期待公綦重，每教以小心謹愼。辛卯，文貞公栫棘北塞，公驚皇病發，三月而後始瘳。癸巳，中生員。乙未，遭內艱。

正廟壬寅，二李之獄起，文貞公被兇徒構誣，禍將不測，上以已退之人，特傳生栫棘于楸子島。將行顧謂公曰："遭罹雖罔極，以斯事去瘴海，樂地也。"公蒙賤者服，肩文貞公僨輿，出次青坡驛，隨之至江上。金吾郎喝令擧碇，不許公登船，至於越海，而子父不相接。

兇徒素憚文貞公言議剛直，既謫公而猶必欲殺之，承望風旨者，折辱無所不至，百道譏詗，津路梗塞。公爲探棘中安否，躬行商賈之事，竭心力冒危難，而竟不得通問，望海痛哭而還。處墓下陋室，每晨夕登山，南望再拜，涕泣禱祝。

甲辰秋，忽夢日落，心動即夜啓行，到靈巖地承幽音氣窒，移時而甦。乞邑倅奔喪，倅始牢拒，感公孝許之。及至棘外，鎭將以無朝令，禁不得入。謂鎭將曰"鎭將獨無父耶？父子死別三年，生不得拜膝下，死不能哭柩前，是豈人理乎"，叩胸呼天，欲自裁。有一卒潛告曰："公之純誠感金石，吾雖獲罪，亦不辭也。"仍推公背入，哭擗昏絶者累，島氓莫不呑聲。

返而藁葬，仍廬墓，編藁塞牖，雖家人，不得見其面，啜素泣血，三年如一日。喪期雖盡，而猶居坏室，晨謁廟，每展墓，歿身哭。常語子姪曰："吾罪惡貫盈，海棘三歲，有疾而不克嘗藥，易簀而不克飯含，是爲天地間一罪人。吾死後勿爲飯含，少贖吾靡逮之痛也。"

入島日，訊有末命與否，居停主人曰："未有他命，只遺一箑而敎曰'待吾兒至傳之，此名扇子'。"公受藏而未解其意，以爲至恨，每撫扇而泣。常思文貞公所嗜不能進於棘中者，更不近口，見其物，則流涕，菲衣惡食，苟度歲月，非直不與宴樂而已。

丙辰，將籲冤，公矢言曰："上徹文草，常夜寢時置我腹上，至百日不墮褥茵，可驗微誠。"文果不墮，竟能仰格天聽，幽冤畢伸。苟非至誠攸感，亦何以與此哉？純廟元年，復二李官，又賜祭文貞公，繼蒙節惠之典，幽明之間，無復餘憾。而公矢心自廢，壬戌，授中部都事，甲子，再除義禁府都事，幷不就。親友多勉出，家人亦有言爲貧之義者，公堅持不撓。甲戌二月二十六日，考終于疇巖本第，享年六十四。四月，葬于廣州宮村先兆。

配驪興閔氏，禮曹判書百興之女，謙愼重厚，周達事理，有女士風。生先公一年，歿先公二十五年，始祔葬先塋，後合窆公墓。擧三男二女，和淵蔭府使、好淵、友淵，女適尹輔一、金近喜。莘淵、巖淵、陶淵武科縣監，側室出也。府使子寅淸，女縣監趙鎭文、進士金豐喜。好淵繼子寅穆，女適參奉安膺壽。友淵子寅軾參奉、寅穆、寅赫、寅轍，女進士宋宅鎭、進士權禹善、金景喜、申韡。

公姿性昭朗，器度端潔，形軀短小，而精彩動人，於孝尤天植。文貞公素嚴，不以公晩生而或弛於敎，公夙宵洞屬，先意承順。有小失，文貞公輒對案不食，公悚惕席藁，文貞公食然後退。文貞公慮公脆弱受病，躬察其動靜，公急屛燭就寢，卽起進文貞公所，潛候起居，夜以爲常。

文貞公素善病，公晝夜不解帶，日用所需，不使人替勞。文貞公或當餐不豫，公必入廚親具甘旨，加匙而乃已。人或贈遺，雖微物，必稟文貞公而進退焉。趙夫人病革，公常夜禱天，形色焦枯，遂成痼疾。及居憂嚴禮防，不入中門焉。嘗三復“入孝出悌”、“思貽父母羞辱”之文，一念明發，斯須不弛。收輯先世筆蹟及文貞公心畫，手自作帖，爲傳家寶藏。

事伯仲二父，如事文貞公，與姊氏友愛篤摯，衣食疾病，必爲之先憂。及姊婿歿，公躬往嶺外，奉護姊氏，賴以存全。施及宗族，務極敦睦。從姪伊淵早孤靡依，公愛育如子，爲之營産，俾自成立。

宮村有社倉，卽惠定公所刱也。文貞公增廣其規，春秋斂散，而名之曰共年囷。公修舊起廢，圖所以救菑恤患，是所謂“猶可驗之一鄉”者也。羅州義士李東赫爲文貞公死於壬寅，公述其行錄，廣受士林文字，用圖不朽，是皆孝之推也。

居恒簡默峻正，而處事以約，御物以寬，待人以和，故無賢愚貴賤，咸得其懽。自幼時聰明殊絶，應口誦書，而文貞公每加楚撻，公益警策劬業，最好讀《論語》。歷謁幷世群儒，擩染熏陶。以故律身御家，軌範森然。暮夜獨處，亦儼若對越，無散容惰行，不向日月便旋，不食家畜鷄犬及私屠肉，體文貞公遺法也。

晚年荐哭逆理，對秋陽金公箕悳願其無呲，金公曰：“吾生而祭親當竭誠力，死後不及生時，故不願遄死。”公欽歎不已。臨終手畫古木贈金公，曰：“服公之孝，願以百歲爲期。”其所相契者深矣。

篤於故舊，與潁西任公切偲以道義。嘗會講《小學》，直弼亦與焉。讀到父子之倫，嗚咽不成聲，意謂適然，至畢講而靡時不然。不惟對文字，雖尋常酬酢，偶及文貞公事輒泣，語到古今倫常之故，亦每臉泫，見者爲之愍惻。是可謂終身慕者歟。

夫孝者，所以能自盡乎其心，盡其心，則見于事，見于事，則不期感而能孚感，非一日之効也。公則夢日落而戴千里之星，格天心而復七日之雷，其所以積誠致感者，豈氷魚雪筍之可比哉？且含恤茹痛，畢生自晝，三命不出，一節靡渝，以靖獻于先人者，可以扶天經而樹風聲，若是者眞朱子所云“活孝悌”也。當與廖北郭、劉屛山曠世而同歸，而公嘗述詩托知音于農巖金文簡公，其所自況可知也。往哲有云

"父母之與其身，受以無虧，天地之賦其性，養以無鑿，兩全而復之，方可謂得其所歸"，公庶幾焉，於乎休哉！

以公地閥聲望，濟之以文學經濟，苟不阨於世禍，則足以黼黻皇猷，彌綸世道，而事乃大謬。覆盆回照之後，若使薦拔得致於講筵臺省之上，亦必有名論風節，可以爲一世矜式，而不少槪見，齎志而歿，豈非命耶？公少治博士業，爲辭章敏速，往往操紙筆立就。晚好詩律，調韻通亮，論者謂可觀性情。題其稿曰"木石草"，"木石"云者，因禍患而自名也。

不佞奉教于床下者十數年，偏蒙公知愛，臨歿命胤子屬後事于不佞，不佞何敢當是寄哉？公嘗命不佞撰文貞公言行述，固以托名爲榮，而竊懼其人微，遂負公至意。今公諸孫又述公遺事，請不佞爲狀，顧癃病無文，於餘人猶不敢，況于公哉？然願一得當以効公終事，用舒慕悅者，久矣。是以忘其謏陋，紀述德懿，恐傷素日懼溢之戒，不敢不兢兢，庶可藉手而拜公於九京云爾。

默軒 奉公行狀

公諱汝諧，字和甫。奉氏貫河陰，以高麗左僕射河陰伯諱佑爲初祖。至諱天佑，値忠肅王入元，調護世子盡忠，謚文謙，是爲公高祖也。曾祖諱文，版圖判書。祖諱由禮，入本朝爲吏曹判書。考諱楫，兵曹判書。判書公娶慶州李氏，文忠公繼孟女，以永樂己亥八月十五日，擧公于高陽里第。

公性質溫粹，才藝穎達，髫齔已如老成人。與成公三顧兄弟受業于文愍朴公仲林之門，朴公愛其器局可以大受，以其子妻之。公與醉琴朴公年齒少差，而志氣吻合，相許爲知己。居恒恬靜寡默，終日端拱，鑽研經禮。廟堂聞其名，薦拜司饔院別座，公不卑小官，而壹心營職，望實俱著，廷議將大用。

逮六臣謀復上王，事覺被逮。醉琴之弟耆年亦在庭鞫，言："汝諧預謀，自言：'佩刀入闕，有拒者將刺之。'"臨刑醉琴公及李忠簡公塏執公手，曰："男兒生當爲義士，死當爲義鬼。"公含笑就禍，卽丙子五月某日也。與諸公同被籍沒，子孫流竄湖南。

配順天朴氏，有二男一女，男寅監察、憲司直，女適陳孝淵。孫時彦。

公生有至性，事父母盡誠，居憂易戚俱備，啜粥廬墓，三年如一日。卓犖有風節，嘗激昂慷慨，願爲國家一死焉。文章夙就，著述甚富，遺稿及四經釋義，盡畀於崑炎，惜哉！

且公三從姪兵曹判書江城君石柱直摠府，聞光廟受禪，失聲痛哭，見醉琴公欲投慶會樓下淸渭池，被成忠文公挽止，退作《淸渭池歌》，曰："深兮深兮淸渭池，撓之不濁注之不流。投其人於此中兮，身雖死而志難渝。"媢疾者告云："石柱不參佐翊，又作《淸渭之歌》，悲六臣之冤。"江城君與金公孝誠同日被戮，公從叔名紐，亦同時立慬，事載《莊陵誌》及《東鶴寺招魂記》。肅廟朝特洗江城君丹書，幷復勳封。

正廟辛亥，配公于莊陵饗壇。純廟乙丑，贈公左承旨，又享公於森溪廟。

嗚呼！莊、光之世，史多闕文，有未敢索言，而諸公與天人爭氣數，湛九族而不悔者，與皇朝之方、鐵群賢異世同揆。愚每讀癸酉、丙子時事，未嘗不流涕也。夫死生之於人大矣，不殺身，仁不能成；不舍生，義不可取。故必透生死之關，用求仁義之是。是故苟非神閑力定，視死生如朝暮者，何能揩拄天經乃爾哉？

公十三世孫仁稷抱公遺事，謁余狀德之文。公身處下僚，而秉義彌堅，與六臣同歸者，尤爲卓絶，是乃本天咫循民彝，無所爲而爲者。故不辭而書之如此，幷擧江城君及公從叔事，以諗于知言之君子。

延安府使洪公行狀

嗚呼！當辛壬士禍，有若守虛齋忠簡洪公，力贊建儲之策，以身殉國，危衷姱節，與日星爭光。其子孫克趾先美，世有名德，近故府使諱明燮，其一也。

公字良臣，號山天。洪氏系出南陽，以麗朝太師諱殷悅爲鼻祖。五世至諱灌，死節於李資謙之亂。入我朝有諱春卿，文科、觀察使、贈領議政·南寧府院君。諱命元，號海峯，爲宣廟名臣。自後珪組聯翩，而至忠簡公扶植人紀，光大其世，寔於公爲曾祖。祖諱疇泳，以蔭補官薦南臺，不起，後以曾孫在龍貴，贈吏曹判書、兼成均館祭酒。考諱秉容，固窮積學，官洗馬。妣淑人全州柳氏，郡守恕之女。繼妣淑人長興任氏，通德郎述源其考也，擧公於正廟辛丑八月二十三日。有異質，自孩提沈重簡默，有成人儀度。洗馬公喜其爲遠大器，自鄕廬挈歸漢師之白岳山下，課學就業於先輩長老之間。

年十三，丁內憂，哀毁幾滅性。十七，又丁外艱，哀怛著存，情文備至。服闋，委禽於徐公英輔之門。徐氏兩世登壇，門下多韎韋跅弛之士，聲伎歌樂，日常鬧熱。而公獨憲憲自持，不遇物而遷，亦不失和厚氣象，識者知其爲大受之器云。

筮仕爲繕工監監役，以僚嫌遞，癸未，除副率，又以嫌遞，識者又知公不苟進取如此。甲申，拜掌苑奉事，由直長陞主簿。己丑，由景慕宮令出監南平縣。癸巳，移守陜川郡。丙申，陞延安府使。庚子，移公州判官。所至剸煩理劇，屛絶關節，惠先窮蔀，德化融洽。自南平賦歸，出廩鏹數千緡以畀民，俾斂散助不給。

陜川時屬飢沴幷臻，醫藥以濟其死，米肉以賑其生，隣邑流丐，亦一視施仁，闔境無捐瘠。或勸公以賑資報營者，公曰："吾以吾物救活吾民，何以報爲？"及甲午大喪，例收民賻，公曰："歉歲斂民，易致怨咨，非所以宣上究下之道。"亦割俸以當之。

邑有大同錢三十萬，當納吏便從中乾沒，京師有關促，又匿不以聞。及秋京司將論勘，公集吏鄕而告之故，曰：

“吾爲負罪人，顧何顔晏然官次，其速理行具。”旣而一唱百和，波奔道塗，小大鳩聚，三十萬錢不一日見就，竟底無事。公捐俸鏹萬五千以償之，又分徵該吏之族以足之。或請窮治該吏，公故緩之，翌日該吏死。公曰：“吾所以緩之者，職慮此耳。幺麼小吏取用公貨此多，已非常性，且知其現捉則必死而猶還入者，是死期將迫也。”聞者服其雅量。

郡有海印寺供紙有舊例，後見罷而猶徵責甚。公出千金付吏廳，名以紙役錢，俾供官用，永蠲僧役。及移延安，陜民請留不得，往往有泣別者，陜郡有臺與碑紀績，又立生祠以尸祝云。

延安時八路荐歉，獨延屢豐，然穀價視歉邑無差殊，需米一包，價售廿五緡。公只捧九緡，曰“依詳定法捧三五緡固可矣，而今加捧者，有所營也”，乃盡入於賓館、校宮、將臺、城隍之役，役民流乞，日給錢卅文，於是一邑改觀，餓殍賴活。

道伯以邸債區劃事，屢懇公不已，至要以公貨先貸。公執不可，曰：“豈可以私妨公耶？”竟坐是居士，卽日治簿將歸，邑人擁遮不得行。翌曉單騎赴都，延民屢百伏闕願借。旣而道伯見遞，自廟堂又單擧公促歸，公不得已還任。時公莅政纔數月，而民之愛戴乃爾也。

其判公州也，稅船臭載於他境，執法者以深文論罷。至壬寅有按廉者因前任事構誣苛深，皆架虛鑿空也。公對吏納供，條辨甚晰。於是諸議稱屈，有欲分疏以免行遣，公曰“人知無實犯則幸，詎可占便以輕繡啓而損國體”，遂赴謫于中州。未幾廟堂建白："是年卽故忠簡公立節被禍之再周甲也。祀孫某罪不至深重，而尙置謫籍，非所以宥十世而慰九原也。"上特命放還。乙巳，除司僕寺僉正。

戊申八月五日，考終于正寢。自是年六月示憊浸劇，語家人曰："死生皆有天定，不必雜試藥餌。"逮疾革神識靡錯，措處後事，罔有遺漏，怡然而逝。九月晦日，葬于楊州金門里艮坐之原。

公長身豐幹，風度舒曠，對人接物，城府洞然，喜慍不形于色。孝友天摯，常以早孤不逮養，含恤終身。事仲父新寧公如父，異宮不廢晨昏，服勤左右。日必早起謁廟，憧憧追遠，恒致五思之誠。晚與姊氏連墻置屋，有古人燃髭灼艾之愛。

雅喜酒，未嘗過飮，臨民尤存戒加節焉。丙午綏陵遷奉時，公已視蔭，而未嘗懸病占便，曰："吾受國厚恩，年且七十，爲國効力，餘日無多。詎因潦熇之苦而少憚筋力之禮乎？"蓋公早襲庭訓，長益琢磨，不自矜重，而律己動有成法，優優有寬綽之意，異趣者亦悅服不已。爲治不求赫譽，而存心愛物，必有所濟，所莅咸有遺愛，甁鉢之類，亦爲公冥祝，具載家狀可略也。

配徐夫人，理家有法，奉先率下，一遵公無違。擧二男不育，取族弟章燮子進士在鉉爲後。在鉉式似克家，以繼志述事爲孝，撰家傳，條列本末甚悉，懇不佞狀其行治，屢反而愈摯，義不可辭。不佞於是感公之爲仁，有以熏陶於家庭，且以驗忠簡之德，必有所食報於久遠也。曩哲云"稱人之善，必本其父兄師友，厚之至也”，不佞於公亦云爾。

泰陵參奉李公行狀

文正公陶菴李先生講道寒泉，爲世儒宗，有承巍巖李文正公詩禮之庭訓，而傳習師教，飲河充量，卓然爲高第弟子者，卽故泰陵參奉諱師炳字道三其人也。

公全義人，自高麗太師諱棹始著姓。九傳至寶文提學諱翊，移籍禮安。又三傳至吏曹判書諱韞，始仕本朝。又四傳至禁火司別提諱嗣宗，選勝入溫陽之雪峨山下，子孫因家焉。是生諱岦，不仕。是生諱振門，僉樞，是爲公高祖也。曾祖諱璞，水軍節度使。祖諱泰亨，生員，以優老恩晉秩嘉善。考卽巍巖先生諱柬，以道學文章，拜經筵官，贈吏曹判書，文正其謚也。前後妣皆坡平尹氏，贈貞夫人，前妣，通德郎憓女；後妣，學生以徵女。公前妣出，以肅廟甲午六月朔日生，自幼天分特異，孝友肫篤。生纔晬失恃，事繼妣盡子職，自知讀書，文理驟進。

十四，文正公易簀，哀戚無違禮。自是專精經術，以纘述志業爲己任，壎篪交勖，夙宵靡懈，篤信聖言，不得不措。下學入德之方、天人性命之蘊、進退行藏之義，無不講研，以爲踐述之地，功令之業、名利之塗，未嘗經心，超然如三代之士。

甲寅，謁陶菴先生，先生一見，期望綦重。時人謂“巍巖四子，各得巍翁之一體，伯得其通敏，仲得其和粹，叔得其嚴正，季得其果剛"，公於序爲叔，君子以爲知言。及伯氏進士公歿，與仲氏榮川公互相依資，有事輒難疑，究竟得正而後行之。

丙申，登剡薦，有泰陵之除，不赴。正廟壬寅正月二十五日，卒于正寢，壽六十九。士林莫不嗟悼焉。從先兆葬于沙器所乾坐原。

公爲學專用心於內，菲衣惡食，處之晏如。榮川公宰慶山，公往候，衣冠皆弊。榮川公欲改之，公不可，曰："此自適體。"榮川公賢之，恒擧是事以戒子遵守。既老友愛彌篤，榮川公有疾，公必親自扶護，雖子姪滿前，不令替勞。

常以勤謹誨子姪，曰："外此無一毫望汝也。"古語可訓戒者，必手寫以遺之，字畫謹嚴有法。一子才行夙成，未娶而夭，榮川公慮不能理遣，躬往慰之，見其怒季子不讀書施楚，歎曰："此恒人所難能，而吾弟能之，可謂賢矣。"

公篤於天倫。陳參奉漢平，別提公婦翁也，墓在泰華之北，無主鬯者。公謀于宗族，鳩財歲一祭之，至今不廢。用工以涵養爲本，讀書訖，常闔目危坐。隣比婦女過其門不避，曰："某公居恒闔目，過去無傷也。"鄕有冠子而戒公者，公造焉，有一少年素驕傲無禮，見公至，斂袵改容，曰："一瞻德儀，不覺愧汗沾背也。"

元配晉州柳氏，儞女，生與公同年，歿先公二十七年；繼配星州玄氏，希顔女，生後公二十一年，歿先公五年。墓幷祔。長男潤冑，柳氏出；聖冑、正冑，玄氏出。潤冑二男時鉉、基鉉，三女趙相俊、金載學、朴載鳳。聖胄三男致鉉、啓鉉、應鉉，一女兪致昇。正胄一男弼鉉，二女鄭錫明、李濟。曾孫男源學，時鉉出；源弼，基鉉出；源長、源常、閔致龜·孟寅淳婦，致鉉出；源敎、源會、尹舜善·閔宗鎬婦，啓鉉出；源澤、源弘，應鉉出；源昌、源發，弼鉉出。餘不能悉記。

公歿，知舊門人各以所見揄揚序述，大略以爲："其學以仁禮爲宗，敬義爲程，眞知實踐，養深積厚。行篤乎孝悌，而猶恐不盡；德著乎恭謙，而常若欲然。志操之貞剛、氣象之灑落、心事之正大、規模之謹嚴，求之今世，鮮有其匹。"又曰："辨別淑慝，凜乎秋霜，正大光明，俯仰無愧，惟其不求，道則彌彰。"嗚呼！論公之世者，此足以得其實矣。

源長嘗從余遊，謂余服公行治有素，屬狀德之文。余耋癃垂死，神魄迺喪，茫然不知措辭矣。然念昔九峯、節齋內述西山之傳，而外纘紫陽之緒，授受端的，門路純正，爲斯文之頂領，原始要終，公其庶幾哉。仍述其世系、爵里、生卒、德行之梗概，用俟知德者考焉。

樓橋處士愼公行狀

公諱必璜，字舜七。愼氏籍居昌，上祖諱修，高麗時自中國東來，官司徒左僕射，諡恭獻，自是世有顯人，或享于鄕祠。至高祖諱梯、曾祖諱守沉，并以學行孝義聞，曾祖贈童蒙教官。祖諱復明，考諱性烈，俱世傳家學。妣晉陽姜氏，同知中樞府事憓其考也。

公生于正宗己未。幼而呱不至嗄，乳不忍齧，恐傷父母心，仁厚柔順異凡兒。未免懷，其先人棄世，及十一歲遭母夫人喪，哭踊哀毁，三年不就書塾，與群兒作業。識者疑孝愛如此，而天奪其二親，理有不可知者。服闋，就學于剛齋宋公之門，語默有度，動止有常，未或有一息之間。同門諸子咸謂公果能人一己十，其勤不可及也。

家居常誦"爲善最樂"之語，以自激昂。與三兄約，曰："吾兄弟早孤失學，且無師友提撕。若不自繩檢，則放辟奢侈，將無不爲已。繼自今勿飮酒博奕，勿遊玩廢業。與其重帛兼味於己，寧節用施與於人。"子姪僮僕，各力士農之業，使無一遊衣浮食。每旬視一門窮窶者賙之，又約各出穀别庤之，計口賑飢。以故當戊子歉荒，一鄕嗷嗷，而公親族數十家，無一捐瘠。

常以不省親顔爲至痛，見人服齊斬衰者，必流涕，曰："爲人子而不服此服者，不如死之久矣。"至欲追服三年，已而曰："三兄服闋爲平人已久，而一弟獨纍然持衰，於人見聞如何？"遂抑情不行，而猶追行心喪，慘怛廢事者三年。蒐輯先儒禮說，增損解釋，著爲一家法。每宗族鄕黨有喪，必往哭盡哀，在次視斂襲之節。及庚寅翼宗之喪，因山前不飮酒食肉，三年不作閑出入。及病革值裕陵祥祭，不進滋味。

雅性恬默，不喜芬華，獨於山水有至樂。晚卜粉溪一區，築室蒔花，盤旋於其間。近峽村秀有來問業者，必盡心誘掖，化爲英才者亦多。

以純廟壬辰五月初九日，卒于粉溪寓所，享年纔三十四。配昌寧曺氏，士人德明之女，梅溪偉之後。無育，以仲兄必瓚子在巘爲嗣。葬于孟陽山庚坐之原。方其喪與葬也，遠近士友，莫不哭之失聲，曰"賢士不可復見也"云。

不佞曾聞剛齋之門，多淸修篤實之士，及見公行錄，益知公實行篤學，若斯其粹然無滓，而局於短期，竟無所成名，殆古所謂"秀而不實"而聖人之所嘗深悲也。在巘千里而至，請余狀德，其誠苦切。故力疾而書之如右，且愛其端潔，可以繼述，不能無望於公之身後事也。

著者 **洪直弼**

1776년(영조52) 6월 13일 申時에 한성의 鑄字洞에서 태어나 1852년(철종3) 7월 17일 酉時에 鷺湖의 蘆漪精舍에서 향년 77세로 세상을 떠났다. 초명은 兢弼, 字는 伯應·伯臨, 號는 梅山, 本貫은 南陽이며, 謚號는 文敬이다. 평생 출사하지 않고 학문 강학에 힘써 近齋 朴胤源 문하에서 그 학맥을 계승하고 이를 후대에 전한 老論 洛論의 핵심 사상가이자 문인 교육자이다. 학문은 박윤원 외에도 老洲 吳熙常의 영향을 많이 받았으며 문하의 제자로 全齋 任憲晦, 重菴 金平默 등이 있다.

校勘標點

延錫煥

1977年 慶北 奉化에서 태어났다. 啓明大學校 漢文教育科를 卒業하고 高麗大學校 大學院 古典飜譯協同課程學科에서 碩士學位와 博士學位를 취득하였다. 韓國古典飜譯院 附設 古典飜譯教育院의 研修課程과 專門課程 第1課程을 마쳤다. 現在 海東經史研究所 研究員으로 在職하고 있다. 論文으로는 〈晦隱 南鶴鳴의 雜說 研究〉, 〈南鶴鳴의 晦隱集 譯注〉가 있다.

金成恩

1986年 서울에서 태어났다. 延世大學校 國語國文學科를 卒業하고 同 大學院 國語國文學科에서 博士課程을 修了하였다. 韓國古典飜譯院 附設 古典飜譯教育院의 研修課程과 專門課程을 마쳤다. 現在 誠信女子大學校 古典研究所 研究員으로 在職하고 있다.

申相厚

1981年 서울에서 태어났다. 梨花女子大學校 哲學科를 卒業하고 同 大學院에서 碩士學位와 博士學位를 取得하였다. 韓國古典飜譯院 附設 古典飜譯教育院의 研修課程과 專門課程을 마쳤다. 誠信女子大學校 古典研究所 研究員과 梨花女子大學校 哲學科 講師를 歷任하였고, 現在 韓國學中央研究院 哲學專攻 教授로 在職하고 있다. 飜譯書로는 《周易正義》(共譯), 《陶谷集》(共譯)이 있으며, 論文으로는 〈朱熹의 未發知覺論 研究〉, 〈朝鮮朝 洛學의 未發心論 研究〉, 〈王弼『周易』해석의 특징에 관한 연구〉, 〈姜靜一堂의 工夫論과 그 哲學的 土臺〉 등이 있다.

李貞恩

1983年 京畿道 抱川에서 태어났다. 誠信女子大學校 漢文教育科를 卒業하고 同 大學院 漢文學科 碩士課程을 卒業하였다. 韓國古典飜譯院 附設 古典飜譯教育院의 研修課程과 專門課程을 마쳤다. 現在 誠信女子大學校 古典研究所 先任研究員으로 在職하고 있다. 飜譯書로는 《陶谷集》(共譯)이 있다.

※ 각 권별 校點者는 卷41·42 延錫煥, 卷43 金成恩, 卷44·45 申相厚, 卷46·47 李貞恩이다.